L'ENFANT ET L'ORDINATEUR

PSYCHOLOGIE ET SCIENCES HUMAINES

Jean Retschitzki, Jean-Luc Gurtner

l'enfant et l'ordinateur

aspects psychologiques et pédagogiques des nouvelles technologies de l'information

MARDAGA

© 1996, Pierre Mardaga éditeur
Hayen 11 -B-4140 Sprimont
D. 1996-0024-19

Avant-propos

Dis papa, pourquoi ils sont pas contents les gens lorsqu'ils ne doivent pas payer d'impôts ?

Cette réflexion d'une enfant de dix ans, s'interrompant brusquement de son activité sur l'ordinateur familial, a de quoi surprendre. Quelques mots d'explication suffisent pourtant à en restituer toute la simplicité. SIMCITY 2000 est un logiciel de simulation de gestion d'une ville ; l'apprentimaire, ayant cru se rendre populaire auprès de ses administrés en abolissant les impôts, peut y apprécier les conséquences à plus ou moins long terme des décisions qu'il pourrait prendre en matière de prélèvements fiscaux, d'équipements urbains et de dépenses de santé, d'éducation ou de transports, par exemple. L'enfant venait tout simplement de constater que si la mesure était, à brève échéance, de nature à réjouir les habitants, l'absence de recettes publiques provoquait, à terme, une dégradation malvenue de leurs conditions d'existence. Combien de discussions intéressantes sur l'homme et sur la société une question comme celle de cette enfant ne permet-elle pas d'embrayer ?

Cette anecdote illustre à notre sens parfaitement la nature du propos que nous développons dans ce livre. L'ordinateur moderne est bien loin des fameuses machines à enseigner auxquelles on tend trop souvent encore à le comparer ; pas pédagogue pour deux sous, il offre par contre aux enfants de multiples occasions d'apprendre à connaître le monde qui les entoure. S'il peut amener les enfants à s'interroger et à réfléchir, comme dans l'exemple ci-dessus, ce n'est pas lui qui les guidera dans leur réflexion, qui les amènera à comprendre. Plus que jamais l'assistance des adultes est ici nécessaire pour donner du sens à ce que les enfants observent dans leur interaction avec la machine.

Or dans la rapide évolution de la technologie et des logiciels, dans la diversité des usages possibles et dans le foisonnement terminologique qui accompagne ce phénomène, il est souvent difficile de dégager les potentialités et les difficultés de l'utilisation de l'ordinateur comme source ou comme moyen d'apprentissage ; plus encore, il devient parfois véritablement impossible d'anticiper, au rythme où se succèdent les innovations, lesquelles annoncent de profondes révolutions et lesquelles demeureront des feux d'artifices sans lendemains. Cet ouvrage, dès lors, se veut avant tout un guide, servant aux parents, aux enseignants mais aussi aux étudiants à dépasser les jugements rapides et à examiner la question des relations des enfants à l'ordinateur sous ses différents aspects. Un glossaire des termes techniques, un index des matières et une importante bibliographie devraient permettre à chacun, selon ses besoins et ses connaissances préalables, de s'y retrouver plus facilement. Un chapitre entier sera également consacré à faire le tour des principaux constats dressés par les nombreux travaux empiriques conduits sur la question des effets heureux et malheureux de l'utilisation de l'ordinateur dans l'éducation.

Nous tenons à remercier chaleureusement différentes personnes qui, à différentes périodes et de diverses manières nous ont assistés dans la préparation de ce livre. Ce projet n'aurait pas vu le jour sans l'impulsion et les encouragements de notre collègue Meinrad Perrez. Par la suite nous avons bénéficié des réflexions et des suggestions de plusieurs chercheurs de pointe dans le domaine. Patricia Greenfield nous fait d'utiles suggestions sur la base d'une première version du manuscrit. Michael Cole à San Diego et Doreen Nelson à Los Angeles nous ont permis d'entrer en contact avec des expériences dans lesquelles se prépare la pédagogie de demain. Ils nous ont également fait bénéficier de leurs réflexions, tout comme Yasmin Kafai qui a été une riche source d'informations sur de nombreuses expériences en cours.

Ambros Lüthi a bien voulu relire le manuscrit pour améliorer l'exactitude de la terminologie utilisée. Peter Stehlin et Karl Vonlanthen ont formulé de précieuses remarques sur la lisibilité du texte. Pierre-François Coen s'est chargé avec beaucoup de compétence et de patience de la réalisation des illustrations. Diego Corti nous a procuré d'utiles références et fait profiter de ses connaissances en matière de logiciels. Charlotte

Carrel, Monique Gaillard et Andrée Mizitrano ont assuré avec diligence divers travaux de secrétariat. Enfin Marc Richelle, directeur de la collection, a bien voulu accepter de relire une dernière fois le manuscrit pour en extirper les dernières erreurs. Que chacun trouve ici l'expression de notre profonde gratitude.

J. R. et J.-L. G.

Chapitre 1
Introduction

Voilà une cinquantaine d'années que l'homme a créé l'ordinateur, sans pouvoir imaginer l'impact de cette innovation dans de nombreux domaines. Conçu initialement pour aider à résoudre plus vite et mieux un certain nombre de problèmes techniques ou scientifiques, l'ordinateur a connu ces dernières années une évolution dont les grandes tendances semblent se confirmer : irruption de l'informatique dans de toujours plus nombreuses activités quotidiennes, progrès fulgurants sur le plan technologique, baisse continue des prix des appareils, malgré une augmentation incessante de puissance. Cette évolution oblige chacun à s'interroger sur la place future de l'informatique dans ses diverses activités de travail ou de loisir, plus généralement dans la société.

Mais l'ordinateur n'est pas une machine comme les autres. La puissance souvent impressionnante du « cerveau électronique » peut être ressentie comme une menace pour la suprématie de l'intelligence humaine. Même les meilleurs joueurs d'échecs sont maintenant sur le point d'être rattrapés par les programmes les plus puissants. Il est donc naturel que de nombreux utilisateurs attribuent plus ou moins volontairement à l'ordinateur des qualités quasi humaines. L'ordinateur, créature de l'homme, renvoie ainsi son concepteur à des questions fondamentales sur la nature de la vie, de l'intelligence, etc. Comparant l'irruption de l'ordinateur dans la société à la découverte de l'Enfant sauvage en 1800 quant aux questions qu'elle soulève et aux remises en cause qu'elle rend nécessaires,

Turkle (1986) a parlé à cet égard de la « seconde nature » de l'ordinateur. Elle le qualifie d'objet « incitatif » en ce sens qu'il est fascinant, qu'il perturbe la tranquillité des esprits et accélère la pensée. Elle montre dans son ouvrage que les effets culturels de l'ordinateur doivent être pris en considération pour comprendre les évolutions en cours.

Les enfants sont loin d'être indifférents à de telles machines et aux diverses applications qu'elles permettent. Devant cette généralisation de la présence de l'ordinateur et l'engouement qu'il suscite chez les enfants, les parents, les enseignants, les responsables de l'éducation en général se doivent de réfléchir à la manière d'organiser au mieux la rencontre inéluctable entre l'enfant et l'informatique. Ils peuvent légitimement se sentir partagés entre le désir de bien préparer les jeunes à la société de demain et la crainte qu'un usage excessif des ordinateurs ou de certains logiciels ne puisse détourner les enfants dont ils ont la charge d'autres activités tout aussi importantes à leur épanouissement personnel.

Ce livre voudrait fournir des éléments d'appréciation pour éclairer les personnes placées devant de tels choix. Différentes questions se posent en effet : Comment faut-il initier les enfants à l'utilisation de l'ordinateur ? Y a-t-il un âge idéal pour le premier contact avec l'informatique ? Quel(s) type(s) d'activités (jeux, programmation, rédaction, dessin, etc.) faut-il privilégier ? Certains logiciels sont-ils à conseiller ou à éviter ?

A toutes ces questions nous nous efforcerons de répondre en privilégiant les intérêts de l'enfant, et en tenant compte, lorsque c'est pertinent, des résultats des recherches les plus récentes.

UNE DISCIPLINE ET DES TECHNIQUES EN ÉVOLUTION RAPIDE

Difficulté de prévoir l'évolution

Ecrire un livre sur l'ordinateur et l'enfant, alors que les évolutions technologiques continuent leur progression et semblent même s'accélérer, c'est s'exposer à être démentis par les faits d'ici quelques années. Quoi de plus difficile en effet que de prévoir vers quelles applications nous nous dirigeons. Bien peu d'experts avaient prédit l'essor de l'ordinateur personnel et les bouleversements qu'il a apportés depuis son apparition à la fin des années 70.

Les changements relatifs au matériel sont sans doute les plus visibles pour chacun. Mais les activités rendues possibles par les progrès récents ont connu des évolutions sans doute encore plus significatives. Si la programmation représentait dans les premières décennies l'essentiel de l'activité des utilisateurs des moyens informatiques, de nombreuses autres applications ont pris le relais. Parmi ces autres activités on peut mentionner le traitement de texte, la gestion de stocks, la conception assistée par ordinateur, la consultation de bases de données, etc.

L'avenir dans le domaine informatique nous semble d'autant plus difficile à prévoir que les évolutions récentes n'ont nullement été planifiées et que des recherches qui semblaient parmi les plus prometteuses pour les spécialistes n'ont été suivies d'aucune réalisation pratique, alors que d'autres tendances ignorées voire méprisées par les experts se sont affirmées comme les plus porteuses.

C'est donc un exercice relativement périlleux que de tenter de dresser un bilan des aspects positifs et des problèmes qui se posent dans la relation entre l'enfant et l'ordinateur ; mais il peut contribuer à fixer quelques repères utiles à un moment où de nouveaux développements s'opèrent sous nos yeux. Il ne s'agira pas tant de jouer les prophètes que de poser quelques jalons permettant de se retrouver dans ce paysage certes changeant mais qui comporte heureusement quelques aspects constants.

Avant d'indiquer quels sont les principaux problèmes qui se posent, examinons les principales tendances qui ont marqué l'évolution récente dans le domaine informatique.

Omniprésence de l'informatique

L'informatique a investi progressivement un nombre croissant d'activités humaines ; souvent cela a eu pour effet de transformer plus ou moins profondément nos habitudes, nos pratiques quotidiennes. Quelques exemples simples et familiers permettent d'illustrer cette évolution.

Il n'y a pas si longtemps, le consommateur devait être attentif aux heures d'ouverture des guichets bancaires, sous peine de se retrouver sans liquidité lors des week-ends ou jours de fêtes. La généralisation des cartes bancaires et des distributeurs de billets, comme la possibilité de paiement direct aux caisses des supermarchés, ont quasi complètement supprimé ce type de préoccupation, de même que les paiements par chèque. La contrepartie de ces facilités est l'obligation pour les utilisateurs de mémoriser différents codes. Cette transformation radicale de nos habitudes est liée à l'informatisation progressive des activités bancaires.

La réservation de places est depuis longtemps informatisée pour les voyages en avion, plus récemment pour les déplacements en train. Ne pas obtenir immédiatement une réponse quant à une date ou une place disponible nous semblerait aberrant, en tout cas insupportable. Nous avons tendance à oublier que ces facilités ne sont possibles que grâce à l'informatisation du système.

L'écriture, que ce soit dans un but commercial, scientifique ou privé, a subi une modification du même type. Corriger la première version d'une lettre, ne peut plus se pratiquer de la même manière qu'il y a quelques années. Le savoir-faire des dactylos qui excellaient à corriger une lettre sans la retaper entièrement a bientôt disparu de nos mémoires. Même si toutes les évolutions dans ce domaine ne sont pas terminées, la vie dans les bureaux et les administrations a été profondément modifiée par l'irruption des systèmes de traitement de texte.

A côté de ces exemples bien connus de tous il convient de souligner que, dans de nombreux autres secteurs de l'activité humaine, l'apparition de l'informatique est en passe de modifier, brusquement ou progressivement selon les cas, nombre de nos activités quotidiennes. Si l'usager peut dans certains cas se rendre compte de ces modifications, ce sont les professionnels qui sont généralement les premiers touchés. Les métiers eux-mêmes sont souvent affectés par ces transformations, contraignant ceux qui les exercent à des reconversions parfois délicates.

Qu'en est-il des enfants ? Si certains des adultes concernés ont eu et ont encore des problèmes d'adaptation à résoudre, on peut faire l'hypothèse que les jeunes d'aujourd'hui, pour qui les ordinateurs ont fait partie du paysage depuis leur plus tendre enfance, auront moins de difficulté à maîtriser ces nouvelles technologies et pourront plus rapidement profiter des facilités offertes par les développements en cours et à venir.

Des applications précoces à l'éducation

Très tôt dans l'histoire de l'informatique, des applications ont été conçues avec une finalité éducative ; si les premières applications visaient avant tout la consolidation puis la transmission des connaissances, une troisième voie a consisté à initier les enfants à la programmation des ordinateurs.

En ce qui concerne le premier de ces deux aspects (transmission des connaissances), les premiers programmes d'enseignement assisté par ordinateur (EAO) ont ainsi pris le relais des machines à enseigner qui avaient été développées peu auparavant selon les conceptions de Pressey et Skinner. Le recours à l'ordinateur permet de conserver les principes de base de la méthode : découpage de la matière, progression individualisée de l'apprentissage, renforcement immédiat, participation active de l'apprenant. En outre l'informatisation de la méthode y ajoute une qualité importante : la mémoire. Le programme peut ainsi conserver des informations sur les difficultés rencontrées par les apprenants dans certains passages du programme et sur les résultats des diverses sessions d'apprentissage. Disposer de ces informations représente un avantage important lors de la mise au point de tels cours programmés ou lors de leurs adaptations ultérieures qui peuvent alors tenir compte des réactions, positives ou négatives, des utilisateurs. Lors de l'utilisation de ces logiciels en situation scolaire, l'enseignant peut aussi suivre les progrès d'un apprenant au cours des séances successives.

Pour ce qui est du deuxième aspect (consolidation des connaissances), les applications ont essentiellement consisté en programmes de drill, permettant d'exercer des opérations élémentaires et de réviser des connaissances à mémoriser comme les tables de multiplication ou l'orthographe de certains mots. L'automatisation de la tâche fastidieuse de répétiteur souvent assumée auparavant par l'enseignant ou les parents, a sans doute soulagé nombre d'éducateurs et évité quelques drames familiaux. La machine, elle, avait l'avantage de faire preuve d'une patience à toute épreuve.

On peut toutefois remarquer qu'une des limites de ces deux catégories d'applications résidait dans la nécessité pour l'apprenant de savoir lire les instructions ou les évaluations des diverses réponses. De ce fait elles ne pouvaient être proposées qu'aux élèves ayant déjà une certaine maîtrise de la lecture.

Une troisième option s'est rapidement ouverte dans les applications éducatives de l'ordinateur avec l'idée de mettre l'activité de programmation à la portée des non spécialistes. Cette option est devenue en effet possible par la création de langages simplifiés comme BASIC, puis LOGO. De nombreuses expériences ont été menées dans divers contextes avec l'un ou l'autre de ces langages dont les caractéristiques techniques, d'une part, mais aussi les conceptions pédagogiques sur lesquelles ils reposent diffèrent considérablement. Il faut enfin mentionner, pour les élèves plus âgés, l'initiation au langage PASCAL, très utilisé pour des applications scientifiques. Dans ce cas il s'agit d'une véritable préparation à une utilisation efficace de l'outil de programmation.

De nouvelles possibilités

Mais le progrès n'allait pas en rester là. Le développement des possibilités graphiques, l'arrivée sur le marché de logiciels de traitement de texte et de dessin, tout comme la production considérable de jeux ont notablement élargi la palette des activités qu'on peut proposer aux utilisateurs sans formation préalable en informatique. Ces innovations ont aussi eu pour effet d'augmenter sensiblement l'attrait des logiciels et de les rendre accessibles à des enfants de plus en plus jeunes. Pour ne mentionner que cet exemple, il existe des logiciels qui permettent désormais d'apprendre à lire par l'entremise de l'ordinateur, alors qu'il y a quelques années la lecture était un pré-requis de l'utilisation de l'ordinateur.

Plus récemment sont apparus les hypertextes, les possibilités de communication à travers des réseaux. Si les premiers ordinateurs étaient avant tout considérés comme des machines exécutant très rapidement un grand nombre de calculs complexes, ce qu'indiquent mieux les noms anglais (computer) ou allemand (Rechner) que le mot français d'ordinateur, on s'est de plus en plus orienté vers des applications souvent décrites sous le nom générique de traitement de l'information. Aujourd'hui l'ordinateur autorise une multitude d'utilisations qui rendent de plus en plus caduc son premier nom de calculateur.

Mais la situation est loin d'être figée et nous assistons en ce moment à des percées technologiques spectaculaires. On parle depuis plus d'une décennie d'applications multimédias (*cf.* par exemple Greenfield, 1984). Toutefois le contenu actuel de ce terme ne recouvre plus du tout ce qu'il signifiait alors. A l'origine il s'agissait simplement d'associer différents moyens pour renforcer l'efficacité pédagogique, alors qu'aujourd'hui le multimédia prend la forme d'une véritable interconnexion des appareils autrefois séparés. Dans ce nouveau contexte l'ordinateur joue un rôle de plaque tournante.

Il faut désormais considérer les ordinateurs également en tant que moyens d'accès à toute une série de services dont certains étaient déjà connus dans les laboratoires ou les universités (messagerie électronique, accès à des bases de données) mais dont d'autres apparaissent plus originaux (possibilité de visionner des documents vidéo, d'écouter de la musique à partir de disques compacts, etc.).

Des frontières qui tendent à disparaître

L'émergence des applications multimédias vient renforcer et souligner une tendance déjà manifeste à savoir le fait que les frontières ont tendance à s'estomper entre des activités autrefois bien distinctes, voire contrastées. C'est ainsi que les jeux vidéo pratiqués sur des consoles ad hoc ou dans des salons de jeux ne se différencient guère des jeux proposés sur micro-ordinateur. La télévision est en passe de devenir interactive, ce qui fait qu'il n'y aura bientôt plus de différence essentielle entre l'ordinateur, les jeux vidéo, et la télévision.

Les nouvelles tendances sont donc à la connexion des diverses technologies et à la commercialisation d'ordinateurs multimédias. Il est toutefois hasardeux de prédire que chacun en bénéficiera sous peu. Certains échecs rencontrés par les prétendues « machines-miracles » nous incitent à faire preuve de la plus grande prudence. Ainsi dans le domaine de l'éducation, n'a-t-on pas présenté l'enseignement programmé, puis les moyens audiovisuels, les laboratoires de langues et enfin le micro-ordinateur comme les outils qui allaient révolutionner l'enseignement et changer radicalement le processus de transmission des connaissances ? Aucune de ces prédictions ne s'est véritablement réalisée jusqu'à ce jour. Et ce n'est pas faute de tentatives.

Une convivialité croissante

Une autre tendance nette dans l'évolution récente des produits informatiques est la convivialité croissante des applications; on désigne par ce terme le fait que les rapports à la machine sont de plus en plus simples, par exemple grâce à l'utilisation de menus parmi lesquels l'utilisateur n'a plus qu'à choisir l'option qui lui convient en cliquant sur une case prévue à cet effet; un autre aspect de la convivialité se manifeste par le fait que l'utilisateur a accès à des aides ou à des commandes toujours plus puissantes.

Ces différentes améliorations des programmes ont pour principal objectif de mettre à la portée de chaque utilisateur des outils performants sans nécessiter une disposition particulière ou une formation poussée. Elles ont toutefois un coût car ces facilités rendent les applications beaucoup plus volumineuses et peuvent ralentir le traitement si la machine n'est pas dotée d'une mémoire suffisante. Grâce à ces progrès dans la conception des logiciels, un utilisateur intéressé parvient souvent, avec un peu d'habitude, à découvrir par lui-même les facilités offertes par une nouvelle application et le recours aux manuels devient exceptionnel.

USAGES POSSIBLES DE L'ORDINATEUR POUR L'ENFANT

Il existe une grande diversité des utilisations possibles de l'ordinateur pour les enfants. En retenant comme critère le but principal de l'activité on peut distinguer trois grandes orientations. L'enfant peut utiliser l'ordinateur dans le but d'apprendre (que ce soit des faits, des méthodes de résolution de problème, etc.), dans le but de se préparer à ses futures activités professionnelles (par l'initiation aux logiciels qui sont réellement utilisés dans la pratique) ou dans le but de se délasser de diverses manières (jeux, dessins, etc.).

Diversité des applications destinées à apprendre

Les applications de l'informatique à l'éducation sont fort nombreuses et diversifiées; on parle notamment de didacticiels, tutoriels, micro-mondes, simulations, jeux éducatifs, etc. Que faut-il entendre par là et en quoi diffèrent-elles les unes des autres ?

Le classement que nous avons choisi d'adopter repose sur le rôle que l'on fait jouer à l'ordinateur et l'objectif prioritaire du programme en question. Trois grandes catégories peuvent alors être dégagées : l'ordinateur peut être envisagé comme *moyen d'enseignement* (*cf.* chapitre 2), comme *objet d'étude* (*cf.* chapitre 3) ou comme *outil* de production (*cf.* chapitre 4).

L'ordinateur comme moyen d'enseignement

Cette catégorie regroupe toutes les applications destinées à enseigner un contenu auparavant transmis d'une autre manière. Vu leur diversité, il convient de les subdiviser à leur tour en trois groupes.

a) Dans les cas les plus simples il s'agit simplement de consolider ou d'exercer des connaissances (drill).

b) A un niveau de complexité supérieur on situera les didacticiels ou logiciels d'enseignement proprement dits qui visent à transmettre des connaissances bien définies. C'est cette catégorie qui regroupe la plus grande diversité d'applications : didacticiels, tutoriels, tutoriels intelligents, applications multimédias, etc.

c) Enfin des applications plus évoluées consistent à permettre à l'apprenant la découverte des propriétés d'un domaine par l'exploration de micro-mondes ou la simulation d'expériences.

L'ordinateur comme objet d'étude

Il s'agit d'applications qui cherchent à démontrer et à exploiter les possibilités de l'ordinateur. Certaines écoles ont ainsi introduit des cours d'initiation à l'informatique ou de connaissance des ordinateurs. A travers ce type d'activité les enfants apprennent surtout à mieux connaître et à programmer ou au moins à piloter l'ordinateur, mais ils peuvent également développer leurs capacités intellectuelles, voire leur créativité.

L'ordinateur comme outil de production

Les logiciels utilisés couramment dans diverses activités professionnelles (ou progiciels) ont également pénétré le monde de l'école. Il n'est pas rare de voir des élèves rédiger des textes grâce aux programmes de traitement de texte, réaliser des dessins avec un logiciel ad hoc ou effectuer des calculs au moyen d'un tableur.

L'ordinateur comme compagnon de jeu

Les logiciels de jeu sont assurément parmi les plus prisés et les plus fréquemment utilisés par les enfants. Souvent c'est à travers ce type de logiciels que les enfants s'initient à l'utilisation de l'ordinateur. Les plus simples des jeux auxquels on peut jouer sur ordinateur correspondent aux jeux vidéo qu'on peut pratiquer avec des consoles, mais il en existe de beaucoup plus complexes qui tirent parti de la puissance croissante des machines modernes. Leur variété provient aussi des capacités qu'ils mettent en œuvre, depuis les simples réflexes (ou plus précisément temps de réaction) jusqu'aux activités de réflexion les plus approfondies en passant par la tentative de coordonner et d'optimiser divers paramètres d'une situation.

Les jeux feront l'objet d'une présentation plus détaillée au chapitre 5.

L'ORDINATEUR ET L'ENFANT : QUESTIONS ÉDUCATIVES

Ce serait sans doute un combat d'arrière-garde que de s'interroger sur le fait de savoir si l'on accepte ou si l'on refuse que l'informatique influence la société en général, la vie des enfants en particulier. Qu'on le veuille ou non cette influence est déjà bien réelle et ne peut aller qu'en s'intensifiant. Mais il est certainement encore temps d'aménager la place de l'informatique dans nombre d'activités humaines.

Pour orienter les réflexions à ce sujet il est nécessaire de bien cerner la nature des changements en cours et de prendre la véritable mesure des évolutions actuelles. De plus en plus de personnes sont convaincues qu'il est en train de se produire plus qu'une simple amélioration qualitative des outils et des techniques disponibles. C'est la relation de l'homme à ses connaissances qui est en train de se transformer de manière assez profonde pour que Gardner (1985) ait pu parler de «révolution cognitive».

Pour situer la portée de cette révolution, certains auteurs ont même comparé l'impact de l'informatique à celui de l'imprimerie. D'autres jugent que le phénomène marque une rupture plus considérable encore et n'hésitent pas à comparer l'invention de l'informatique à celle de l'écriture. Ainsi Papert (1994, p. 22-24) discute des relations entre l'alphabétisation et les nouvelles technologies. Si la tradition orale a constitué la première manière de transmettre les connaissances, l'imprimerie a permis de les diffuser plus largement. Toutefois l'imprimé nécessite un apprentissage de longue haleine qui interdit aux jeunes enfants d'en profiter. Les nouveaux médias en revanche sont plus accessibles aux petits et s'apparentent de ce point de vue à la tradition orale.

Que l'on se rallie plutôt à l'un ou à l'autre de ces points de vue, il ne fait pas de doute qu'on est en présence d'événements qui ont un impact énorme sur la diffusion des connaissances. Sans avoir la prétention de trancher les questions fondamentales évoquées ci-dessus, notre intention est plus modestement de discuter dans les chapitres suivants quelques problèmes concernant les relations entre l'informatique et l'enfant. Quels sont par exemple les aspects du développement de l'enfant le plus susceptibles d'être affectés par l'utilisation de l'informatique?

Comme on l'a signalé plus haut, les frontières entre l'ordinateur, la télévision, les jeux vidéo, etc. tendent à s'estomper. Il s'ensuit que l'ordinateur peut à son tour être considéré avec méfiance par tous ceux qui ont dénoncé les méfaits soit de la télévision, soit des jeux vidéo, pour ne citer que ces deux exemples. Il faut donc se demander si les craintes émises au sujet de ces deux médias concernent également les activités pratiquées avec l'ordinateur.

Les principales craintes émises au sujet de la pratique des jeux vidéo concernent leur usage abusif, le contenu violent, agressif de la majorité des jeux, le risque d'isolement social et les effets nocifs pour l'organisme. Les critiques concernant la télévision sont grosso modo les mêmes (usage abusif, contenus violents, isolement social, etc.), mais il s'y ajoute la grande passivité de l'usager. Ces différents aspects seront discutés de manière approfondie au chapitre 5 où nous examinerons également les aspects positifs de la pratique de ces jeux, notamment leurs retombées cognitives.

Sur le plan médical, on doit également se demander s'il peut y avoir une «pathologie» de l'usage de l'ordinateur comme il y aurait, pour reprendre l'expression de Jolivalt (1994), une «pathologie des jeux vidéo». Les professionnels qui passent des journées entières devant un écran d'ordinateur sont généralement invités à prendre certaines précautions pour se prémunir contre les méfaits d'une utilisation peu ergonomique. Mais l'usage habituel de l'ordinateur par les enfants ne semble pas être concerné par ce type de problèmes, jusqu'à nouvel avis.

En tant que psycho-pédagogues nous sommes naturellement avant tout préoccupés par des questions ayant trait d'une part à l'impact de ces activités sur diverses facettes de la personnalité des enfants et d'autre part aux potentialités qu'elles permettent d'actualiser. Ces aspects psychologiques nous semblent importants à considérer dans la mesure où l'apparition d'un appareil aussi révolutionnaire soulève nombre de questions délicates relatives à l'adaptation qu'elle va nécessiter de la part des utilisateurs, à ses inconvénients potentiels, à ses bénéfices principaux. Comme les questions relatives aux effets de l'utilisation de l'ordinateur par les enfants feront l'objet du chapitre 7, on se bornera ici à évoquer les principales questions qui se posent.

Aspects psycho-sociaux

Il est difficile de traiter de manière générale le problème des retombées sociales de l'informatique. Si, dans ce domaine, ce sont les aspects négatifs qui sont le plus souvent évoqués, il ne manque pas d'expériences intéressantes ou d'écrits enthousiastes pour montrer les apports des moyens informatiques.

Toute activité exclusive est sans doute néfaste pour le développement harmonieux de la personnalité. On est donc en droit de se demander si l'usage intensif de l'ordinateur, au détriment d'autres activités plus traditionnelles, ne risque pas d'altérer le développement social des enfants ou adolescents. Certains craignent par exemple que la confrontation avec des machines nuisent aux capacités de communication interindividuelle. Les «enfants de l'ordinateur» seront-ils asociaux, violents?

Une des particularités trop méconnue des moyens informatiques est de permettre la coopération, et ce, dans des domaines très différents dont certains étaient autrefois considérés comme essentiellement individualistes. Ainsi des recherches ont récemment été consacrées à l'apprentissage coopératif dans des domaines aussi variés que la rédaction de divers documents, la résolution de problèmes mathématiques et l'apprentissage de concepts physiques (*cf.* p. ex. Mevarech & Light, 1992). Il existe même des enfants qui seraient incapables de communiquer sans ordinateur. En effet les nouvelles technologies ont permis à toute une catégorie de personnes souffrant de divers handicaps sensoriels ou physiques non seulement de retrouver la possibilité de communiquer avec autrui, mais encore de pouvoir à nouveau apprendre, créer, travailler. On doit aussi mentionner dans cet ordre d'idées les expériences de communication internationale par des moyens apparentés à la messagerie électronique, permettant à des enfants d'instaurer un véritable dialogue avec des camarades se trouvant à des milliers de kilomètres.

L'avenir nous dira si les tendances dominantes seront plutôt celles d'une utilisation individualiste de l'ordinateur ou si au contraire les promoteurs des diverses applications coopératives parviendront à influencer significativement les futures utilisations de l'ordinateur.

Aspects affectifs

L'influence que pourrait avoir l'utilisation de l'ordinateur sur la personnalité des enfants est un sujet de préoccupation légitime de la part des parents et des éducateurs en général. On est toutefois frappé par le peu de données fiables dans ce domaine. La plupart du temps les remarques émises à ce sujet reflètent surtout les idées de l'auteur et elles sont rarement étayées par des résultats de recherche. Il s'agit avant tout de spéculation.

C'est surtout la fascination qu'exerce l'ordinateur qui suscite les plus grandes craintes. On redoute par exemple que cela puisse renforcer des tendances préexistantes à l'introversion. Quant à des effets durables de modification des traits de la personnalité, il convient de souligner le peu de vraisemblance d'une telle hypothèse. Ce serait peut-être succomber à une autre fascination de l'ordinateur que de penser qu'une interaction avec cette machine puisse avoir un impact supérieur aux interactions avec les personnes qui entourent l'enfant.

D'un point de vue plus positif, certains soulignent a contrario la puissante motivation qui caractérise la plupart des enfants lorsqu'ils s'adonnent aux activités informatiques. En outre les élèves en difficulté scolaire trouvent souvent dans la pratique de certains logiciels la possibilité de faire l'expérience de la réussite.

On peut également s'interroger sur les possibles effets en retour d'une meilleure connaissance de l'ordinateur sur la connaissance de soi, aspects qui ont notamment été abordés dans l'étude de Turkle (1986).

Quoi qu'il en soit, l'impression que l'on ressent est que nous savons fort peu de choses au sujet des retombées affectives de l'utilisation de l'ordinateur et que la plupart des questions restent ouvertes. Des recherches dans ce domaine sont donc souhaitables.

Aspects cognitifs

On dispose de beaucoup plus d'indications au sujet de l'impact de l'ordinateur sur le développement intellectuel. Il dépend bien entendu du type d'activités qu'on propose à l'enfant. Certaines d'entre elles lui permettent de se montrer créatif, de se poser des problèmes plus ou moins profonds, alors que d'autres ne mettent en œuvre que sa capacité ou sa vitesse de réaction. Il est évident que les bénéfices ou les retombées de ces activités sur le plan du développement cognitif ne sauraient être les mêmes.

En outre on n'a sans doute pas encore pris la mesure des potentialités offertes par les nouvelles technologies. Certains auteurs, plus visionnaires, pensent que nous sommes à la veille de changement beaucoup plus considérables dans le domaine des apprentissages. C'est ainsi que dans son dernier ouvrage où il examine comment il conviendrait de repenser l'école à l'ère de l'ordinateur, Papert (1994) met l'accent sur une possible révolution dans les manières d'apprendre. Il présente son projet comme la création d'un «environnement dans lequel tous les enfants pourraient apprendre l'algèbre, la géométrie, l'orthographe et l'histoire d'une façon qui ressemblerait plus aux apprentissages des bambins préscolaires ou des enfants surdoués qu'à la manière classique suivie dans les écoles» (p. 25).

Sans voir si loin, on est tout de même obligé de s'interroger sur les changements susceptibles de résulter de l'apparition de l'informatique comme source de connaissance, que ce soit dans l'école ou dans d'autres lieux. Quelles compétences seront privilégiées, renforcées par un recours croissant à l'informatique? Nous sommes en effet les héritiers d'une culture avant tout livresque, où les aspects verbaux jouent un rôle essentiel à différents niveaux (apprentissage, évaluation, sélection, etc.). A la suite d'auteurs comme Greenfield (1984), on peut se demander si d'autres capacités (visuelles, spatiales, etc.) ne joueront pas un rôle accru à l'avenir, redonnant leurs chances à des personnes moins douées sur le plan verbal.

Aspects pédagogiques

En ce qui concerne plus spécifiquement l'école, toute une série de questions peuvent également se poser. C'est ainsi qu'on pourrait assister à une modification involontaire et non planifiée dans la hiérarchie des disciplines, dans leur poids relatif, celles qui se prêtent bien à une transposition informatique devenant de plus en plus fortes au détriment d'autres domaines de connaissance.

Le rôle des enseignants mérite aussi quelques réflexions. Leur emploi est-il menacé par le développement de l'informatique ? Il ne nous semble pas du tout que cela soit le cas. Pourtant tous n'en sont pas convaincus et l'on observe certaines attitudes de refus ou de repli de la part d'enseignants qui craignent de perdre le contrôle de la situation. Cela pourrait aussi expliquer le succès relatif des logiciels qui ne remettent pas en question l'organisation de la classe, alors que d'autres programmes exigeant plus de remise en question ont quelque peine à pénétrer dans l'école.

L'informatique s'est révélée particulièrement précieuse dans le domaine de l'enseignement spécialisé. Grâce à la souplesse des logiciels éducatifs et à l'individualisation des apprentissages qu'ils permettent, les élèves présentant des handicaps cognitifs parviennent à des performances remarquables. Ce domaine mérite d'autant plus d'attention que souvent des méthodes développées d'abord pour des groupes de personnes handicapées ont ensuite été reprises pour améliorer l'enseignement général.

Aspects sociologiques

Au-delà des effets sur les individus eux-mêmes, la généralisation de l'utilisation de l'ordinateur est susceptible de produire des changements sur l'organisation et le fonctionnement de différentes institutions comme l'école, les bibliothèques, etc.

De nombreuses recherches ont montré que tous les individus ne tirent pas le même parti des activités informatiques. Selon leur environnement socio-culturel ou leurs acquisitions antérieures, ils sont plus ou moins bien préparés à participer pleinement aux activités proposées. Certains ont même une attitude de rejet vis-à-vis de l'ordinateur lui-même. De même les garçons sont en général plus enclins que les filles à entrer dans des interactions avec des appareils technologiques plus ou moins sophistiqués. Même si ces tendances connaissent de nombreuses exceptions, le risque que se développe une société à deux vitesses, quant à la maîtrise de ces nouveaux outils de connaissance, ne peut être totalement écarté.

QUESTIONS PRATIQUES

Il est un certain nombre de questions pratiques que peuvent se poser les parents ou les enseignants. Que peut-on conseiller aux parents ou aux enseignants souhaitant se préparer aux mutations en cours pour tenter d'accompagner (ou essayer de suivre!) les enfants dont ils ont la charge?

Sans avoir l'ambition d'être un guide d'achat de matériel ou de logiciel, cet ouvrage cherchera aussi à donner quelques pistes pouvant guider les personnes désireuses de procéder à l'acquisition de certains produits. La prudence est toutefois de mise dans ce domaine tant les évolutions sont rapides.

Outre ces aspects économiques on peut se demander quelle est la meilleure attitude à adopter vis-à-vis des enfants fascinés par l'ordinateur. Faut-il limiter le temps d'accès des enfants à l'ordinateur familial? Est-il préférable de chercher à partager leur passion pour les jeux, voire essayer de rivaliser avec eux dans ce domaine où leur expertise surpasse peut-être celle de l'adulte?

Faut-il nécessairement familiariser l'enfant avec l'outil informatique? Et si oui, à partir de quel âge? A travers quel type d'activité?

Quels doivent être les rôles respectifs de l'école, des parents, d'autres lieux spécialisés dans cette initiation des enfants?

C'est au chapitre 8 que ces différentes questions seront traitées en détail.

NOTRE PROPOS

On voit qu'un grand nombre de questions se posent auxquelles nous essaierons de répondre dans cet ouvrage. Nous nous interrogerons surtout sur l'impact de ces nouveaux moyens sur l'enfant, que ce soit à l'école ou à la maison, dans ses activités d'apprentissage ou de loisirs.

Nous nous efforcerons de ne pas tomber dans le travers du futurisme, qui consisterait à dépeindre un futur hypothétique radicalement différent de la réalité actuelle. Il nous semble plus profitable de recenser les tentatives les plus marquantes, en retenant surtout les travaux les mieux étayés, d'indiquer les pistes qui, à notre sens, sont les plus prometteuses.

Mais cet ouvrage n'est pas un livre d'informatique mettant l'accent sur les aspects techniques, matériels ou logiciels. C'est bien le développement de l'enfant et les activités auxquelles il peut s'adonner qui en constituent la thématique centrale. Nous espérons ainsi que même des lecteurs sans connaissance préalable du domaine pourront tirer parti de nos réflexions.

Chapitre 2
L'ordinateur comme moyen d'enseignement

L'idée d'utiliser la technologie au service de l'enseignement ne date pas des ordinateurs. La télévision éducative, les laboratoires de langues ou ce que l'on a appelé les machines à enseigner participent tous de cette même intention. Mais, par sa puissance et sa plasticité, l'ordinateur s'est très vite imposé comme le support le plus adapté à cette fin, même si nombre d'utilisations de l'ordinateur dans le rôle d'enseignant ne dépassent encore guère, en sophistication, le niveau atteint par les plus performantes des machines à enseigner. Le concept d'*enseignement assisté par ordinateur* (EAO) s'est très vite généralisé et on peut sans crainte affirmer à l'heure actuelle que tout le monde en a entendu parler, même si la façon dont s'opère cette assistance varie sensiblement selon les types de logiciels utilisés.

Tous les logiciels d'enseignement assisté par ordinateur ne font pas en effet jouer à la machine le même rôle, ni ne relèvent de la même conception de l'enseignement. Pour simplifier, on distinguera trois types d'assistance à l'enseignement,
- les logiciels de répétition ou de consolidation,
- les logiciels d'enseignement proprement dits ou didacticiels et
- les logiciels d'apprentissage par la découverte.

TROIS TYPES D'UTILISATION DE L'ORDINATEUR COMME MOYEN D'ENSEIGNEMENT

Dans le premier de ces types, les *logiciels de répétition ou de consolidation*, l'ordinateur ne sert que de terrain d'exercice, de répétiteur pour une matière que l'élève a appris par ailleurs, avec un maître ou dans un livre. L'ordinateur ici ne dispense pas l'enseignement mais permet à l'élève de pratiquer la matière enseignée, de consolider ses savoir-faire et de vérifier son degré de maîtrise de celle-ci. Font partie de cette catégorie, les drills et certains logiciels qualifiés de jeux éducatifs de consolidation. Dans les paragraphes suivants, nous décrirons les caractéristiques de ces types de logiciels et discuterons leurs avantages et leurs limites.

D'autres fois en revanche, l'ordinateur se charge lui-même de dispenser l'enseignement, avant de vérifier les acquisitions de l'élève par le biais d'exercices appropriés. C'est pour souligner cette différence importante d'avec les logiciels de répétition ou de consolidation que furent créées à leur intention les appellations de *didacticiels* ou de *tutoriels*. La matière enseignée est ici proposée à l'élève par le biais de pages de textes qui s'affichent directement à l'écran, en pleine page ou dans des fenêtres spéciales, et que l'élève sera invité à lire intégralement. Les prolongements auxquels on doit s'attendre dans cette catégorie ont noms tutoriels intelligents ou systèmes intégrés d'apprentissage, et l'on peut raisonnablement s'attendre à ce que ce domaine ouvre très largement ses portes aux applications dites «multimédias».

Certains logiciels d'enseignement se sont développés dans une troisième direction, dans laquelle l'enseignement proprement dit cède le pas à un apprentissage plus autonome de l'élève; la situation dans laquelle il est mis par le logiciel, les outils qui lui sont proposés donnent à l'élève la possibilité de découvrir lui-même, sans qu'elles lui ait été enseignées par ailleurs, des régularités, des règles ou des propriétés des objets présentés. Les principes de la pédagogie de la découverte (Bruner, 1961) sont ainsi à la base de la conception de tels logiciels. C'est pourquoi nous les appellerons *logiciels d'apprentissage par la découverte*. Alors que dans les drills et les jeux éducatifs, l'ordinateur s'apparente davantage à un cahier d'exercice, il ressemblerait ici plutôt à un laboratoire d'exploration, dans lequel l'élève peut définir lui-même les problèmes auxquels il veut s'attaquer, les questions auxquelles il aimerait trouver réponse, en utilisant les instruments mis à sa disposition. Les encyclopédies informatisées, ce que l'on appelle les micro-mondes et les simulations et laboratoires scientifiques informatisés relèvent de cette troisième catégorie. Nous y reviendrons plus largement dans le troisième volet de ce chapitre.

LES LOGICIELS DE RÉPÉTITION ET DE CONSOLIDATION

Les drills et certains jeux éducatifs constituent les exemples les plus connus de cette première catégorie de moyens d'enseignement «technologisés». Si le recours à l'ordinateur n'est, en soi, pas absolument nécessaire pour de tels exercices, son intervention contribue à les rendre moins rébarbatifs, voire franchement attrayants, en leur conférant un caractère ludique.

Les drills

Les drills sont des moyens d'exercer et de consolider des savoirs ou des savoir-faire et d'en tester son degré de maîtrise. Ils relèvent d'une conception associationniste de l'apprentissage (Thorndike, 1922) selon laquelle les acquisitions s'effectuent par création, puis consolidation d'une association immédiate entre un stimulus donné et une réponse conditionnée. Les multiples répétitions de cette association assurent à la fois la solidité des apprentissages et la vitesse avec laquelle la réponse conditionnée peut être produite. L'exercice répétitif devient alors le ferment de l'automatisation de la réponse désirée.

Dans les drills, les réponses attendues sont toujours très simples; elles consistent le plus souvent en une seule frappe au clavier. L'analyse de ces réponses par le système est également élémentaire; elle donne lieu à un feedback immédiat, sous la forme d'un verdict simple («juste/faux») ou de l'indication de la réponse attendue. Dans la plupart des cas, le système est à même de fournir à son utilisateur un compte rendu sommaire de sa performance, mais cette indication dépasse rarement la simple mention de la proportion de réponses justes fournies, comme l'illustre l'exemple proposé dans la Figure 2.1.

Si les plus anciens logiciels de drills sont relativement secs, c'est-à-dire que l'activité y est présentée sur un fond d'écran monochrome et vierge, la plupart des drills récents sont rendus spécialement attrayants par le recours à des images ou des bruitages variés.

La grande majorité des logiciels de ce type portent sur l'apprentissage du calcul ou du vocabulaire d'une langue étrangère. Rares sont, à l'heure actuelle, les logiciels qui ne proposent à l'usager que des éléments de drill. La plupart du temps, le drill se trouve enchâssé dans un logiciel d'enseignement, ou aménagé sous forme de jeu éducatif de consolidation (*cf.* ci-dessous).

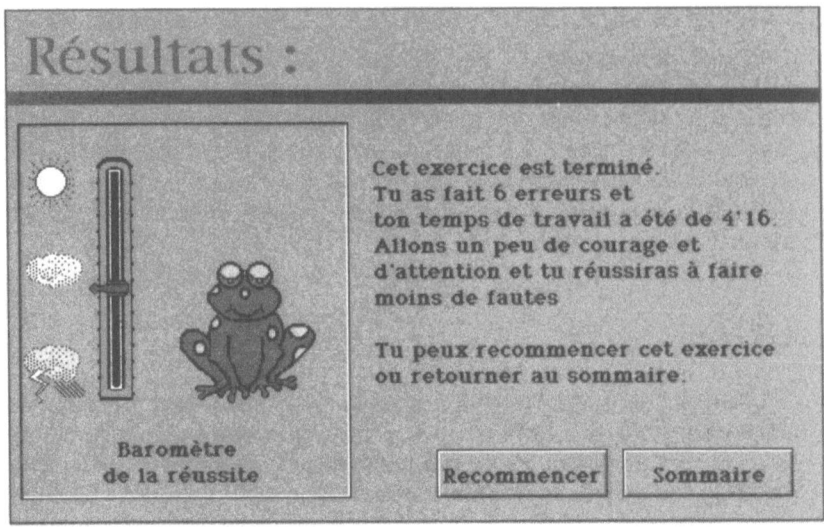

Figure 2.1 — Exemple de compte-rendu délivré à l'utilisateur à la fin d'un exercice de drill. Tiré de : NUMÉRATION, Club Pom.

Avantages et inconvénients des drills

D'usage facile, les logiciels de drill peuvent être utilisés par l'enfant seul dès qu'il est capable d'allumer l'ordinateur, d'insérer une disquette correctement et de lancer le programme. L'expérience montre qu'avec un peu d'habitude, les enfants parviennent même à se débrouiller avec des logiciels dont les options sont indiquées dans une langue qu'il ne connaît pas, l'anglais, par exemple.

Les drills font généralement preuve d'une patience infinie avec l'élève, même lorsque celui-ci éprouve les plus grandes difficultés avec la matière exercée. Cette patience concerne à la fois le temps que l'ordinateur est « disposé » à attendre la réponse de son élève et le nombre d'exercices qu'il acceptera de lui soumettre. Par leur construction, les drills ne connaissent en effet aucune limite dans le renouvellement des exercices proposés, à la différence des cahiers d'exercices traditionnels ; ainsi, dans un drill d'entraînement au calcul, par exemple, les exercices proposés sont toujours différents, construits en quelque sorte « sur place », au moyen de nombres tirés au hasard par l'ordinateur. Cette technique présente cependant aussi un désavantage car elle ne permet pas à l'élève d'exercer spécifiquement ce qu'il maîtrise moins bien et le force souvent à faire et refaire ce qu'il sait déjà. Dans un drill d'entraînement aux tables de multiplications, rien ne garantit en effet à un élève qui éprouverait des difficultés à assimiler la table du 7, alors qu'il connaît parfaitement celle du 5, qu'il rencontrera dans le prochain exercice davantage de celle-là et moins de celle-ci. Il faudrait non seulement que le programme calcule la proportion de réponses justes ou fausses sur l'ensemble de l'exercice, mais qu'il calcule également les proportions correspondantes pour chacune des tables. Bien peu de programmes de drill sont actuellement à même de procéder à de tels aménagements, même si les doter d'une telle capacité ne semble pas, du point de vue technique, particulièrement difficile à réaliser.

L'ordinateur ne décharge pas seulement l'enseignant ou l'adulte de la production d'exercices nouveaux ; il le soulage également dans sa tâche de correction de ceux-ci. L'analyse immédiate de la réponse de l'enfant constitue une autre des forces des logiciels de drill. L'élève n'a pas besoin d'attendre que l'adulte ait le temps de se pencher sur sa performance pour savoir si ce qu'il fait est juste ou faux. Mais l'analyse des réponses représente également une des faiblesses des programmes de ce type ; pour la plupart des logiciels de drill, une réponse est soit juste, soit fausse ; aucune indication n'est fournie à l'élève sur la nature de son erreur ni sur son importance. Doter le logiciel d'une capacité de reconnaître la nature de l'erreur est cette fois nettement plus difficile à réaliser ; il faudrait pour cela lui donner les moyens de comprendre les forces et les faiblesses de l'utilisateur, capacité qu'on commence seulement à rencontrer dans certains tutoriels intelligents.

La formulation des messages envoyés à l'élève après chacune de ses réponses manque cependant souvent d'originalité. Bien des logiciels de drill se limitent à un juste ou faux, dont la répétitivité est vite lassante. Certains disposent heureusement d'un stock de commentaires positifs et négatifs plus variés et plus informatifs ; cette diversité et ce souci supérieur d'information ont alors des effets bénéfiques tant sur le plan cognitif qu'en matière de motivation de l'élève à persévérer. Le bon répétiteur est celui qui sait apprécier l'effort fourni mais qui saura aussi, parfois, tolérer une petite inattention.

Le degré de contrôle que le logiciel accorde à l'enfant est également un point important dans l'analyse d'un logiciel de drill. Les données de la psychologie montrent en effet que même les enfants réagissent négativement à l'absence prolongée de possibilités d'infléchir la marche d'une activité ; le résultat d'une telle absence est d'abord de la révolte, puis de la frustration enfin de la passivité. La possibilité de sauter des étapes, d'augmenter ou de diminuer le niveau de difficulté des questions, enfin de quitter éventuellement l'activité avant son terme doit être laissée à l'utilisateur d'un logiciel si l'on veut qu'il y revienne par la suite avec plaisir. Cette possibilité contribue également à apprendre à l'enfant à s'auto-évaluer, c'est-à-dire à déterminer lui-même l'état de ses connaissances, capacité dont les pédagogues reconnaissent de plus en plus l'importance dans les processus de formation.

Les jeux éducatifs de consolidation

Dans les drills simples, l'utilisateur est explicitement traité comme un élève ; son activité se borne à répondre à des questions que « l'ordinateur-maître » lui propose. Dans les jeux éducatifs de consolidation, au contraire, l'utilisateur se voit plongé dans un univers différent et attribué un rôle particulier que sa maîtrise de la matière enseignée lui permet de remplir plus ou moins bien. La Figure 2.2 propose un exemple d'une telle transposition. Inspirés bien souvent des jeux d'arcades, ces jeux éducatifs proposent à l'utilisateur de véritables mises en scène ; ainsi, au lieu d'apparaître simplement à l'écran sous forme de texte, les questions de livrets apparaîtront, par exemple, enchâssées dans des vaisseaux spatiaux ennemis qu'il faudra détruire rapidement (en donnant la bonne réponse) avant que ces vaisseaux n'aient pu atteindre et détruire la base spatiale que l'utilisateur est supposé défendre par sa compétence.

Notons que tous les jeux éducatifs de consolidation n'ont pas nécessairement ce caractère guerrier ou extraterrestre. La mise au défi de l'utilisateur constitue cependant une caractéristique commune de tous les logiciels de jeu, même si celle-ci peut être réalisée de manière fort différente selon le jeu utilisé ; s'il s'agit souvent d'entrer en compétition avec le programme, il peut aussi s'agir parfois de battre un record, de vitesse, de longévité ou de points, établi par un autre joueur ou par l'utilisateur lui-même lors d'une précédente tentative.

Qu'on ne s'y trompe pas cependant ! Tous les jeux sur ordinateur ne sont pas des jeux éducatifs de consolidation. On ne considérera comme tels que les jeux dont l'objectif fondamental demeure, comme dans les drills, celui de faire répéter à leur utilisateur certaines techniques, revoir certaines notions enseignées à l'école ou travailler certaines habiletés directement nécessaires à une bonne scolarité. D'autres jeux praticables à l'ordinateur, comme les adaptations informatiques des échecs ou du Memory par exemple, présentent certes un intérêt éducatif qui dépasse le simple délassement, mais leur lien avec les matières scolaires est trop lâche pour fonctionner comme des activités de consolidation. Dans ce livre, les apports qu'on peut attendre plus généralement des jeux à l'ordinateur seront discutés au chapitre 5.

Figure 2.2 — Lorsqu'il a donné un certain nombre de réponses correctes, l'utilisateur (symbolisé par le petit cosmonaute) peut délivrer son ami retenu prisonnier dans la soucoupe par un monstre. Tiré de : *MATH BLASTER*, Davidson & Ass. Inc.

Avantages et inconvénients des jeux éducatifs de consolidation

Dans l'ensemble, les remarques faites à propos des drills sont valables également pour les jeux éducatifs de consolidation. Ces derniers offrent cependant quelques avantages supplémentaires. Les « mises en scène » qu'ils proposent tendent à motiver encore davantage l'enfant qu'un simple drill. Comme le relève Malone (1981), ils jouent pour cela sur les caractéristiques de défi, de fantaisie et de curiosité.

La mise en scène permet également de transformer la récompense dite extrinsèque à l'activité, que l'on utilise dans les drills (sous forme de points ou de scores affichés en fin de partie) en une récompense intrinsèque, directement utilisable dans le jeu lui-même (bonus, vies supplémentaires, accès à de nouveaux tableaux, etc.). De telles récompenses contribuent fortement à prolonger l'exercice de l'activité, puisqu'elles en diffèrent la fin aussi longtemps que l'enfant réussit à satisfaire les exigences du programme. Elles présentent aussi un avantage sur le plan cognitif, puisqu'elles permettent également d'associer plus directement le « feedback » de l'ordinateur à telle ou telle réponse proposée par l'utilisateur, ce qui facilite l'apprentissage ; dans les jeux éducatifs, l'utilisateur n'a plus, en effet, à attendre la fin de l'exercice pour savoir combien de solutions correctes il est parvenu à donner, mais il est renseigné sur la qualité de sa performance quasi instantanément, par les bénéfices ou les handicaps qu'il en retire directement dans la progression de sa cause.

Par contre, à l'inverse de ce qui se passe dans la plupart des logiciels de drill, l'utilisateur ne peut, dans les jeux éducatifs, revenir immédiatement sur sa décision, et donner une seconde réponse. Une occasion manquée est ici une occasion passée ; pas de seconde chance, peut être avant longtemps. Or, pouvoir corriger immédiatement une réponse erronée figure comme un déterminant important des progrès dans de nombreuses théories de l'apprentissage. On peut donc regretter l'absence de cette possibilité dans les jeux de consolidation, d'autant plus qu'il ne serait pas si difficile, du point de vue technique, de permettre à l'utilisateur de « revenir en arrière » et de corriger sa première réponse, comme cela se pratique d'ailleurs dans certains logiciels de jeux informatisés.

Les jeux de consolidation jouent également sur la vitesse de réaction de l'utilisateur, qui, pour gagner, sera enclin à automatiser autant que possible les activités intellectuelles qui lui sont demandées. Lorsqu'il s'agit d'entraîner ainsi le calcul élémentaire ou la connaissance du vocabulaire, par exemple, la création de tels automatismes est bénéfique, car elle permet non seulement de réagir plus rapidement, mais en diminuant la charge d'attention demandée pour leur exécution, elle libère en quelque sorte le cerveau pour des activités sollicitant davantage sa réflexion.

Toutes les activités intellectuelles ne demandent cependant pas un traitement aussi rapide et dans bien des cas, il vaut mieux réfléchir longuement avant d'agir plutôt que de céder à la pression du temps. C'est pourquoi il est bon, à côté des jeux éducatifs qui font une large place à la vitesse et à la réaction, d'offrir à l'enfant la possibilité de pratiquer également des activités reposant davantage sur la réflexion prolongée, l'évaluation des alternatives, et le contrôle soigneux des décisions prises, pour éviter un renforcement trop important des réponses impulsives. C'est, par exemple le cas des logiciels d'enseignement proprement dits ou didacticiels, dont il sera question maintenant, ainsi que des logiciels d'apprentissage par la découverte dont nous parlerons dans la troisième section de ce chapitre.

LES LOGICIELS D'ENSEIGNEMENT PROPREMENT DITS OU DIDACTICIELS

A la différence des logiciels de répétition ou de consolidation discutés jusqu'ici, les didacticiels assurent eux-mêmes l'enseignement des notions, concepts ou matières qu'ils couvrent. Comme de véritables enseignants, ils font également faire à l'élève des exercices et même des tests d'évaluation des connaissances acquises. En anglais, de tels logiciels sont appelés *tutorials* pour souligner à la fois ce rôle de professeur qu'ils assurent et les conditions particulières dans lesquelles se déroule un tel enseignement, à savoir celles d'un cours privé pour chaque utilisateur. S'ils permettent bien à tout élève de travailler à son propre rythme, la plupart des didacticiels actuellement disponibles n'ont cependant qu'une capacité limitée de s'adapter aux aptitudes et aux connaissances spécifiques de chacun; quelques tutoriels récents tentent pourtant de mettre à profit les recherches de pointe effectuées dans le domaine de l'intelligence artificielle pour essayer de «comprendre» les particularités des raisonnements de chacun de leurs élèves et, le cas échéant, la nature de leurs difficultés. On les qualifie alors de *tutoriels intelligents* pour bien souligner cette caractéristique de leur construction.

Les didacticiels

Le didacticiel est probablement le type de logiciel qui exprime le mieux l'image populaire de l'enseignement assisté par ordinateur, parce qu'il est l'héritier direct des fameuses machines à enseigner de Skinner. Les principes généraux sur lesquels Skinner (1969) fondait ce qu'il a appelé «la révolution scientifique de l'enseignement» y sont toujours respectés; le cycle Information-Question-Réponse-Evaluation y prévaut toujours, même si la façon dont l'information est présentée ou dont la réponse de l'élève est traitée est maintenant beaucoup plus diverse et plus souple que dans les premiers programmes d'EAO comme le montre l'exemple proposé dans la Figure 2.3. Dans les didacticiels plus anciens, la succession des phases était souvent très rapide, limitée à quelques mots de la part du programme et souvent à un seul mot de l'élève; il n'est pas rare aujourd'hui, par contre, de voir l'écran utilisé tantôt comme un véritable livre dont l'élève «parcourra» les pages à mesure qu'il les aura assimilées puis comme un réel cahier d'activités à réaliser ou d'exercices à compléter avant que le programme ne délivre son feedback.

De nombreuses études ont permis de caractériser les bonnes et moins bonnes «façons» de présenter l'information, en termes de longueur de

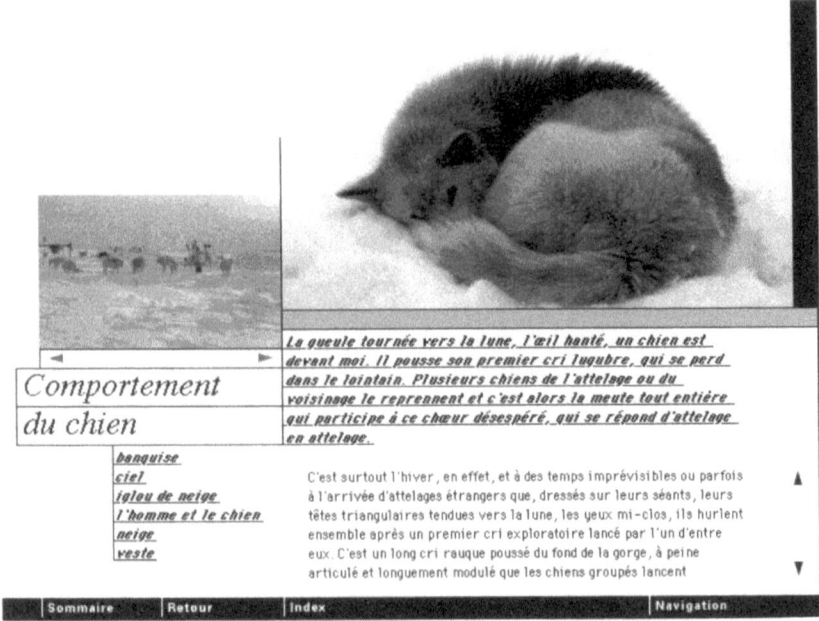

Figure 2.3 — Copie d'écran tirée d'un didacticiel qui permet à l'utilisateur d'obtenir diverses informations sur le thème du Grand Nord, sous forme d'images, de textes, de schémas, etc. Tiré de : INUIT, LE GRAND NORD ESQUIMAU, BMG Interactive Entertainment.

texte, de sa disposition sur l'écran, du choix des caractères, de l'usage des dessins, schémas ou figures, etc. en fonction des caractéristiques des ordinateurs sur lesquels le didacticiel tournera. La règle majeure semble ici être « le plus simple sera le mieux » (Chabay & Sherwood, 1988).

A l'heure actuelle, les dialogues avec l'élève restent encore très limités, composés exclusivement de questions dites fermées. Dans leur très grande majorité, les didacticiels ne disposent toujours pas, en effet, de capacités de compréhension et d'analyse suffisantes pour saisir les réponses non prévues d'avance par le concepteur, ou pour répondre à des questions inattendues que lui poserait à son tour l'élève. Par le biais de menus déroulants ou de boutons à cliquer, les didacticiels les plus récents permettent cependant à l'élève d'interroger le programme sur telle notion qu'il évoque, de lui demander de rappeler la définition de tel terme ou de solliciter son aide dans la réalisation de tel ou tel exercice. Par ce même canal, l'utilisateur peut également souvent choisir le thème ou le chapitre qu'il entend travailler spécifiquement et infléchir par là encore quelque peu l'implacable directivité dont faisaient preuve les premiers programmes d'EAO. En termes de contrôle (Kinzie, Sullivan & Berdel, 1988; Lefcourt, 1976), on dira que les didacticiels récents accordent ainsi de plus en plus de contrôle à l'utilisateur, dans la direction des opérations et dans la gestion des interactions; ce faisant ils autorisent à l'usager bien davantage d'exploration et de recherche que les premiers programmes de ce type (Niegemann, 1995). Ils se distinguent cependant toujours des logiciels d'apprentissage par la découverte dont nous parlerons plus bas, par la volonté manifeste de leurs concepteurs d'enseigner une matière à leur élève, d'une part, et par le souci de renseigner directement celui-ci sur la qualité de sa performance, d'autre part, en lui donnant son pourcentage de réussite ou en lui proposant le «corrigé» de ses exercices.

La nouvelle génération de didacticiels tend aussi à tirer profit des possibilités offertes par le couplage de l'ordinateur avec d'autres supports de données tels que lecteur de disques compacts, appareil de projection, magnétoscopes vidéo ou tout autre support d'image. Nous reviendrons sur ces développements récents au chapitre 6.

Avantages et inconvénients

Contrairement aux drills ou aux jeux éducatifs de consolidation, les didacticiels ne nécessitent pas de la part de l'usager une connaissance préalable des notions travaillées. Pour pouvoir valablement les utiliser seul, un enfant doit par contre disposer déjà d'une bonne capacité de lecture et de compréhension de la langue écrite. Les didacticiels font en effet un usage nettement plus important du texte et du langage écrit que tout autre logiciel. Ainsi, si la langue du logiciel est relativement indifférente lorsqu'il s'agit d'un drill ou d'un jeu, il est fortement conseillé d'utiliser pour les didacticiels une version écrite dans la langue maternelle de l'enfant ou tout au moins dans une langue qu'il connaît et maîtrise bien.

Avec les didacticiels, nul besoin non plus de travailler dans la précipitation; à l'inverse des logiciels discutés jusqu'ici, les didacticiels laissent à l'utilisateur tout le temps de réfléchir avant d'agir. Une nouvelle instruction, une nouvelle question n'apparaît à l'écran que lorsque, par une action particulière déterminée d'avance, l'élève indique au programme qu'il est prêt à la recevoir. Avec les didacticiels, pas non plus de compétition; le but fixé à l'utilisateur est avant tout de comprendre, d'apprendre la matière enseignée. Il sera alors invité à refaire la séquence jusqu'à ce qu'il ait pu répondre à toutes les questions du test final.

Par sa structure et par son fonctionnement, le didacticiel se prête spécialement bien à la pratique d'un enseignement individualisé. Chacun peut en effet y travailler à son rythme et réfléchir aussi longtemps qu'il le souhaite. Dans une classe équipée de plusieurs ordinateurs, le recours à de tels logiciels permet alors au maître de ne pas «faire attendre» les élèves plus rapides sans devoir «bousculer» les élèves plus lents. Il permet aussi de garantir que tous les élèves parvenus au terme du logiciel auront reçu sensiblement les mêmes informations et étudié les mêmes questions. Alors qu'une période de distraction peut souvent se révéler «fatale» dans un cours traditionnel, l'élève manquant ainsi tout ou partie d'une explication donnée par le maître, elle sera de moindre conséquence face à un didacticiel, puisque celui-ci attendra patiemment que l'élève demande de passer à l'explication ou à l'activité suivante. Lorsque le temps est compté cependant, une telle patience peut aussi devenir un défaut, l'ordinateur oubliant généralement de «rappeler sur terre» un élève par trop rêveur.

Signalons enfin que certains programmes permettent aux enseignants d'étendre les possibilités d'un logiciel, en y introduisant des exercices de leur crû, par exemple. Si ce cas est rare dans les logiciels commercialisés, il est plus fréquent avec les didacticiels créés par des services spécialisés rattachés aux autorités scolaires. De tels programmes sont en effet souvent développés en utilisant les facilités offertes par des langages comme HYPERCARD ou certains logiciels spécialisés, appelés *langages auteurs*, comme AUTHORWARE, par exemple. Une initiation de quelques heures à ces langages d'usage relativement simple s'avère souvent suffisante pour qui a contracté le virus de l'informatique éducative.

Les tutoriels intelligents

Dans la majorité des didacticiels courants, l'enseignement ne varie pas selon le niveau et la nature des connaissances préalables d'un utilisateur particulier. Certains didacticiels commencent cependant à disposer d'une relative souplesse d'adaptation, en se construisant, affinant et révisant tout au long de l'interaction ce que l'on a appelé un «modèle de leur élève», des connaissances qu'il maîtrise et des difficultés qu'il rencontre. Grâce à ce modèle, le logiciel est à même d'aider et de guider l'utilisateur plus finement et plus personnellement que les didacticiels traditionnels. Sa pédagogie peut alors s'assouplir, de professeur très directif, il peut devenir accompagnateur répondant (Mandl & Lesgold, 1988). Ainsi, après avoir mis son élève au travail, le tutoriel supervisera l'activité de celui-ci et lui prodiguera, sur demande ou au besoin, des aides ou des suggestions pour se tirer d'affaire lorsqu'il s'engage dans une impasse. Ses interventions prendront alors des formes variées selon la nature des

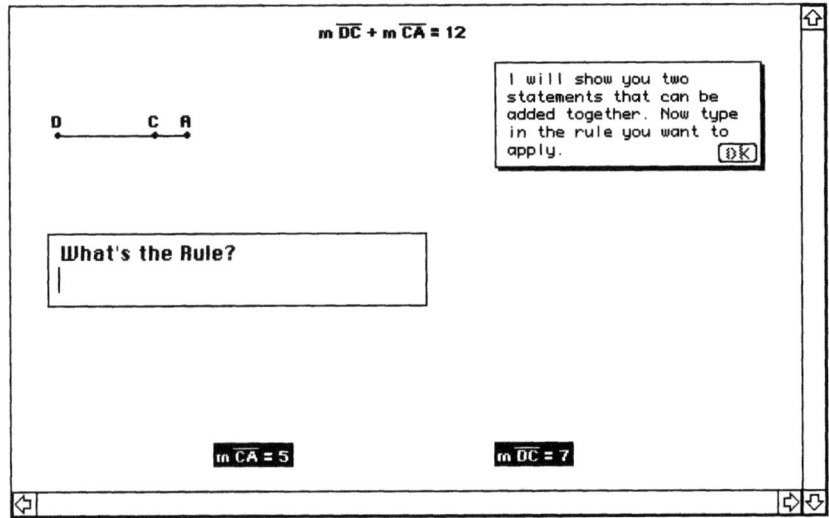

Figure 2.4 — Extrait d'un tutoriel intelligent qui assiste l'utilisateur dans la résolution d'un problème de géométrie. Tiré de : GPTUTOR, Carnegie-Mellon University.

difficultés et les besoins de l'élève ; dans certains cas, il interviendra en montrant à l'élève la prochaine démarche à faire ou en lui fournissant un indice dans la bonne direction, dans d'autres il lui rappellera certaines définitions ou lui fera revoir certains éléments de connaissance dont il devrait faire usage ici.

Pour pouvoir assurer valablement ce rôle de guide, le logiciel dispose également d'une connaissance approfondie du domaine dans lequel il fait travailler son élève. Cette connaissance est stockée dans sa mémoire sous forme de règles et de théorèmes mais aussi sous la forme d'heuristiques, c'est-à-dire de savoir-faire efficaces directement repris des savoir-faire qu'utilisent dans leur travail les experts du domaine en question. Basés sur les derniers développements de la science cognitive et de l'intelligence artificielle, ces logiciels sont ainsi à même de résoudre la plupart des problèmes que l'on peut poser dans leur discipline, mais également « d'expliquer » à l'élève leur démarche de résolution et, pour les plus sophistiqués d'entre eux, d'inventer même parfois des solutions nouvelles (Wenger, 1987).

C'est cette double capacité, de comprendre les difficultés de leur élève d'une part, et de pouvoir résoudre « seul » des problèmes dans leur domaine d'expertise, sans que la démarche à suivre n'ait été explicitement et complètement programmée par leur auteur, d'autre part, qui a conduit les spécialistes à baptiser ces logiciels *tutoriels intelligents*. De tels logiciels sont encore fort rares et demeurent pour la plupart confinés dans des laboratoires de recherche ou dans quelques classes ou écoles expérimentales, en particulier parce qu'ils ne peuvent tourner que sur des machines de très haute performance. Quelques-uns de ces logiciels existent cependant déjà pour des ordinateurs plus accessibles; c'est le cas du logiciel GPTutor (Anderson, Boyle & Yost, 1986), un tutoriel intelligent développé à l'Université Carnegie-Mellon de Pittsburgh, pour l'apprentissage de la démonstration en géométrie. La Figure 2.4 montre un extrait de ce tutoriel.

Avantages et inconvénients

Leur capacité de s'adapter à chaque élève, les suggestions qu'ils sont à même de lui faire pour l'aider dans sa démarche, représentent assurément le principal avantage des tutoriels intelligents. Mais le gain qu'autorise cette souplesse d'adaptation et cette individualisation du travail peut aussi parfois s'avérer un handicap pour qui, dans sa classe, préconise avant tout le travail collectif. Avec des logiciels comme GPTutor par exemple, il est néanmoins possible de concilier individualisation de l'assistance et bénéfices du travail à plusieurs. Les problèmes posés n'admettant que rarement une solution unique, il peut en effet être très intéressant et hautement formateur, de demander aux élèves, après la phase de recherche individuelle de solution, de comparer les chemins parcourus par chacun et de discuter des mérites respectifs des différentes démonstrations proposées.

Comparés aux didacticiels conventionnels, les tutoriels intelligents présentent encore d'autres avantages liés à l'attitude pédagogique moins directive qu'autorise leur supplément d'intelligence. Schofield, Eurich-Fulcer et Britt (1994) montrent en effet que la possibilité d'obtenir de l'aide de la machine quand et comment ils le souhaitent, évite aux élèves de se mettre dans la désagréable situation de devoir demander de l'aide au vu et au su de tous les camarades. L'expérience démontre également que l'importance du maître ne s'en trouve pas diminuée pour autant car tous les élèves qui travaillent avec de tels logiciels reconnaissent volontiers qu'ils préfèrent l'aide du maître à celle de la machine. Ils ne recourent au maître cependant que lorsque la difficulté rencontrée est sérieuse, qu'elle nécessite, à leurs yeux, une bonne explication; s'ils n'ont besoin que d'un petit «coup de pouce», c'est par contre le logiciel qu'ils solliciteront avant tout, car son assistance sera immédiate et juste suffisante pour les remettre en selle, là où attendre le passage du maître aurait pu occasionner une sérieuse perte de temps et probablement beaucoup de distraction.

LES LOGICIELS D'APPRENTISSAGE PAR LA DÉCOUVERTE

L'apprentissage par la découverte

Tout ce que nous avons appris ne nous a pas été enseigné. Ainsi, nous avons appris à parler bien avant de recevoir notre première leçon de langue maternelle; on apprend aussi à être parent, sans avoir reçu non plus le moindre cours sur le sujet. Il est en effet possible d'apprendre seul, sans maître ni leçons, pour autant que la nécessité ou la curiosité soit suffisante et que les erreurs et les échecs inévitables dans ce genre de démarche soient tolérées aussi bien par l'apprenant lui-même que par ceux qui l'entourent (Bruner, 1961). L'ordinateur, parce qu'il stimule la curiosité et qu'il se montre d'une patience infinie face à nos erreurs, offre donc des conditions favorables au déroulement de tels apprentissages.

Divers types de logiciels permettent ainsi à l'utilisateur d'explorer un domaine, de découvrir des règles, des principes, d'explorer des régions du savoir sans maître ni guide; on distinguera ici tour à tour les encyclopédies informatisées, les micro-mondes et les simulations. Parce qu'ils ne connaissent, selon l'expression de Papert (1981), ni plancher ni plafond, tous ces logiciels offrent l'avantage de ne pas être spécifiquement destinés à des enfants d'un âge donné, disposant d'un niveau de connaissance préalablement déterminé. Ainsi, alors qu'un exercice de drill de calcul n'est pas utilisable par un enfant d'âge préscolaire et ne captivera certainement plus un préadolescent, des environnements comme LOGO ou SIMCITY, par exemple, pourront intéresser les plus jeunes mais aussi les adolescents ou même les étudiants. A l'exception des encyclopédies informatisées, que les enfants apprennent très vite à utiliser seuls, les logiciels de ce type nécessitent cependant plus que tous les logiciels revus jusqu'ici, une initiation et parfois même une assistance relativement importantes de la part d'un adulte ou d'un pair plus avancé.

Les encyclopédies informatisées

La technologie des réseaux ou celle du disque laser multiplie considérablement les possibilités de stocker de l'information et d'y accéder depuis son ordinateur. Il devient ainsi possible de faire cohabiter dans un même programme et sur un même thème des informations de nature différente, texte, image, animations vidéo, commentaires, etc. Ces avantages ont conduit de nombreux éditeurs à proposer de véritables encyclopédies sur des sujets très variés, de géographie, d'histoire ou de sciences, notamment. Ces encyclopédies permettent en quelque sorte à l'utilisateur

40   L'ENFANT ET L'ORDINATEUR

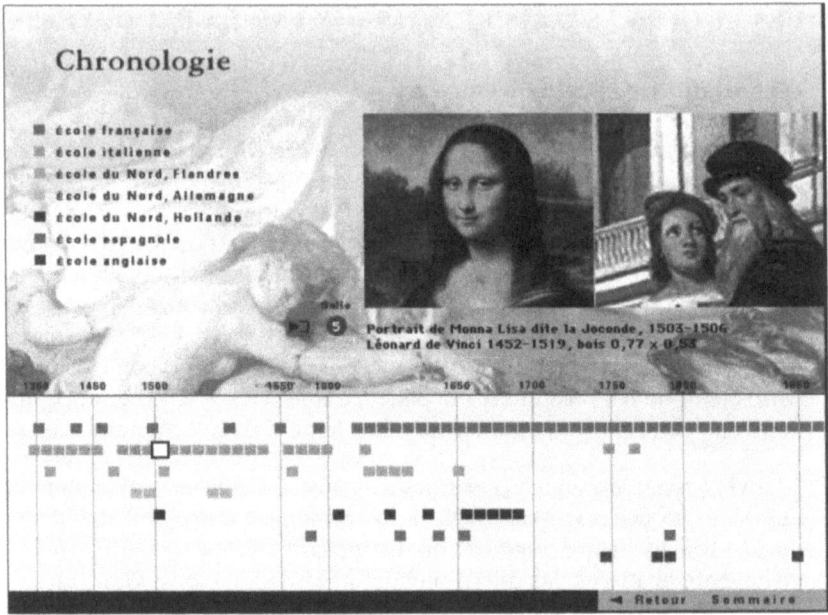

Figure 2.5 — Image extraite d'une encyclopédie informatisée. L'utilisateur se promène à travers les collections du musée en choisissant une époque, une école ou une œuvre. Sur demande, le programme délivre au «promeneur» des commentaires, des explications et attire son attention sur tel ou tel détail de la construction des œuvres. Tiré de : *LE LOUVRE*, BMG Interactive Entertainment.

de voyager dans le temps et dans l'espace, dans l'infiniment grand ou l'infiniment petit, à la découverte d'un pays, d'une époque, de son corps ou de la matière, par exemple. La Figure 2.5 montre un tableau extrait d'une telle encyclopédie.

La plupart de ces encyclopédies favorisent grandement l'interactivité de l'enfant ou de l'élève avec la matière à explorer par le truchement de boutons et de menus qui, d'un tableau particulier, lui donnent accès à la plupart des autres tableaux ou chapitres de l'encyclopédie, au gré des interrogations qu'elles suscitent en lui.

Avantages et inconvénients

Présentées sous forme de livres, toujours imposants, les encyclopédies sur papier effraient volontiers les enfants, par la longueur et la densité des textes qu'elles proposent; ceux qui ont le courage de les consulter, souvent s'y perdent. A l'ordinateur, l'approche paraît plus facile; moins de textes et plus d'illustrations, visuelles ou sonores. Au lieu d'une description des salles de tel musée, par exemple, l'ordinateur offrira une véritable promenade guidée entre les toiles, avec la possibilité de « zoomer» sur tel détail d'un tableau ou de retrouver différents croquis ayant servi de préparation à telle œuvre. L'animation constitue certainement l'un des atouts majeurs des encyclopédies informatisées actuelles. Pouvoir suivre le parcours du sang à travers tout l'organisme et pénétrer avec lui à l'intérieur de chacun des organes est assurément plus impressionnant qu'examiner une simple planche de la circulation sanguine. Mais l'avantage n'est pas que motivationnel, il est aussi intellectuel ; ainsi présenté, le contenu d'une telle leçon sera mieux retenu que s'il est proposé dans une présentation plus traditionnelle.

L'exploration de l'information contenue dans l'encyclopédie est aussi facilitée par l'ordinateur. A tout instant, l'utilisateur trouvera sur son écran quelques suggestions l'invitant à poursuivre sa recherche dans telle ou telle direction ou à retourner sur ses pas. Diverses ressources, tels que glossaires terminologiques, axes chronologiques, schémas, plans, etc. l'aident également à s'orienter parmi les multiples informations disponibles ; ces ressources ne vont pas que faciliter son exploration, elles lui serviront aussi à donner une structure à ses propres connaissances du domaine. Contrairement aux didacticiels cependant, nulle garantie ne peut être fournie que l'élève aura un jour parcouru l'ensemble des informations contenues dans l'encyclopédie.

Apparues tardivement sur le marché du logiciel, les encyclopédies informatisées connaissent actuellement un développement très rapide tant par le nombre que par la diversité des sujets traités, favorisé par la chute des prix des stations dites multimédias. On peut raisonnablement penser qu'elles sont promises à un bel avenir dans l'éducation et l'enseignement parce qu'elles réunissent trois caractéristiques déterminantes :

– elles sont simples d'usage

– elles recourent abondamment à l'image

– elles tendent à capter l'attention et la curiosité de l'élève davantage encore que toute autre forme de logiciel.

Les micro-mondes

Les micro-mondes sont des logiciels dans lesquels les élèves peuvent manipuler sur l'ordinateur des entités physiques, mathématiques ou géométriques pour résoudre des problèmes qu'ils se sont posés eux-mêmes ou qui leur ont été suggérés par leur enseignant.

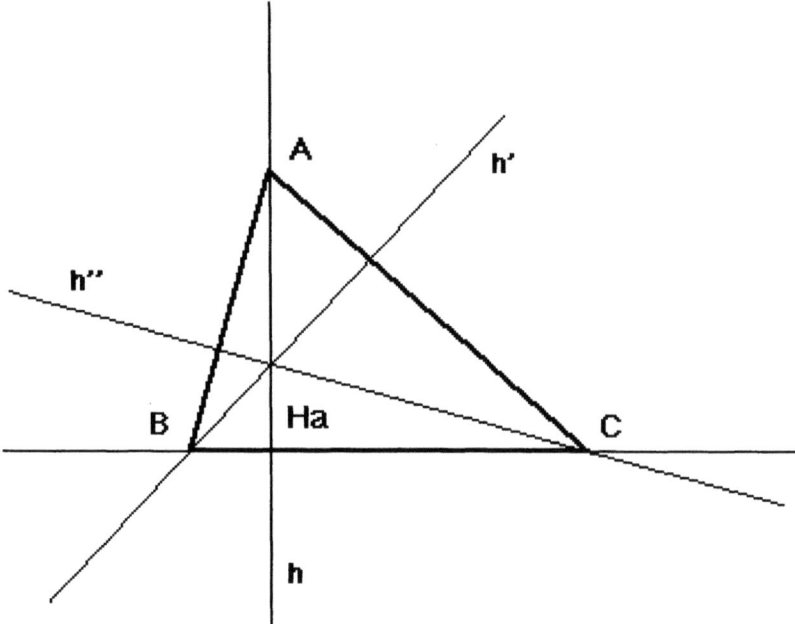

Figure 2.6 — Extrait d'un micro-monde qui permet à l'utilisateur de construire des figures géométriques à l'aide des outils classiques de la géométrie euclidienne et de les modifier de façon dynamique. Tiré de : *CABRI-GÉOMÈTRE*, LSD2-IMAG.

Ainsi, par exemple, dans le micro-monde de la Tortue LOGO, l'utilisateur peut, par un jeu de commandes simples, tracer à l'écran des segments de droites, dont il fera varier la longueur, et des angles, dont il ajustera la taille. En combinant ces éléments très simples, il réalisera alors des dessins géométriques dont la complexité ne connaît pas de limites, puisque même des arcs de cercles peuvent être produits à l'écran par un enchaînement régulier de minuscules portions de droites et d'angles plus ou moins ouverts. Ce faisant, l'utilisateur se trouve rapidement confronté aux propriétés des objets géométriques qu'il souhaite dessiner. Ainsi, bien avant leur première leçon de géométrie, les enfants « découvriront », en voulant dessiner à l'écran une maison, que, contrairement bien souvent à ce qu'ils avaient imaginé, les angles d'un carré ne varient pas avec la taille de celui-ci et qu'un triangle isocèle possède deux angles et deux côtés égaux. Bien sûr, de telles « découvertes » ne sont nullement nécessaires ni automatiques ; le micro-monde se borne à offrir les conditions qui permettraient et même faciliteraient une telle découverte mais à aucun moment il ne l'impose, jamais il ne la fera à la place de l'élève. Nous reviendrons plus en détail sur ce logiciel au chapitre suivant, car

LOGO est un moyen d'initiation à la programmation et à la pensée structurée avant même de constituer une porte d'entrée originale dans la compréhension de l'espace et de la géométrie.

D'autres logiciels d'approche de la géométrie sont construits sur l'idée de micro-monde; c'est le cas de CABRI-GEOMETRE, par exemple, un logiciel développé conjointement par des informaticiens, des mathématiciens et des spécialistes de la didactique. Ici, les éléments à manipuler sont ceux-là même que propose la géométrie euclidienne enseignée en classe; on y travaille avec des points, des droites, des distances, des parallèles ou des perpendiculaires, des centres ou des arcs de cercle, des rotations. La Figure 2.6 montre un exemple de construction réalisable avec ce logiciel. Certes, la règle, l'équerre, le compas et la gomme permettent aussi de réaliser la plupart des constructions qu'autorise ce programme. Diverses caractéristiques du logiciel permettent cependant d'aller beaucoup plus loin dans la compréhension de la géométrie et des propriétés de l'espace que ces outils plus traditionnels. Ainsi, lorsqu'une construction est terminée, il est possible de demander au programme d'en restituer les étapes, ce qui permet aux élèves de comparer leurs démarches et au maître de mieux comprendre les éventuelles difficultés rencontrées par les élèves. Mais il devient possible aussi, en tirant sur n'importe qu'elle point de la figure, de l'allonger, de la rétrécir, de la faire pivoter, afin d'examiner quelles sont les propriétés qui «résistent» à de telles transformations et lesquelles ne sont pas invariantes. Les élèves verront ainsi, par exemple, rouler, s'agrandir ou se rapetisser le cercle inscrit dans un triangle et centré à l'intersection de ses trois bissectrices, sans jamais qu'il ne lâche aucun des trois côtés de celui-ci, quelle que soit la forme donnée au triangle ou la position de son centre.

Si la géométrie constitue à n'en pas douter le domaine auquel se sont intéressé en priorité les concepteurs de micro-mondes, il n'est pas le seul à avoir retenu leur attention. Ainsi, BLOCKS, par exemple, est un micro-monde qui permet au jeune élève d'approcher les problèmes d'écriture des nombres par un jeu d'échange de réglettes de 10 unités ou de plaquettes de 100 unités contre des unités simples.

Avantages et inconvénients

Comme toute activité conduite dans l'optique de la pédagogie de la découverte, l'interaction avec un micro-monde requiert de la part de l'enfant une participation active assortie généralement d'un effort de réflexion important. Il ne pourra pas ici se laisser prendre par la main et guider par le logiciel, comme lorsqu'il travaille avec un didacticiel ou un drill, par exemple. S'il offre de nombreuses possibilités à l'utilisateur averti et créatif, le micro-monde ne propose jamais rien. Si l'utilisateur ne fait rien, l'ordinateur non plus ne fera rien. Pour que l'interaction s'anime il faut alors que l'enfant ait dans sa tête un projet qu'il entend réaliser à l'ordinateur ou que l'adulte qui l'accompagne dans cette exploration lui en ait proposé un.

Dans un cas comme dans l'autre, il faut savoir que l'adulte sera ici bien davantage sollicité qu'avec tout autre type de logiciel. L'expérience montre en effet que les projets des enfants sont souvent mal ajustés à leur réel niveau de maîtrise du logiciel et qu'il est généralement nécessaire d'aider ceux-ci à les réaliser. Si l'on opte pour des projets imposés, plus faciles alors à adapter au niveau de connaissances de l'enfant, c'est leur définition et leur mise au point qui demandera du maître ou du parent une préparation dont la longueur sera directement fonction de son propre niveau de compétence. Tâche souvent plus ardue qu'il n'y paraît au premier abord, car il n'existe pratiquement aucun catalogue de projets déjà tout définis dans lesquels il suffirait de puiser et que la plupart des micro-mondes, passé les tâches les plus élémentaires, deviennent vite d'une complexité d'utilisation relativement importante. Les « mordus » y trouveront cependant une excellente occasion d'exercer leur sagacité et le point de départ d'échanges souvent très intéressants avec leurs élèves ou leur enfant.

Les simulations

Les simulations sont des environnements dans lesquels les caractéristiques principales d'un phénomène ou d'un système sont restituées à l'écran pour permettre à l'élève d'explorer la façon dont chacune d'elles détermine le comportement global du phénomène ou du système en question. Les simulateurs de vol destinés à l'entraînement des pilotes en constituent le prototype. A la différence de ces derniers cependant, dans lesquels les commandes et les instruments à disposition de l'apprenti pilote sont bien réels, les simulations sur ordinateur vont même jusqu'à simuler les instruments que l'utilisateur va devoir manipuler.

Des simulations ont été développées dans différents domaines du savoir. Ainsi, FARMER, par exemple est une simulation des lois de Mendel pour la génétique ; ce logiciel permet à l'élève, par exemple, de combiner des caractères ou de sélectionner des lignées, pour essayer de mieux comprendre la transmission des caractères génétiques.

Le logiciel de simulation peut-être le plus connu de ces dernières années s'appelle SIMCITY; dans ce jeu, l'utilisateur est promu maire d'une

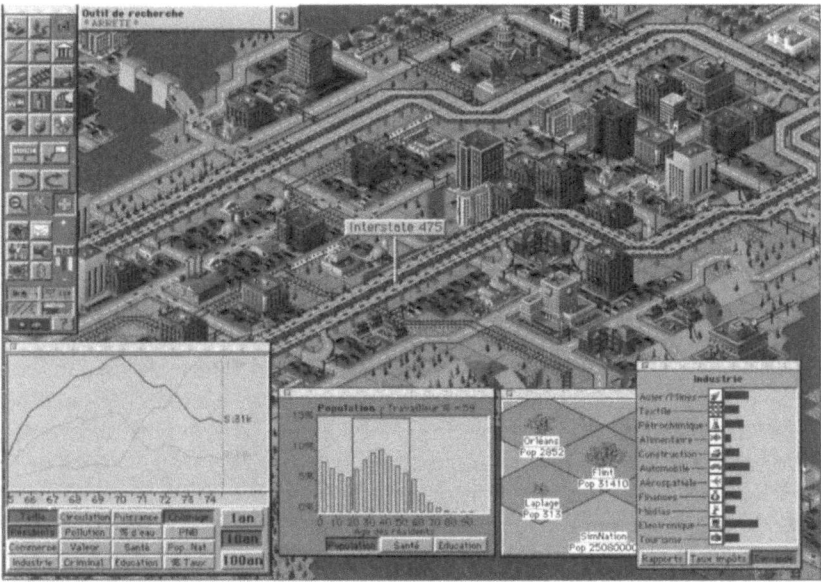

Figure 2.7 — Image d'un logiciel de simulation grâce auquel l'utilisateur se met dans la peau d'un urbaniste ou d'un maire d'une cité réelle ou imaginaire. Le programme permet à l'utilisateur d'anticiper les conséquences possibles des décisions qu'il prend ou des constructions qu'il réalise. Tiré de : *SIMCITY 2000*, Maxis.

ville imaginaire ou existante, qu'il doit aménager ou administrer de manière à satisfaire au mieux ses concitoyens. Pour cela, il dispose d'un certain nombre de leviers sur lesquels il peut agir afin de contrôler la densité de la population et celle du trafic, l'importance de la pollution enregistrée, le taux de criminalité ou la valeur du sol, par exemple ; parmi ces leviers figurent notamment les aménagements du territoire et de l'infrastructure, la construction de parcs, de stades, de zones commerciales, l'installation de transports en commun ou le nombre d'industries, ou la modification des taux d'imposition. A tout instant, l'apprenti maire peut interroger le logiciel pour connaître l'avis des administrés à son égard ou la liste des problèmes les plus importants auxquels sa ville et ses habitants se trouvent actuellement confrontés ; il peut aussi consulter des graphiques lui permettant d'apprécier l'évolution de la situation sur ces différents paramètres, comme le montre l'exemple proposé dans la Figure 2.7.

Avantages et inconvénients

Le principal avantage des simulations est qu'elles permettent les essais sans frais, la multiplication des erreurs et la prise de risque pour voir.

C'est pour cela d'ailleurs que tant les scientifiques que les économistes ou les politiques en font un large usage, qu'il s'agisse de tester un nouveau système de freinage, de prévoir le temps à moyenne échéance, d'analyser les conséquences possibles d'une campagne de propagande ou de publicité ou de mettre au point la bombe atomique.

Dans le même ordre d'idée, on notera que les simulations permettent également de s'affranchir du temps et d'explorer des phénomènes dont la durée de développement couvre en réalité plusieurs mois, plusieurs années voire plusieurs siècles. On peut ainsi, en quelques minutes, retracer la croissance d'une plante, suivre l'évolution d'une espèce ou assister à la naissance d'une planète. Même à l'ordinateur cependant, la mise au point d'une stratégie, la planification puis la réalisation d'une expérience peut parfois être longue et nécessiter que l'on dispose d'un temps relativement important. La possibilité d'enregistrer en tout temps l'état actuel de ses recherches, par exemple l'état de sa ville dans le cas de SIMCITY, permettra par exemple d'y revenir à la prochaine occasion et ainsi d'améliorer journellement son produit sans devoir nécessairement consacrer de longues périodes à l'activité.

La plupart des simulations permettent aussi de s'atteler, avec le même logiciel, à des problèmes de niveaux de complexité variables ; ainsi, dans SIMCITY, le débutant commencera par modifier quelques paramètres d'une ville déjà existante, ce qui lui permettra de se rendre rapidement compte des effets différenciés de ses premiers choix. Lorsqu'il aura atteint une certaine maîtrise, il pourra alors concevoir une ville à partir de rien, ce qui lui permettra de toucher à des problèmes souvent plus délicats et qui demandent une réflexion à plus long terme. L'expérience montre cependant que, lorsqu'ils sont parvenus à mettre au point une stratégie qui donne de bons résultats, à réaliser une ville qui satisfait ses administrés, les enfants auront tendance à la reproduire plutôt qu'à essayer quelque chose de très différent.

Laisser l'élève toujours libre d'explorer et de découvrir, sans jamais le guider dans cette quête, comme le prévoit la pédagogie de la découverte, peut cependant faire perdre du temps à l'élève et parfois même le conduire au découragement. La meilleure solution pour remédier à cet inconvénient tout en conservant les avantages de l'exploration et de l'expérimentation personnelle semble être celle dite de la découverte guidée. Différentes solutions ont été proposées dans cette ligne, qui assurent le guidage soit par des aménagements de la situation pédagogique dans laquelle se déroule l'activité à l'ordinateur, soit par des innovations inscrites dans le logiciel lui-même.

S'inspirant des propositions de Feuerstein, des chercheurs de Vanderbilt University préconisent d'inscrire l'utilisation de l'ordinateur dans une pédagogie dite médiatisée (Delclos, Littlefield & Bransford, 1985); dans cette approche, les stratégies à utiliser à l'ordinateur sont préalablement repérées avec l'aide du maître dans d'autres contextes ou situations puis, après qu'elles ont été utilisées dans le travail à l'ordinateur, on discutera en classe de leur utilité potentielle pour d'autres situations, au premier rang desquelles figure le travail scolaire. Les auteurs appellent ces activités «framing» et «bridging». Les résultats montrent que cette approche conduit à un transfert plus important que l'exploration libre, mais ce transfert reste généralement limité à des tâches qualifiées de proches des activités exercées à l'ordinateur.

Une autre option pour réduire l'errance du sujet dans un univers à découvrir consiste à faire intervenir dans le logiciel lui-même un *coach* qui, à la manière de l'expert dans GPTutor, va guider l'élève dans sa recherche sans lui enlever le privilège et le bonheur de la découverte. C'est l'option retenue dans BIO-WORLD, un laboratoire informatisé qui permet aux étudiants en médecine de s'entraîner à raisonner et à poser un diagnostic dans un univers pseudo-médical (Lajoie & Derry, 1993). Dans une fenêtre qui lui est propre, ce coach informatisé va pouvoir, sur demande ou lorsqu'il en éprouve le besoin, donner son avis sur la démarche de l'élève, le rendre attentif aux signes qu'il oublie de rechercher ou de prendre en considération ou lui signaler les éventuelles erreurs de raisonnement qu'il commet. L'objectif de ce laboratoire n'est pas tant de faire apprendre aux élèves les causes de telle ou telle maladie, mais de leur fournir un cadre dans lequel ils peuvent s'exercer à raisonner juste, apprendre à prendre les bonnes décisions en fonction des informations dont ils disposent effectivement, dans une réalité qui ne fonctionne pas au tout ou rien mais sur une base probabiliste.

Testé auprès d'élèves de 9e année scolaire, ce système a permis d'améliorer leur connaissance du domaine de la santé, mais il agit aussi sur le degré de confiance que les élèves placent dans leur diagnostic, prouvant par là qu'ils ont en même temps acquis une meilleure connaissance et un meilleur contrôle de leurs processus de décision.

Chapitre 3
L'ordinateur comme objet d'étude et l'apprentissage de la programmation

On l'a vu, l'ordinateur offre de multiples possibilités d'utilisation comme moyen d'enseignement. Mais, la plupart des logiciels éducatifs ne requièrent qu'une manipulation des plus élémentaires de la machine. Pour peu que le programme ait été placé sur le disque dur, il suffit généralement de quelques « clicks » pour ouvrir ou pour clore une session de travail.

Qu'est-ce réellement qu'un programme d'ordinateur, comment est-il fait, où réside-t-il dans la machine et sous quelle forme, autant de questions qui risquent de demeurer sans réponse, si on limite le commerce avec la machine à une simple utilisation de logiciels éducatifs. Or, au cours des années 70 et 80 notamment, devant la prolifération et la généralisation des ordinateurs, de nombreuses voix se sont élevées pour affirmer que quiconque resterait ignorant du fonctionnement de l'ordinateur au tournant du siècle devrait être considéré comme illettré, au même titre que celui qui maîtriserait mal la lecture ou l'écriture. Et comment mieux faire connaître l'ordinateur aux enfants, enchaînaient certains, qu'en leur proposant de faire avec lui ce que font nombre de professionnels de l'ordinateur : de la programmation.

Depuis, la technologie et l'informatique ont fait de tels progrès que savoir programmer, au sens strict, n'est plus le seul moyen d'obtenir de l'ordinateur ce que l'on souhaite. Invoquant l'exemple de la voiture, du téléphone ou du réfrigérateur, dont nous faisons actuellement tous usage sans savoir comment ils fonctionnent, plusieurs spécialistes ont commencé à mettre en doute l'importance voire l'utilité d'un enseignement généralisé de l'informatique à l'école.

Si l'analogie comporte une certaine vraisemblance, elle connaît cependant aussi quelques limites : entre l'ordinateur et ces autres réussites de la technologie, il existe en effet une différence fondamentale ; une fois achetée, l'automobile ne sera plus modifiée par son acquéreur, à part peut-être la pose de quelque enjoliveur ou d'un autoradio. La configuration d'un ordinateur, par contre, peut aisément être changée, de nouveaux éléments, accessoires ou logiciels, peuvent en tous temps lui être ajoutés ; sans une certaine connaissance de l'ordinateur, il est pratiquement impossible de savoir ce qu'on peut ou ne peut pas adapter au modèle que l'on possède, ce qu'il faudrait ajouter pour qu'il puisse réaliser telle activité nouvelle qu'on aimerait soudain le voir exécuter.

Comment faire acquérir aux enfants cette connaissance de l'ordinateur, comment leur permettre de dépasser le niveau d'utilisateur aveugle, c'est ce que nous examinerons dans le présent chapitre.

LA CONNAISSANCE DE L'ORDINATEUR

Il y a quelques années encore, les cours d'initiation à l'informatique pour adultes, comprenaient généralement sous ce terme une explicitation de l'architecture des ordinateurs, de la manière dont il gère les multiples informations qui lui sont fournies, les transforme, les stocke puis les restitue lorsqu'on les lui demande. On y soulignait volontiers les analogies et différences de structure et de fonctionnement entre l'ordinateur et le cerveau ou la mémoire de l'homme. Une telle approche se justifiait en raison de l'« anxiété » que suscitait souvent la machine chez ceux qui l'approchaient pour la première fois. Il fallait donner à connaître cette étrange machine pour qu'elle ne fasse plus aussi « peur ».

De nos jours, l'omniprésence de l'ordinateur et sa convivialité accrue ont fait quelque peu baisser cette anxiété initiale, même si, comme le montre la recherche, elle demeure plus élevée chez les adultes que chez les enfants ou les élèves (Robertson, Calder, Fung, Jones & O'Shea, 1995). Chez les enfants en effet, l'envie d'explorer l'emporte presque toujours sur la peur de se tromper avec un ordinateur. Cette attitude, faite de curiosité et d'intérêt à la fois, doit être renforcée, car elle est potentiellement grosse de nombreuses découvertes, mais elle peut aussi conduire l'enfant dans des impasses, des points de non-retour, dont il ne se sortira parfois qu'en éteignant la machine.

Comment faire pour l'encourager et l'assister dans son exploration, lui permettre de tirer profit de cette curiosité sans augmenter le risque qu'il perde le bénéfice du travail exécuté jusque là? Certes, la programmation est un excellent terrain sur lequel engager l'enfant, mais elle supposera immanquablement une assistance importante de la part d'un adulte ou d'un camarade plus expert. D'autres types de logiciels, plus faciles d'usage, sont également à même d'aider l'enfant à se construire une représentation adéquate du fonctionnement d'un ordinateur. Les banques de dessins, par exemple, joueront assez bien ce rôle. Ces logiciels proposent d'innombrables fichiers d'images déjà prêtes, que l'usager pourra appeler pour les insérer à l'envi dans sa propre composition; ce faisant, il apprendra à localiser ces éléments dans un espace disque, à sélectionner celui ou ceux qui l'intéressent présentement, à les ramener dans l'espace de travail, où ils seront éventuellement modifiés puis ajoutés à l'œuvre en cours. Les produits ainsi réalisés seront dirigés vers l'imprimante ou envoyés en mémoire pour une prochaine occasion. En utilisant de tels logiciels, l'enfant apprendra à résoudre différents problèmes d'édition, de transfert d'informations et de manipulation de fichiers, toutes opérations importantes dans le travail avec l'ordinateur qu'on ne peut transposer d'aucune autre opération intellectuelle apprise en dehors de son contexte.

D'autres programmes encore pourront amener l'enfant à une certaine connaissance de l'ordinateur et de son fonctionnement; c'est le cas, par exemple, de ce qu'on appelle des utilitaires, ces logiciels que l'on peut installer à l'envi sur une machine pour la faire exécuter plus facilement ou plus commodément certaines opérations particulières, telles que l'affichage de l'heure, la copie d'écran ou la sauvegarde automatique, pour n'en citer que quelques uns. Installer de tels programmes sur un ordinateur, en suivant le mode d'emploi ou les instructions d'un camarade, amène l'enfant à se construire une représentation du fonctionnement du système central de l'ordinateur, de ce qui se passe lorsque celui-ci est mis en marche ou éteint, lorsque sont appelées certaines commandes ou sélectionnées certaines options. Il pourra aussi apprendre ainsi à distinguer ce qui est nécessaire au fonctionnement de tout ordinateur de ce qui est du domaine de l'optionnel, de la commodité.

Mais se familiariser avec l'ordinateur ce n'est pas seulement approcher et apprivoiser «l'animal assis en face de soi». L'ordinateur a changé et changera encore tant de choses dans notre vie qu'on a parfois tendance à lui attribuer des pouvoirs qui dépassent ses réelles possibilités; on en vient même ici ou là à oublier la responsabilité humaine qui se cache derrière telle ou telle production de la machine. Combien de fois n'avons nous pas pensé, en recevant une facture inattendue que c'était l'ordinateur qui avait dû se tromper alors qu'après enquête, il faudra bien se rendre à l'évidence : si erreur il y a, elle ne peut être qu'humaine. Il convient également de faire comprendre aux enfants que si l'ordinateur est de plus en plus utilisé par les armées, par exemple, ce n'est pas lui qui déclare la guerre ou déclenche les missiles ; que si des programmes informatiques tels que le fameux « Superdot » ont soudain déclenché la vente frénétique de nombreuses options à la Bourse de New York, ce ne sont pas eux qui furent responsables du célèbre krach boursier de 1987, mais bien la très forte instabilité du marché à laquelle avaient conduit les comportements irresponsables des spéculateurs (Aschinger, 1995). Et combien plus délicate encore est la question du rapport de l'ordinateur au travail humain, à la fois créateur d'emplois et suppresseur de postes, bientôt de certains métiers. Toutes ces questions font partie de plein droit d'une éducation à l'ordinateur et devraient être discutées avec les enfants en même temps qu'ils en découvrent le fonctionnement et qu'ils apprennent à le manipuler.

Connaître l'ordinateur et en comprendre la portée et les implications, c'est au bout du compte aussi apprendre une nouvelle culture, de nouvelles attitudes, de nouveaux comportements mais sans abandonner pour autant les anciennes valeurs éprouvées. Ainsi, l'ordinateur bien malgré lui a suscité une nouvelle forme de criminalité dite en col blanc, dans laquelle des individus mal intentionnés se servent de l'ordinateur pour exécuter des opérations bancaires frauduleuses et détourner à leur profit de l'argent déposé sur des comptes qui ne leur appartiennent pas. Moins graves peut-être mais tout aussi préoccupantes pour l'avenir de l'humanité sont les questions de la protection de la sphère privée — face à la facilité avec laquelle l'ordinateur rend accessible toute une variété d'informations plus ou moins confidentielles — ou du respect du travail d'autrui — face à la simplicité des opérations de piratage de logiciels. Et que dire encore de l'exactitude pas toujours garantie des multiples informations accessibles par réseau, diffusées sans aucun contrôle et souvent même sans qu'on puisse en déterminer la source. Faire comprendre aux enfants que les ordinateurs sont des outils aux possibilités certes extraordinaires mais qui peuvent être utilisés pour le mal autant que pour le bien fait partie intégrante de tout cours visant à leur donner une certaine connaissance de l'ordinateur.

LA PROGRAMMATION

Programmeur est un métier difficile auquel on se prépare en suivant une formation spécial, longue, souvent de niveau universitaire. Même si le nombre d'utilisateurs de l'ordinateur ne cesse de croître, ceux qui ont ou auront à le programmer ne représentent qu'une infime minorité de ceux qui s'en servent quotidiennement. Proposer aux enfants d'apprendre à programmer un ordinateur n'est dès lors certes pas pour leur permettre de se préparer à une activité professionnelle. La structure logique et syntaxique de la plupart des langages de programmation est d'ailleurs d'un niveau de complexité qui dépasse bien souvent les possibilités des enfants, en dessous d'un certain âge du moins. Pourquoi dès lors vouloir leur faire apprendre la programmation?

On peut, pour répondre à cette question, s'appuyer sur plusieurs raisons. Tout d'abord, apprendre à programmer est, on l'a vu, une excellente façon d'essayer de mieux connaître l'ordinateur et son fonctionnement propre. En jouant quelque peu sur les mots, Papert (1981) suggère que l'apprentissage de la programmation permet à l'enfant de devenir le maître de l'ordinateur, par opposition à l'EAO où c'est l'ordinateur qui est le maître de l'enfant.

Mais d'autres raisons, davantage liées au développement intellectuel de l'enfant, peuvent être, et ont été, invoquées également. Apprendre à programmer un ordinateur est avant tout une école de logique, où l'enfant sera directement amené à ressentir et comprendre l'importance de la rigueur et de la précision du raisonnement. Il lui faudra aussi apprendre à planifier sa démarche, à déterminer l'ordre le plus approprié pour traiter les différents problèmes que son programme devra affronter, à anticiper toutes les conséquences possibles d'une décision initiale. Nul ne pouvant jamais obtenir du premier coup un programme exempt d'erreurs, il lui faudra apprendre à rechercher celles-ci et à les éliminer progressivement, en exploitant au mieux les informations qu'il peut tirer de ces essais infructueux. Il réalisera ainsi que s'il vaut mieux essayer d'éviter les erreurs lorsque cela est possible, on peut aussi apprendre de celles-ci, pour peu qu'on sache en tirer les conséquences.

Enfin, Piaget n'appelait-il pas l'adolescence l'âge des théories, en raison du plaisir que les jeunes de cet âge éprouvent volontiers à échafauder des théories, à raisonner ou à argumenter, à seule fin de faire fonctionner leur esprit et de jouir de sa puissance. A témoin aussi l'engouement soudain que l'on observe chez certains adolescents pour des jeux de logique ou de raisonnement, comme le cube de Rubik, les échecs ou le scrabble, par exemple. La programmation, de ce point de vue, offre au jeune l'occasion de satisfaire ce plaisir, l'obligeant à imaginer toujours l'ensemble des cas possibles, à rechercher la solution optimale ou la plus élégante à des problèmes que bien souvent il aura lui-même imaginé.

QUEL LANGAGE DE PROGRAMMATION APPRENDRE AUX ENFANTS?

Si la plupart des langages de programmation ordinaires sacrifient souvent la clarté et la simplicité à la logique et à la performance, certains logiciels ont été développés avec pour principal motif de rendre la programmation accessible à des débutants et en particulier aux jeunes utilisateurs; c'est le cas notamment de langages tels que BASIC ou LOGO. Rien d'étonnant alors que ce soient eux qui aient rencontré le plus d'écho dans les écoles, même si, dans les collèges ou les classes à forte orientation scientifique notamment, on initie volontiers les élèves à d'autres langages informatiques comme PASCAL ou C.

Jusqu'au milieu des années 80, BASIC était assurément le langage informatique le plus enseigné de par le monde. Il était aussi le plus diffusé, n'importe quel ordinateur, du plus grand au plus petit, étant capable de le supporter. D'autre part, diverses caractéristiques de ce langage facilitaient grandement pour un débutant la réalisation et la compréhension d'un programme simple. Ainsi, chaque ligne de programme étant numérotée, il était relativement aisé de repérer à l'avance le déroulement du programme; chaque instruction commençant par un verbe, tel que LET, ou PRINT, ou par des mots aisément interprétables comme IF ou END, etc. il était aussi plus facile que dans d'autres langages de comprendre ce que chacune d'elle exigeait de la machine. Progressivement cependant, ce langage a perdu de son importance et n'est plus que très rarement enseigné dans les cours de programmation. On lui reproche notamment son manque de structure, la difficulté avec laquelle il permet de traiter des données et les contorsions mentales qu'il impose dès qu'on veut dépasser le cadre des petits programmes élémentaires. Certains vont même jusqu'à penser qu'il complique pour l'élève l'apprentissage ultérieur d'un langage de programmation de qualité supérieure (Bork, 1985). Sans aller jusque là, on peut toutefois reconnaître qu'à l'heure actuelle on peut sans autre faire l'économie de l'apprentissage de BASIC et offrir à l'enfant une initiation à la programmation dans des langages à la fois plus performants et plus modernes, tels que LOGO, PASCAL ou HYPERTALK.

Popularisé par le célèbre «Mindstorms», le livre qui, durant plusieurs années a été l'ouvrage le plus cité en matière d'informatique éducative, LOGO s'est progressivement imposé comme le langage de programmation le plus utilisé dans le monde de l'éducation (Gurtner & Retschitzki, 1991). Cet essor rapide et important, LOGO le doit avant tout au concept et au micro-monde dit de la tortue. Dans cet univers, l'utilisateur promène sur l'écran un petit objet qu'on a pris l'habitude d'appeler une tortue parce qu'avant le développement des écrans graphiques, l'objet en question était en fait une petite boîte montée sur roulettes, qui se déplaçait lentement à même le sol et qui butait fréquemment contre tout ce qui se trouvait sur son passage. Un marqueur placé sous le ventre de cette tortue lui permettait de laisser sur le sol une trace de ses déplacements. Lorsque du sol on est passé à l'écran, cette tortue a d'abord pris la forme d'un simple triangle dont l'une des pointes était pleine pour en figurer la tête, mais l'habitude était prise et l'on continua de l'appeler tortue. Les développements récents de l'informatique permettant maintenant de manipuler facilement ce que l'on appelle des icônes, le petit triangle est redevenu tortue dans toutes les versions modernes du logiciel.

Les déplacements à effectuer sont transmis à la tortue à l'aide de quelques commandes très simples telles que AVANCE, RECULE, GAUCHE ou DROITE suivies d'un nombre lui indiquant de combien de pas (en fait un pixel de l'écran) elle doit se déplacer ou de combien de degrés elle doit pivoter sur la gauche ou sur la droite. Une commande spéciale permet à la tortue de déposer sur l'écran une trace de ses déplacements successifs ou au contraire de se mouvoir sans laisser de trace, sautant alors en quelque sorte d'un point de l'écran à un autre. Davantage encore que le parcours suivi par la tortue, c'est le dessin obtenu à l'écran qui fait la fierté (ou la désolation) de l'utilisateur de LOGO. Lorsqu'il est exécuté traits par traits, on dira alors que le dessin a été obtenu par «pilotage» de la tortue; mais il est aussi possible de réaliser celui-ci d'un seul jet, par ce qu'on appelle le mode «procédural» ou «programmation». L'utilisateur peut en effet demander à LOGO de mémoriser toute une séquence de commandes sans bouger la tortue puis de dérouler l'ensemble de la séquence en une fois lorsqu'il lui en intimera l'ordre. Cette seconde façon de faire est bien sûr plus complexe, parce qu'elle oblige à se figurer à l'avance l'ensemble des déplacements sans pouvoir contrôler la pertinence de chaque ordre donné, mais elle permet d'exécuter ainsi un dessin beaucoup plus rapidement que ne l'autorise le mode pilotage; la séquence ayant été mémorisée, il est même possible ainsi de reproduire celle-ci plusieurs fois sans avoir à la recomposer à chaque reprise.

Apprendre à planifier la séquence exacte des commandes pour réaliser un dessin particulier n'est cependant pas le seul intérêt de ce micromonde. Pour que le dessin ait la forme et les proportions voulues, les indications numériques de distances et d'angles doivent également être correctes. Ainsi, par exemple, le rectangle désiré ne sera correct, que si les distances parcourues entre les angles sont égales deux à deux et les quatre angles tous de 90°. Ce faisant, l'enfant se trouve vite confronté aux propriétés de l'espace et des formes géométriques qu'il désire tracer ; LOGO devient alors un moyen de faire des mathématiques ou de la géométrie sans le savoir et de donner un sens à des notions souvent difficiles pour les enfants, comme les angles ou les variables. D'innombrables enseignants un peu partout dans le monde ont dès lors choisi d'intégrer ce logiciel dans leur enseignement de ces disciplines et les ouvrages parus sur ce thème se comptent déjà par dizaines.

Mais les mathématiques et la géométrie ne constituent pas les seules disciplines scolaires dont l'enseignement peut tirer parti du langage LOGO, même si, jusqu'ici, l'essentiel de la recherche leur a été consacré. Certains pionniers utilisent ce logiciel pour faciliter aux tout petits l'apprentissage de la lecture et de l'écriture (Cohen, 1987) et même celui de la grammaire (Goldenberg & Feuerzeig, 1987). La tortue et les nombres ne sont en effet pas les seuls objets avec lesquels il est possible de jouer en LOGO. Tout un lot de commandes permettent cette fois de manipuler d'autres objets tels que lettres, mots ou mêmes des phrases entières et de leur faire subir des opérations comme la réunion, la dissociation, l'inversion, etc. Certains utilisent même LOGO pour l'enseignement de la musique car diverses commandes permettent également de créer et de manipuler des sons et des rythmes, en jouant sur la hauteur et la longueur des notes (Bamberger, 1974).

Par delà les aspects techniques et les domaines dans lesquels on l'utilise, LOGO est aussi une philosophie de l'éducation, largement inspirée des idées de Piaget. L'enfant se construit sa propre connaissance du monde pierre par pierre, les constructions réalisées au début devenant par la suite des éléments de constructions plus complexes. Ainsi, l'enfant qui aura déjà programmé le dessin d'un triangle et celui d'un carré pourra réaliser le dessin d'une maison non plus comme une suite de traits et d'angles mais comme un carré surmonté d'un triangle. Chaque construction suggérera à l'enfant de nouvelles idées, de nouveaux projets à la poursuite desquels il aura envie de se lancer maintenant. En LOGO, la notion de projet personnel, d'objectif que l'utilisateur choisit lui-même de se donner, prend en effet tout son sens : c'est parce qu'il tient absolument à obtenir tel dessin sur son écran que l'enfant sera prêt à affronter les

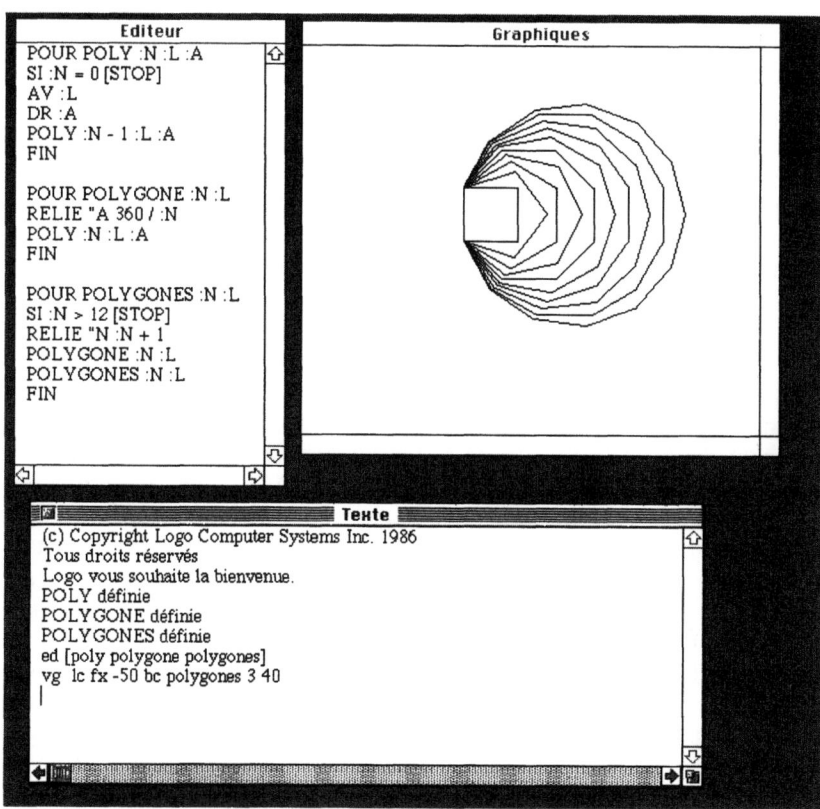

Figure 3.1 — Exemple d'utilisation de la récursivité en programmation. A gauche, les procédures élaborées et à droite, le résultat obtenu lorsqu'on appelle la procédure *Polygones*. Tiré de : *MAC LOGO*, LCSI.

difficultés qu'il rencontre en chemin. La pédagogie qui va permettre cette démarche de construction prend alors naturellement la forme de la pédagogie du projet, forme d'instruction dans laquelle enseignant et élève négocient ensemble l'objet à la réalisation duquel l'élève va s'atteler et l'assistance que l'enseignant va lui apporter. Pour l'adulte qui accompagne l'enfant dans cette démarche, c'est souvent là le dilemme le plus délicat à gérer : comment faire en sorte que le nouveau projet de l'enfant soit « réaliste » par rapport aux programmes qu'il a déjà construits — afin que les obstacles ne soient pas trop nombreux — sans pour autant imposer à l'enfant un objectif qu'il n'aurait pas lui-même choisi.

Avantages et inconvénients de LOGO

Sa relative simplicité et son caractère ludique constituent à n'en pas douter l'avantage principal de LOGO. Mais ce que la plupart considèrent comme un avantage, certains l'ont perçu comme un défaut, voyant en LOGO un langage de programmation réservé aux très jeunes enfants, trop simple à tout le moins pour qu'on puisse faire avec lui grand chose de très sérieux. Qu'on ne s'y trompe pas cependant! LOGO n'est ni aussi simple qu'il n'y paraît ni véritablement limité dans ses possibilités. L'expérience montre en effet que si les premiers pas en LOGO sont relativement faciles, il est illusoire d'espérer voir un enfant parvenir seul à tirer un bon profit de LOGO. Son apprentissage, passé les tous premiers succès, nécessite un accompagnement important de la part d'un adulte ou d'un camarade plus avancé. Plusieurs auteurs ont mis en évidence combien la durée et la qualité de cet accompagnement sont déterminantes pour le succès des expériences d'initiation à la programmation avec LOGO (De Corte, 1993). Ainsi, un minimum de 50 heures d'activité accompagnée semble nécessaire pour que des progrès significatifs se remarquent dans les aptitudes des élèves à la résolution de problèmes ou dans leur maîtrise des connaissances spatiales, notamment. Mais pour qu'il soit profitable, un tel accompagnement ne doit pas seulement être continu, il doit aussi être de qualité; toute personne qui l'assume devrait disposer en la matière de compétences non négligeables si elle entend pouvoir suivre les enfants et les aider dans la réalisation de leurs projets, lorsque ceux-ci auront dépassé le niveau des traditionnelles maisons ou châteaux que l'on rencontre régulièrement dans les travaux des débutants. Or l'apparente simplicité de LOGO conduit bien souvent les autorités scolaires, et parfois les enseignants eux-mêmes, à négliger quelque peu l'importance d'une préparation adéquate à son utilisation avec les élèves.

Sous ses aspects élémentaires, LOGO permet des réalisations complexes puisqu'il est extensible à l'envi. On l'a vu, toute séquence d'instructions, quelle que soit sa longueur et sa complexité peut en effet devenir un programme que l'on utilisera à son tour comme une instruction de base, comme un sous-programme au sein d'un programme de niveau supérieur. De plus, ce langage possède avec la récursivité une structure mathématique et informatique des plus performantes. La récursivité consiste à utiliser un programme comme instruction au sein même de celui-ci, ce qui aura pour effet une répétition multiple de la séquence d'instruction inhérente à ce programme. La Figure 3.1 montre un tel programme et les effets que l'on peut en tirer.

On l'a vu, le recours à LOGO peut s'avérer une excellente façon de travailler la géométrie avec les élèves. Il faut savoir cependant que la géométrie LOGO diffère sur certains points de la géométrie apprise à l'école. Si l'on enseigne ainsi dans les livres que la somme des angles d'un triangle vaut toujours 180°, on découvrira avec étonnement que l'application de cette règle ne suffit pas à «fermer» le triangle en LOGO. Cela provient du fait que la tortue LOGO ne travaille pas sur les angles intérieurs d'une figure géométrique mais sur le changement de cap qui lui est imposé par rapport à sa trajectoire initiale. Ainsi, pour qu'elle dessine le sommet d'un angle d'un triangle équilatéral, qui dans la géométrie régulière vaut 60°, c'est un pivotement de 120° qu'il faudra lui demander d'exécuter. Tracer un cercle, non plus, ne se réalise pas ici en choisissant un centre et un rayon, comme on le fait dans la géométrie traditionnelle. En LOGO, c'est par la répétition de petits pas et de légers pivotements qu'on amènera la tortue à tracer ce qui à l'écran apparaîtra comme un cercle mais qui est en fait un polygone régulier aux côtés trop nombreux pour être distingués. Ces légères différences d'avec la géométrie traditionnelle peuvent cependant servir de point de départ à d'intéressantes discussions sur l'espace et sur les propriétés des figures géométriques.

Suivant la nature de la figure qu'on souhaite réaliser, il n'est pas toujours facile de déterminer d'avance la valeur du prochain angle ou la longueur du prochain segment. LOGO offre toutefois à l'utilisateur la possibilité d'approcher par essais et erreurs ces différentes grandeurs plutôt que de les calculer d'avance. Cet avantage peut cependant se muer en inconvénient pour quiconque souhaite utiliser LOGO pour l'enseignement de la géométrie, car les élèves peuvent alors procéder par tâtonnements successifs là où l'enseignant espérait les contraindre à une réflexion importante, pour fermer une figure ou rejoindre un point particulier, par exemple. Disons à la décharge de LOGO qu'une telle réflexion n'est pas requise non plus lorsqu'au lieu d'un ordinateur et d'une tortue, on travaille avec un papier, une règle et un crayon.

La première tortue était un objet tridimensionnel qui se promenait lentement sur le sol, relié au très puissant ordinateur d'un laboratoire de recherche en Intelligence Artificielle par tout un ensemble de fils et de câbles. Certaines firmes ont repris l'idée et commercialisent maintenant ce que l'on appelle une tortue de sol, un petit robot en forme de tortue, guidé par infrarouge à partir de pratiquement n'importe quel ordinateur de bureau. Pour les tout petits, une telle tortue de sol est souvent beaucoup plus intéressante et définitivement plus suggestive qu'un gros point sur un écran d'ordinateur. Il est aussi plus facile avec un tel objet de se glisser dans la peau de la tortue et de déterminer le prochain mouvement à faire, car on peut alors réellement et physiquement la suivre à la trace ou mimer son déplacement en se promenant dans la chambre ou la salle de classe. On notera d'ailleurs que les primitives du langage LOGO s'appliquent mieux aux cheminements au sol que sur un écran vertical, pour lequel les jeunes enfants souvent préféreraient pouvoir dire «Monte» ou «Descend» plutôt qu'«Avance» et «Recule».

LA FAMILLE LOGO

Depuis sa création, LOGO s'est passablement diversifié, de nouveaux micro-mondes sont apparus, de nouveaux concepts aussi.

LOGOWRITER

LOGOWRITER est une version de LOGO qui ajoute aux capacités habituelles de ce logiciel certaines caractéristiques d'un traitement de texte. Ce dernier se présente sous la forme d'un album dans lequel l'utilisateur va pouvoir déposer les procédures ou les dessins qu'il a créés, mais qu'il pourra aussi arracher lorsqu'elles ne lui conviennent plus. Chaque page de cet album pourra recevoir un nom; une commande spéciale permet à tout moment de connaître alors le sommaire de cet album et de se rendre rapidement à la page voulue. Sur les pages d'écriture, il est possible d'effectuer diverses opérations analogues à celles que l'on trouve généralement dans tout programme de traitement de texte, telles que l'effacement, la sélection, le déplacement, la copie, etc.

Mais l'album n'est pas la seule nouveauté que l'on rencontre dans LOGOWRITER. On peut aussi y faire apparaître et évoluer plusieurs tortues à la fois, qu'on déplacera simultanément ou successivement selon les besoins. Chaque tortue peut recevoir sa forme particulière, forme que l'utilisateur pourra créer lui-même ou repiquer d'un stock de formes déjà existantes; grâce à ces caractéristiques, il devient alors possible, avec un peu d'expérience et de la fantaisie, de réaliser à l'écran de véritables animations, comme dans un programme de dessins animés.

LEGO-LOGO

Les idées de pilotage de robots à même le sol depuis un ordinateur et de création puis d'animation d'objets se rejoignent dans un nouveau concept, celui d'animation de constructions mobiles que l'on trouve dans une autre version récente de LOGO, appelée LEGO-LOGO. Celle-ci permet de mettre en mouvement et de conduire depuis l'ordinateur des construc-

Figure 3.2 — Montage réalisé en LEGO et commandé par ordinateur. Tiré de : *LEGO-LOGO*, LCSI.

tions réalisées avec les briques et les éléments du célèbre jeu de construction danois. Pour cela il suffira d'équiper ces réalisations d'un moteur et de connecter celui-ci à l'une des sorties d'un élément spécial, le boîtier-interface, qui, en quelque sorte met l'ordinateur en contact avec la construction LEGO. Comme pour tous les logiciels de la famille LOGO, les mouvements des robots peuvent être dirigés au coup par coup depuis le centre de commande (mode pilotage) ou par de petits programmes ou procédures que l'on aura préalablement définis dans le centre de procédure (mode procédural).

Mais l'ordinateur n'est pas qu'une machine à donner des instructions aux robots LEGO ; elle est aussi capable d'analyser des messages que ceux-ci lui envoient et de répondre en conséquence. Pour cela, on munira les robots de ce qu'on appelle des senseurs, petites cellules reliées aux entrées du boîtier-interface et qui sont capables de percevoir certaines informations spécifiques détectées dans le monde dans lequel elles évoluent. Ainsi, les senseurs optiques vont renseigner l'ordinateur de tout changement de luminosité qu'ils perçoivent alors que les senseurs tactiles lui diront s'ils sont entrés en contact avec quelque chose ou si rien ne les touche et que la voie est libre devant eux.

Voici quelques exemples simples d'utilisation de ce système. Imaginons qu'on ait installé un senseur optique au pied d'un feu de signalisation, face à une source lumineuse ; lorsqu'une voiture passera entre le senseur et cette source lumineuse, elle produira un changement de luminosité suffisant pour que le senseur l'indique à l'ordinateur ; celui-ci, selon une procédure préalablement définie, activera alors la mise au rouge du feu de signalisation, suivi quelques fractions de seconde après, de l'arrêt du moteur de la voiture. Cette simple séquence donnera l'impression que le chauffeur de la voiture a stoppé son véhicule parce qu'il a vu le feu passer au rouge. Un effet analogue peut être obtenu en plaçant cette fois le senseur optique sous la voiture et en traçant sur le sol, devant le feu de signalisation, une bande sombre. Autre exemple, à peine plus complexe : on accrochera un senseur tactile au bout du crochet d'une grue ; l'ordinateur fera pivoter la grue jusqu'à ce qu'elle rencontre un tas de briques placé sur le pont d'un camion. Lorsque le crochet de la grue « sentira » le tas de briques, l'ordinateur actionnera l'élévation du bras de la grue, fera s'en aller le camion puis inversera le sens de marche du moteur d'élévation de la grue pour déposer tranquillement le tas de briques au sol. Un senseur placé sous le tas de briques informera l'ordinateur aussitôt qu'il entrera en contact avec le sol ; ceci arrêtera le moteur d'élévation de la grue et enclenchera son moteur de pivotement à la recherche d'une prochaine charge à déplacer.

Avec un peu d'imagination, ce sont quantité d'activités de ce type, et bien d'autres encore, qu'on pourra ainsi exécuter et contrôler depuis son ordinateur, mais leur mise au point, soyons en convaincus, aura nécessité une bonne dose de réflexion, même de la part des plus habiles de vos enfants.

MICROWORLDS PROJECT BUILDER

MICROWORLDS PROJECT BUILDER est le nom sous lequel est commercialisé le programme StarLogo développé au Massachusetts Institute of Technology par Mitchel Resnick. L'ambition de ce programme est de permettre à ses utilisateurs d'approcher de façon simple le fonctionnement d'univers complexes, caractérisés par l'absence de structures et d'organisation centralisatrice. Nombre de phénomènes naturels — tels que l'écoulement des rivières ou la propagation des feux de forêts — biologiques — tels que le développement d'une maladie dans l'organisme — ou sociaux — comme les déplacements de colonies de fourmis ou la constitution d'embouteillages sur les routes très fréquentées et dans les agglomérations — se déroulent en effet sans plan ni projet préalable et ne peuvent être compris au moyen d'une logique de causes et d'effets. Ainsi, chaque automobiliste ne reçoit d'ordre de personne et sa destination finale est inconnue de tous les autres conducteurs. Lorsque la circulation devient très dense, il lui faut redoubler d'attention aux comportements des voitures qui l'entourent mais il ne peut plus tenir compte des manœuvres de l'ensemble des usagers de la route qu'il emprunte. Il devient alors très difficile pour lui d'anticiper où il sera dans quelques minutes, et parfaitement impossible de prévoir à côté de qui il se retrouvera au prochain feu de circulation. La raison même de l'embouteillage lui échappera bien souvent, même si, de son hélicoptère, le responsable de la gendarmerie n'a lui aucune difficulté à imputer le ralentissement constaté au sud de la gare à un accident survenu au nord ou à des travaux entrepris à l'ouest de celle-ci.

Grâce à diverses caractéristiques reprises du logiciel LOGO dont il est dérivé, mais grâce surtout aux nouvelles idées introduites en programmation avec le traitement en parallèle, StarLogo donne l'occasion à l'usager de se familiariser avec le fonctionnement de tels systèmes dits décentralisés ou auto-organisateurs. On remarquera en particulier que d'une tortue, dans la version initiale, ou du petit nombre de celles-ci qu'on trouvait dans LogoWriter, on est passé ici à plusieurs milliers de tels robots, qui tous peuvent être mis en mouvement en même temps. D'autres commandes permettent également à chacune de ces tortues d'être attentive au comportement des tortues qu'elle côtoie directement et ainsi de moduler son cap et ses états en fonction du flux général de déplacement de ses congénères. Enfin, le monde dans lequel elles évoluent n'est plus transparent et homogène comme dans les précédentes versions de LOGO mais constitué d'une multitude de points (appelés des patches) qui orientent eux aussi très localement le cours des déplacements des tortues lorsqu'elles passent à proximité et dont l'état se modifiera progressivement par le passage plus ou moins régulier de celles-ci.

En observant les conséquences souvent imprévisibles de l'introduction dans un tel système d'une modification en apparence anodine, l'utilisateur de MICROWORLDS PROJECT BUILDER appréciera de visu la réalité de l'adage «petite cause — grands effets». A l'image des logiciels de simulation, de tels programmes constituent souvent également l'une des seules possibilités de s'exercer à l'intervention sur des situations dont la maîtrise apparaît ô combien importante mais face auxquelles on est souvent démuni faute d'avoir pu s'y préparer, comme les inondations, les feux de forêts, les épidémies ou tout autre désordre écologique de cette nature.

LA CONCEPTION D'ENVIRONNEMENTS

Il est loin désormais le temps où la programmation servait essentiellement au traitement numérique. Certains langages de programmation modernes offrent même au novice la possibilité de créer rien moins que des environnements complets, aussi sophistiqués et complexes que ceux qu'on trouve dans les logiciels du commerce. On appelle ce type de langages des «langages-auteurs», précisément pour souligner leur vocation d'outils de développement, de création, sans contraintes ni restrictions. Ainsi l'enfant peut, avec des programmes comme HYPERCARD, par exemple, réaliser à l'écran de véritables animations, des jeux ou des dictaticiels ou donner à ses idées et ses connaissances l'organisation qui lui convient sous forme de fiches interconnectées ou d'un hypertexte (*cf.* chapitre 7).

HYPERCARD

HYPERCARD est un «langage-auteur» développé pour la gamme des ordinateurs Macintosh. Son univers présente une variété d'effets illimités alliant sons, couleurs, graphismes et séquences vidéo. Tout cela est possible grâce à un langage de programmation original spécialement développé pour l'univers HYPERCARD est baptisé HYPERTALK. Son intégration dans le monde Apple est totale car il est à la fois sophistiqué et simple à utiliser ; il répond en cela parfaitement à la philosophie toujours défendue par la grande marque de Cupertino en Californie.

Sur HYPERCARD, l'information est organisée en piles de cartes (stacks) dans lesquelles différents objets peuvent être créés sous forme

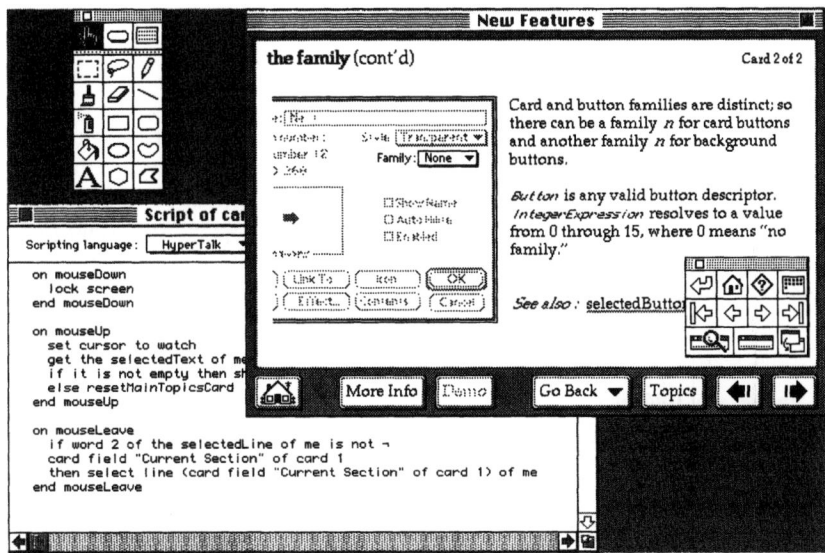

Figure 3.3 — Exemple d'une carte présentant différents objets que l'on peut réaliser en HYPERCARD tels que hypertexte, boutons et palette de navigation. En arrière plan, on discerne un exemple de code écrit en langage HYPERTALK pour définir un des objets de cette carte. Tiré de : *HYPERCARD*, Apple Computer Inc.

de fond (background), de champ (field) ou de bouton (button). La Figure 3.3 montre un exemple d'une telle fiche.

A chacun de ces objets il est possible d'associer un script, suite d'instruction à exécuter quand cet objet est invoqué ; passer à la carte suivante, déplacer une figure, déclencher un chronomètre, produire tel son, inscrire le résultat d'un calcul sont des exemples fréquents de tels scripts, mais l'utilisateur peut facilement en imaginer beaucoup d'autres. Le langage de programmation à utiliser pour la confection de scripts est très simple et très intuitif, car sa syntaxe s'inspire du langage courant ; ainsi si l'on désire que l'utilisateur entende un message de bienvenue lors du lancement du programme, il suffit d'écrire dans le script de la pile :

    On OpenStack
       play « Bonjour »
    End OpenStack

ou si l'on désire que la date courante soit écrite au moment où l'on clique dans un champ précis, il suffira d'y écrire la fonction suivante :

```
On MouseUp
    put the date into cardfield « Date courante »
End MouseUp
```

Pour faciliter encore la tâche de celui qui les conçoit, la plupart des scripts s'exécutent immédiatement à l'écran, la compilation se faisant au fur et à mesure ; l'utilisateur est ainsi immédiatement renseigné sur les effets du script qu'il est en train d'élaborer. Le langage comprend plus de 250 fonctions, commandes, ou messages système. Son caractère modulaire (chaque objet peut être programmé individuellement) le rend facile à utiliser tout en permettant un développement arborescent.

De nombreux concepteurs de logiciels ont d'ailleurs compris l'importance et l'intérêt de ce type d'outils et la gamme des produits éducatifs développés en HYPERCARD s'accroît et se diversifie quotidiennement.

Chapitre 4
L'ordinateur comme outil de travail et d'apprentissage

Pour le plus grand nombre de ses utilisateurs réguliers, l'ordinateur est avant tout une machine sophistiquée qui facilite l'exécution de nombreuses tâches qu'on réalisait sans lui il y a quelques années encore, mais dont on aurait parfois peine à se passer maintenant. Presque tous les bureaux ou laboratoires disposent à l'heure actuelle déjà d'ordinateurs, pour le secrétariat, la gestion, le dessin technique ou le calcul notamment. Les plus grandes marques de logiciels ont compris l'importance de ce domaine et développent des produits de plus en plus performants pour de tels usages. Des traitements de texte, des bases de données, des tableurs, des logiciels de gestion de fichiers, des grapheurs et des programmes de dessin de tout niveau inondent le marché et ces programmes-outils, aussi appelés progiciels, sont actuellement, et de loin, les programmes les plus vendus sur le marché du logiciel. L'école n'échappe pas à ce phénomène, et, depuis quelques années, les traitements de texte et les programmes de dessin sont devenus les logiciels les plus utilisés durant tout l'enseignement secondaire (Becker, 1991).

On estime qu'au tournant du siècle, la moitié des gens en emploi travailleront avec un ordinateur; la familiarisation avec cet outil doit donc dès maintenant impérativement faire partie de toute formation professionnelle. Apprendre suffisamment tôt le maniement de tels outils, en classe ou à la maison, peut donc en soi déjà constituer un atout pour un enfant intéressé par l'ordinateur. Pour un adolescent qui se prépare à embrasser une carrière professionnelle déterminée, savoir utiliser les outils que l'informatique met spécialement à la disposition des gens de sa profession constitue à l'heure actuelle encore un atout même s'il n'est plus bien loin le temps où cet atout se transformera en une véritable obligation.

Plusieurs auteurs sont cependant d'avis que la formation pré-professionnelle n'est pas le seul avantage que l'on peut retirer de l'apprentissage du maniement des outils informatiques. Comme on le verra au chapitre 7, la recherche tend à montrer que l'utilisation courante d'un traitement de texte, par exemple, peut avoir des répercussions sur l'expression écrite et la pensée des élèves (Bangert-Drowns, 1993 ; Cochran-Smith, 1991).

Trois activités intellectuelles courantes peuvent tout particulièrement être facilitées par le recours à l'ordinateur : l'expression écrite, le dessin et le calcul. Nous les discuterons tour à tour ici, en commençant par celle qui est, à l'heure actuelle, la plus largement répandue parmi les usagers de l'ordinateur, l'écriture.

POUR FACILITER ET DÉVELOPPER L'EXPRESSION ÉCRITE

On peut classer les logiciels d'écriture en plusieurs types, selon la nature de l'aide qu'ils apportent dans le processus d'écriture et de communication des idées ainsi écrites, même si la tendance récente de l'évolution des produits informatiques consiste à intégrer de plus en plus étroitement plusieurs de ces facilités dans un seul logiciel. Les logiciels de *préparation à la lecture et à l'écriture* proposent aux très jeunes enfants divers exercices de reconnaissance de figures symbolisées, de ressemblances et de différences entre figures et de poursuite d'indications d'orientation. Les *traitements de texte* assistent l'usager dans la production d'un texte imprimé, exempt de ratures et de défauts d'écriture, en lui permettant de retravailler ses phrases aussi souvent qu'il le souhaite sans devoir recommencer à chaque fois la page qu'il est en train d'écrire. Les logiciels d'*assistance à la rédaction* aident le rédacteur à élaborer ses idées, à les mettre ensemble et à améliorer la qualité de leur expression. Les logiciels de *télécommunication* enfin assurent la diffusion rapide des textes et messages écrits, en les pilotant à travers le vaste réseau de connections et autres relais entre ordinateurs, mis en place par des services spécialisés, jusqu'à leur destinataire. Qui dit communication à distance, pense en effet d'abord au téléphone et à la poste ; peu nombreux sont encore ceux qui utilisent à cette fin leur ordinateur. Or si le premier offre l'instantané de la communication, il ne garantit pas le texte, alors

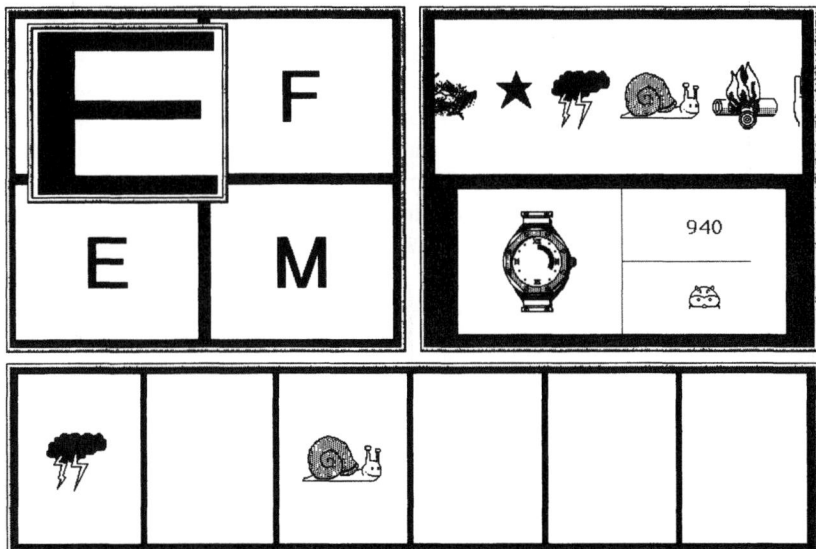

Figure 4.1 — Extrait d'un logiciel d'apprentissage de lecture-écriture; l'enfant doit cliquer dans la fenêtre en haut à droite sur toutes les images dont le nom commence par la lettre sélectionnée en haut à gauche. Les réponses correctes s'affichent alors en bas de l'écran. Tiré de : *PEPITO*, Belin.

que la seconde sauve la lettre mais au détriment du temps, bien souvent. De nos jours, d'autres voies existent en effet pour communiquer à distance, qui toutes offrent simultanément la rapidité de transmission et la garantie de la communication écrite. L'une de ces voies est le fax, l'autre la télécommunication entre ordinateurs, aussi appelée messagerie électronique. Voyons maintenant plus en détail en quoi consistent ces trois usages possibles de l'ordinateur et en quoi ils peuvent faciliter à l'enfant, mais à l'adulte aussi, l'activité d'écriture et améliorer considérablement l'attitude des élèves à l'égard de la rédaction en particulier et du langage écrit en général.

Les logiciels de préparation à l'écriture et au langage écrit

Diverses activités peuvent être proposées aux très jeunes enfants pour les préparer à l'apprentissage de l'écriture. De tels exercices ne nécessitent bien sûr pas le recours à l'ordinateur, mais l'ordinateur, peut leur donner un supplément d'intérêt; dans certains cas même, lorsque les enfants présentent des difficultés à contrôler le mouvement de leurs mains, par exemple, il peut s'avérer être le seul moyen d'accéder à ce type de préparation. Souvent combinés à des activités de préparation à la lecture, ces exercices visent avant tout l'éducation du regard et de l'oreille, la mémorisation d'images défilantes, et la récognition de directions et d'orientations de traits. Le programme PEPITO (*cf.* Figure 4.1), par exemple, offre une progression d'activités d'observation et de reconnaissance de dessins concrets d'abord puis de figures de plus en plus abstraites. On y trouve aussi diverses activités d'attention aux noms des objets et aux sons qu'ils contiennent. Dans une liste d'objets défilants à l'écran, l'enfant doit, par exemple, détecter tous ceux dont le nom commence par un même son, qu'il a lui-même préalablement choisi. PEPITO propose enfin une succession de parcours brisés de plus en plus complexes, le long desquels l'enfant devra apprendre à cheminer en cliquant à chaque fois sur la flèche ayant l'orientation désirée. Ce type d'activités amène à distinguer la gauche et la droite, le haut et le bas, mais aussi les horizontales, les verticales et les obliques, toutes indications cruciales pour la reconnaissance et le traçage des lettres de l'alphabet.

Le traitement de texte

Comme son nom l'indique, le traitement de texte est un logiciel qui permet de «travailler un texte» que l'on aura préalablement introduit dans la mémoire de l'ordinateur, soit par saisie directe au clavier, soit par importation d'un texte déjà existant. Par l'entremise de cet outil, il est ainsi possible de composer un texte à partir de rien ou de retravailler un texte produit par quelqu'un d'autre, d'en corriger à l'envi les erreurs d'orthographe, de style ou de compréhensibilité et de lui donner une forme plus agréable au regard en modifiant sa mise en page ou la forme, la taille et le style des caractères utilisés. Tant que la frappe au clavier constitue un problème important, on privilégiera l'activité sur des textes déjà introduits; cette opération s'appelle l'édition de textes; on pourra, par exemple, utiliser des textes connus et y glisser de-ci de-là une erreur ou un mot à compléter, inverser des mots ou des paragraphes entiers, ou laisser quelques trous que les élèves devront combler par le mot approprié. On pourra aussi partir des textes des enfants, et les introduire dans l'ordinateur à leur place, pour qu'ils n'aient plus qu'à les éditer. Ce n'est que lorsqu'ils maîtrisent suffisamment la frappe au clavier qu'on pourra envisager de faire composer les textes directement à même l'ordinateur.

Contrairement à la machine à écrire, le logiciel s'occupe lui-même de passer à la ligne suivante lorsqu'il se trouve en bout d'une ligne; de ce fait, nul besoin pour l'auteur de se préoccuper lui-même des retours de chariot ni même de la césure des mots car celle-ci peut être réalisée automatiquement par le programme sur simple demande.

Avec un traitement de texte, on accède en tout temps n'importe où dans le texte grâce à quatre flèches de direction; mais on peut aussi, avec les ordinateurs qui en sont équipés, utiliser pour cela la souris, et, par un simple click, déposer le curseur à l'endroit de son choix. On retravaille facilement un texte en sélectionnant la partie à modifier, en la coupant d'une simple pression sur une touche d'effacement puis, au besoin en réécrivant à sa place la nouvelle phrase ou le nouveau paragraphe. Si la partie sélectionnée doit seulement être déplacée, mais qu'elle est, en soi, jugée bonne, on ne l'effacera pas mais on la prélèvera à l'aide d'une opération spéciale appelée «couper» puis on la redéposera où elle convient mieux à l'aide de l'opération inverse appelée «coller». De la même manière, on peut multiplier un mot, une phrase ou recopier même tout un paragraphe par les opérations «copier» et «coller».

Avantages et limites du traitement de texte

La possibilité d'obtenir, au terme du processus, un texte imprimé, bien mis en page et sans ratures, constitue assurément l'attrait majeur du traitement de texte pour les enfants. Pouvoir obtenir seul un produit aussi beau qu'une page de livre ou de journal, et de plus, en autant d'exemplaires qu'il le souhaite sans supplément de travail, ouvre pour l'enfant de nouvelles perspectives à l'activité d'écriture. Ne pas devoir effacer ou biffer, ou pire encore, réécrire complètement une page, chaque fois que l'on souhaite modifier une tournure ou corriger un mot encouragera alors l'enfant à retravailler son texte plus longtemps et plus souvent qu'il ne l'aurait fait avec une plume et une feuille de papier. On verra au chapitre 7 que ces avantages sont bien réels et que l'usage du traitement de texte a des effets bénéfiques tant sur la qualité des textes produits par les enfants que sur leurs attitudes à l'égard de l'activité d'écriture.

Pouvoir recourir à tout moment à quelques facilités, accessibles par un simple click, telles que dictionnaires ou prévisualisation de la page, par exemple, allège également considérablement l'activité d'écriture pour l'enfant. A l'heure actuelle cependant, les dictionnaires informatisés existant se bornent à indiquer l'orthographe correcte des mots recherchés. Incapables d'analyse, ils ne détectent pas non plus les erreurs grammaticales. Enfin, ils n'offrent aucune définition, aucun exemple d'utilisation qui permettraient à l'enfant d'élargir son vocabulaire ou d'améliorer la qualité de son expression.

La lenteur du processus d'écriture, imposée par la pénible recherche des lettres sur le clavier, constitue à n'en pas douter l'inconvénient majeur du traitement de texte. Pas toujours facile en effet d'apprendre simultanément l'ordre alphabétique et cet ordre apparemment anarchique que constitue l'agencement des touches sur le clavier. Pour diminuer ce handicap, on fonde actuellement de grands espoirs dans le développement de logiciels d'écriture capables de reconnaître la voix ou l'écriture manuscrite et de les transformer en texte imprimé.

Les logiciels d'assistance à la rédaction

Même si la plupart des logiciels de traitement de texte proposent actuellement quelques outils d'assistance à la rédaction, tels que vérificateur d'orthographe, dictionnaires de synonymes, ou autres possibilités d'annotations, c'est avant tout pour les facilités qu'ils offrent dans l'activité d'écriture et de mise en page qu'ils sont si universellement utilisés et appréciés. D'autres logiciels font par contre un pas de plus dans l'aide apportée au concepteur de textes écrits, en mettant à sa disposition des outils pour faire, par exemple, le plan de son texte, consigner schématiquement ses idées, essayer des tournures de phrases, trouver des termes consacrés et des citations ou détecter ses erreurs et ses maladresses les plus fréquentes. De tels logiciels permettent également à l'usager de personnaliser l'assistance qu'il entend recevoir de son programme. Ainsi, un «auteur» qui sait qu'il éprouve des difficultés avec la ponctuation pourra, par exemple, demander à l'ordinateur de lui rappeler les règles usuelles relatives au thème en question chaque fois qu'il utilise un tel signe, ou chaque fois qu'il le demande; un autre «auteur», par contre, craignant les phrases trop longues, pourra souhaiter que l'ordinateur lui fasse remarquer toute phrase s'étendant sur plus de trois lignes afin de pouvoir la tronquer ou la reprendre s'il le souhaite.

LOGI-TEXTE est un exemple d'un tel logiciel développé pour assister les élèves dans leur activité de rédaction. Comme la plupart des logiciels de ce type, il nécessite cependant, avant de remplir valablement son rôle d'assistant, que l'utilisateur le prépare, et le complète pour les besoins de son texte. Pour cela, l'utilisateur versera préalablement dans ce qui est appelé des lexiques, tous les mots qu'il juge en rapport avec le sujet et qu'il pourrait souhaiter utiliser à un moment ou à un autre de sa production. Ainsi, avant de se lancer dans une rédaction sur un paysage ou un jardin, par exemple, on y consignera autant de noms de fleurs, d'arbres, d'odeurs, de couleurs ou d'impressions que possible; en classe, une telle activité peut fort bien se dérouler de manière collective et permettre ainsi un enrichissement bienvenu du vocabulaire de chacun. Au moment de composer la rédaction, chaque élève pourra, quand il le souhaite, retrouver ces différents mots et les insérer dans son texte pour en améliorer la teneur.

S'il s'agit d'apprendre aux élèves à élaborer un texte argumentatif, c'est plus vraisemblablement sur le plan d'un tel texte que l'on travaillera préalablement. L'enseignant et les élèves essaieront ensemble de formuler les grandes lignes de l'argumentation et le plan du texte à produire ; ce plan sera alors reproduit dans chaque machine (recopié par les élèves ou installé par le maître si celles-ci sont connectées en réseau), et c'est autour de ce plan commun que chaque élève développera alors ses idées propres et construira son argumentation.

De semblable manière, certains chercheurs ont développé des logiciels qui assistent l'étudiant dans sa prise de notes ou dans la rédaction de ses rapports, mais de tels logiciels demeurent pour l'instant confinés dans les laboratoires de recherches et réservés à certains sites d'expérimentation.

Avantages et inconvénients

La limitation du vocabulaire constitue certainement un handicap important dans l'art d'écrire. Combien de textes nous paraissent pauvres parce que remplis de périphrases et de termes banals! Combien d'auteurs admirons-nous pour la richesse de leur langue et la profondeur de leurs connaissances! Les logiciels d'assistance à la rédaction offrent à tout auteur à la recherche d'un mot particulier une variété de termes utilisables dans le contexte de sa rédaction, variété dans laquelle il va certainement trouver le mot qu'il cherche et qui enrichira son expression. Une telle facilité peut cependant aussi conduire à une atrophie de la réflexion de quiconque espère trouver dans ce réservoir de mots un palliatif à son manque d'idées.

De tels lexiques ne sont cependant pas présents dans le logiciel au moment où on l'achète, car la variété des thèmes sur lesquels on peut souhaiter écrire est telle qu'il serait impossible de tous les prévoir. Ils doivent donc être composés par les utilisateurs avant la rédaction proprement dite. Le temps nécessaire à leur conception constitue alors certainement l'un des inconvénients majeurs de ce type de logiciels. En classe, on pourra heureusement diminuer la pesanteur de ce temps par le travail collectif et l'échange de fichiers.

Pouvoir disposer d'autant de feuilles de brouillon que l'on souhaite, pour se faire ses propres remarques durant l'élaboration d'un texte, conserver une idée pour plus tard, ou suivre une nouvelle piste pour voir où elle vous conduit, constitue certainement également un apport remarquable de ce type de logiciels. On pourra alors faire glisser dans son texte les fragments qui conviennent et envoyer à la poubelle (sic) les essais infructueux, comme si tout avait été composé d'un trait.

Apprendre à faire par avance le plan de sa rédaction n'est en soi pas banal et tout enseignant sait que les enfants ont au début d'importantes difficultés à opérer ainsi. Ce faisant, ils apprennent non seulement à mieux enchaîner leurs idées mais aussi à distinguer parmi elles les idées principales des éléments secondaires, et à donner à chacune le poids et l'espace qui lui convient.

En tant que tels, ce type de logiciels n'apparaît pas dans les plans de développement des principaux diffuseurs de produits informatiques ; il est dès lors peu probable que leur usage se généralise rapidement. On observe cependant qu'un nombre toujours plus grand de facilités de ce type apparaissent dans les versions les plus récentes des logiciels de traitement de texte. C'est certainement par ce biais-là, et non par des logiciels spécifiques d'assistance à la rédaction, que les jeunes « auteurs » trouveront dans l'ordinateur l'assistance dont ils ont besoin pour écrire et pour composer. Encore faut-il que les éducateurs encouragent et aident les enfants à utiliser de telles facilités ; l'image du traitement de texte comme un logiciel d'accès très simple s'en trouvera certainement altérée, mais les effets d'une telle activité sur la qualité des textes ainsi produits par les enfants n'en seront que plus importants.

Les logiciels de télécommunication

Les échanges épistolaires entre classes se pratiquent certes depuis longtemps, mais l'éloignement des correspondants entraîne souvent d'insupportables délais dans la réception de la réponse tant attendue. Le recours à l'ordinateur permet de réduire à presque rien cette attente, en délivrant immédiatement le message écrit à la classe partenaire, soit directement, par le truchement d'un réseau informatique soit indirectement, par l'intermédiaire d'une connexion téléphonique, appelée modem. Rares sont cependant pour l'instant encore les familles ou les écoles équipées d'accès à de tels réseaux ; c'est pourquoi ce type de logiciels sera discuté dans le chapitre 6 consacré aux applications « futures », même si on peut déjà être certain qu'au tournant du siècle, de tels facilités existeront très largement. Le développement de réseaux comme INTERNET en est le plus sûr garant.

POUR AIDER À LA RÉALISATION DE DESSINS PRÉCIS

S'ils sont souvent prématurément satisfaits de leurs écrits, les enfants sont parfois déçus des dessins qu'ils produisent, les jugeant peu ressemblants, imprécis ou mal coloriés. L'ordinateur n'améliore certes pas la qualité de l'expression graphique des enfants, mais il permet de pallier à certains de ses défauts. Grâce à lui il devient possible de tirer des traits parfaitement rectilignes et de tracer des cercles raisonnablement circulaires. Possible aussi en moins de temps qu'il n'en faut pour le dire d'effectuer le remplissage uniforme de n'importe quelle surface à colorier. Possible enfin, à condition d'avoir accès à un scanner ou de disposer d'un logiciel d'illustration, d'importer des dessins, des schémas ou même des photographies et de les retoucher à l'ordinateur, un peu comme on retravaille une image ancienne, une peinture qui s'efface ou, comme on l'a vu ci-dessus, comme on reprend un texte déjà écrit pour l'améliorer ou l'adapter avec un logiciel de traitement de texte.

Parmi les logiciels permettant de produire des dessins à l'écran ou sur le papier qui sortira de l'imprimante on distingue les programmes de dessin proprement dits des logiciels d'illustration. Les premiers servent à créer, à partir de rien des dessins faits de traits et de surfaces ou à retoucher des images recopiées d'ailleurs par la magie du scanner ; les seconds s'utilisent pour réaliser des illustrations composées à partir de figures ou d'éléments pris dans une banque de dessins stockés dans des fichiers livrés avec le logiciel.

Les programmes de dessin

Ces logiciels mettent à disposition de l'utilisateur une panoplie d'outils tels que pinceaux, crayons, ou autres gommes, mais ils lui permettent aussi de déposer directement à même la surface à dessiner les formes de son choix. Cela se fait le plus simplement du monde en sélectionnant le type de forme à réaliser, en déposant celle-ci sur la page virtuelle à l'endroit où elle doit «commencer» puis en tirant sur cette forme comme sur un élastique jusqu'à ce qu'elle ait les dimensions et l'allure souhaitées ; on relâchera alors le bouton de la souris et la forme se figera ainsi, telle qu'on l'a voulue. Si d'aventure elle ne devait pas convenir telle qu'elle, il est en tout temps possible d'en modifier la forme ou la position en saisissant à nouveau l'un de ses «coins» et en le redéposant dans sa nouvelle position.

Toute forme fermée, qu'elle ait été dessinée au crayon, au pinceau ou réalisée directement selon le procédé énoncé ci-dessus, peut recevoir diverses textures ou couleurs tout aussi simplement. Les programmes de dessins actuels offrent généralement entre 50 et 100 possibilités de remplissage ou de coloration différentes, mais l'utilisateur exigeant peut sans autre lui-même en créer de nouvelles, les faire enregistrer et ainsi les rajouter à celles qui ont été imaginées par le concepteur du logiciel.

Comme les logiciels de traitement de texte, les programmes de dessin permettent de couper, copier et coller n'importe où n'importe qu'elle forme produite à l'écran et ainsi de supprimer, déplacer ou multiplier celles-ci par quelques opérations très simples. La plupart d'entre eux autorisent même la rotation de toute forme ou figure et son repositionnement dans n'importe quelle orientation, y compris en miroir de la position initiale.

Mais les logiciels de dessin ne permettent pas seulement de jouer sur les formes, ils offrent aussi la possibilité d'insérer des lettres, des mots ou même des phrases à même le dessin par l'intermédiaire d'un petit traitement de texte incorporé au programme ; cette facilité permet ainsi de donner à son dessin une allure d'image de bande dessinée ou de page d'un album scientifique.

Pour plus de réalisme, les logiciels de dessin permettent aussi de jouer sur les plans et de faire ainsi se superposer les différents éléments réalisés. Ceux-ci peuvent en effet être « avancés » au premier plan ou « reculés » au second voire à l'arrière plan, indépendamment du moment où ils ont été créés. Ils apparaîtront alors en partie cachés par des objets situés plus en surface, sauf si ces derniers sont déclarés « transparents » afin de ne pas masquer ce qui se trouve sous eux.

La plupart des logiciels de dessin utilisables par les enfants ont été développés d'abord pour des usages professionnels. Certaines des opérations qu'ils permettent dépasseront alors sans nul doute la compréhension des enfants ou des débutants, mais cela ne compromettra en rien leur usage précoce. Il existe cependant quelques rares programmes de dessin qui ont été pensés et réalisés spécialement pour les très jeunes enfants, comme le logiciel KID PIX, par exemple. Dans ce logiciel, les noms des opérations sont remplacés par de petites icônes, plus facilement compréhensibles et mémorisables que des vocables abstraits. Dans la Figure 4.2, on peut voir ces icônes dans le coin supérieur gauche de l'écran. Ce programme permet aussi d'apposer sur le dessin ce qu'on appelle des timbres, c'est-à-dire des sortes de pochoirs, que les enfants tireront d'un ensemble de figures déjà existantes ou composeront eux-mêmes grâce à un éditeur de timbres.

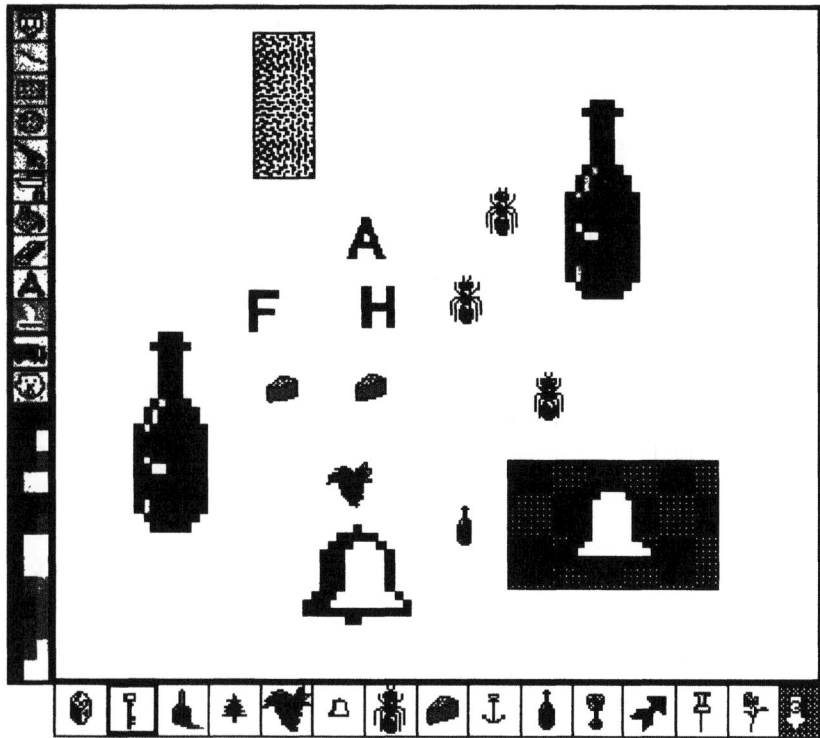

Figure 4.2 — Copie d'écran d'un programme de dessin. En bas, une série de pochoirs que l'enfant peut sélectionner et apposer n'importe où sur le dessin. A gauche, les pictogrammes symbolisant différents outils utilisables tels que crayons, règles, pinceaux ou formes géométriques et différentes couleurs qu'on peut donner à celles-ci. Tiré de : *KID PIX*, Craig Hickman & Brtoderbund Software Inc.

Comme avec le traitement de texte, tout dessin que l'enfant jugera bon peut être imprimé sur papier et mémorisé sur une disquette ou sur le disque dur de l'ordinateur d'où il pourra être rappelé n'importe quand. L'expérience montre que les logiciels de dessin sont généralement très appréciés des enfants et qu'ils constituent un excellent dérivatif, même s'il ne faut pas espérer qu'ils deviennent un jour, grâce à eux, Monet, Van Gogh ou Picasso.

Les logiciels d'illustration

A la différence des programmes de dessin, les logiciels d'illustration sont des banques d'images ou de dessins déjà constitués, stockés par thèmes dans des fichiers particuliers, que l'utilisateur pourra importer sur son écran puis sur le papier pour illustrer un texte, une lettre ou n'importe quel autre produit réalisé sur son ordinateur. Ce type de logiciel s'utilise le plus souvent pour réaliser un carton d'invitation à un anniversaire, une annonce de manifestation ou un pamphlet publicitaire. Bon nombre des dessins qu'ils proposent sont dès lors inspirés de ce genre d'usage. Comme nous le faisions remarquer au chapitre précédent, ce type de logiciel peut facilement servir d'introduction au monde de l'ordinateur, à son fonctionnement et à ses possibilités élémentaires; il permet également, avec un minimum de connaissances informatiques, de réaliser déjà des impressions du plus bel effet et partant de rassurer le plus inquiet des débutants. Il ne faut cependant pas en attendre non plus des effets importants sur le développement intellectuel des enfants; passées les premières heures, l'usage de ce genre de logiciel devrait donc être progressivement abandonné et laissé à sa juste place, la réalisation de cartons d'invitation ou l'illustration d'un travail plus important.

POUR FACILITER LE CALCUL ET L'ANALYSE DE DONNÉES

Nous avons vu au chapitre 2 que de nombreux logiciels éducatifs offrent aux enfants l'occasion de s'entraîner au calcul, souvent sans s'en rendre compte, un peu comme Monsieur Jourdain faisait de la prose sans le savoir. Ce que nous discuterons ici est autre chose; de diverses manières, et c'est même pour cela qu'il a été imaginé et conçu il y a déjà plus de cinquante ans, l'ordinateur peut, au besoin, se charger lui-même de faire les calculs et les analyses de données pour son utilisateur.

En premier lieu, on notera que tout ordinateur est équipé d'une petite calculatrice pour les calculs simples et les opérations arithmétiques élémentaires. Elle est accessible en tout temps et peut donc même être utilisée si nécessaire en cours de travail avec n'importe quel programme de dessin, de traitement de texte ou de programmation, par exemple. Pour des opérations mathématiques plus complexes, telles que résolution d'équations, recherche de fonctions, trigonométrie ou autres calculs statistiques, il existe des logiciels spécialisés, qui, sans être éducatifs par vocation, peuvent cependant permettre aux adolescents puis aux étudiants d'appréhender diverses facettes du monde qui les entoure et de son fonctionnement. MATHEMATICA, par exemple, est un programme capable de réaliser pratiquement n'importe quelle opération numérique ou symbolique et de s'adapter à des domaines aussi variés que l'ingénierie, les sciences physiques ou la finance; il excelle dans la représentation graphique de fonctions en deux et trois dimensions.

Mais calculer n'est qu'une petite partie du travail du scientifique ou de l'économiste; avant d'en arriver là, le scientifique devra planifier la récolte de ses données et les mettre en forme, c'est-à-dire les organiser pour qu'elles puissent être interprétées. Certains logiciels, appelés *tableurs*, mettent à disposition du chercheur, et bien sûr du jeune animé d'un esprit de recherche, différents instruments lui permettant d'organiser ses données, de les analyser et de les représenter à l'aide de courbes et de graphiques de son choix. A l'école, on utilisera volontiers de tels logiciels en classe de science ou d'observation scientifique; on y introduira régulièrement le résultat des mesures prélevées au laboratoire ou dans la nature, puis on essaiera de comprendre l'évolution du phénomène observé en examinant l'évolution de ces mesures, à l'aide d'une courbe, par exemple. La plupart des programmes de ce type, comme EXCEL, par exemple, permettent même de calculer différents paramètres importants des courbes obtenues, telles que moyenne, médian ou écart-type voire d'effectuer quelques comparaisons statistiques pour en déterminer la singularité. L'économiste, ou simplement tout jeune qui désire faire prospérer ses collections, devra gérer ses stocks, planifier ses achats, contrôler ses finances ou élaborer ses budgets. Il pourra le faire plus facilement et plus agréablement s'il recourt à un programme appelé base de données ou à un logiciel de comptabilité par exemple. Ainsi, si l'on a pris soin d'introduire dans une base de données tout type d'information sur les pièces de sa collection, il est en tout temps possible d'interroger la machine sur l'état de sa collection, de trier ses pièces selon un ou plusieurs critères ou d'obtenir la liste de toutes les pièces présentant telle ou telle caractéristique en commun. L'économiste comme le scientifique, pourront aussi, grâce à des logiciels spécialisés, appelés *grapheurs,* demander à l'ordinateur de lui fournir une représentation graphique de ses données ou de l'évolution de ses avoirs; certains grapheurs aisément manipulables par des adolescents ou même par des enfants, comme CRICKET GRAPH, par exemple permettent de produire une douzaine d'images graphiques différentes des informations recueillies.

On trouve maintenant sur le marché des produits appelés *logiciels intégrés*, qui offrent sous un même toit toutes les caractéristiques d'un tableur et d'un grapheur confirmés, mais qui ajoutent à celles-ci les possibilités d'un traitement de texte ou d'un programme de dessin performants. Avec de tels logiciels, il devient alors possible et aisé, après avoir procédé à l'analyse des données recueillies, de réaliser un rapport complet et précis des expériences réalisées et des observations effectuées. Pour l'utilisateur, l'intérêt principal de ces programmes réside dans la complète compatibilité qu'ils garantissent entre les différents outils qu'ils proposent. Nul besoin, comme c'est parfois le cas lorsqu'on a recours à des programmes différents, de transformer le format des données pour les exporter d'une utilisation vers une autre. L'ordinateur-outil, dont il a été question tout au long de ce chapitre, se transforme alors ici en véritable boîte à outils, mais une boîte intelligemment constituée, dont tous les outils auraient été conçus pour travailler ensemble et pas seulement pour répondre au besoin à des usages différents.

Chapitre 5
Jouer avec l'ordinateur

Le jeu occupe une place de choix dans la vie de l'enfant. On considère même que le jeu est nécessaire au développement harmonieux de l'enfant. Par définition le jeu procure du plaisir, il comporte une incertitude, il implique une confrontation; bien qu'il suive des règles, il suppose une dose de liberté; le jeu comporte un aspect de gratuité, il implique un aspect symbolique (se distinguant ainsi de la réalité) et il requiert l'engagement actif du participant. Toutes ces caractéristiques qui s'appliquent plus ou moins à toutes les formes d'activités ludiques se retrouvent également dans les jeux qu'on peut pratiquer sur ordinateur et dans les jeux vidéo.

Selon Jolivalt (1994, p. 3), « le jeu vidéo est un environnement informatique qui reproduit sur un écran un jeu dont les règles ont été programmées ». Cependant la plupart des jeunes qui utilisent ces jeux, tout comme la majorité des parents qui les achètent, ne sont pas forcément conscients de leur nature informatique. Du fait du peu de différences qu'il y a entre les jeux vidéo et les jeux sur ordinateur nous ne les distinguerons plus dans la suite de cet exposé et nous prendrons en compte aussi bien les données concernant les uns que les autres.

Il n'est pas nécessaire d'insister longuement sur l'importance de ce type de jeux tant leur succès auprès des enfants est manifeste. On peut parler d'un véritable phénomène de société. Les consoles de jeux vidéo sont devenues il y a quelques années les jouets les plus populaires et ont connu dans la dernière décennie un développement fulgurant. Des adultes sont aussi passionnés par ces activités ; Turkle (1986) cite plusieurs cas d'hommes d'affaires ou de cadres qui les pratiquent pour se libérer de leurs tensions professionnelles.

Une autre preuve de l'importance du jeu vidéo provient des statistiques qui montrent qu'aux Etats-Unis le chiffre d'affaires de cette industrie des loisirs a dépassé au début des années 1990 celui des entrées dans les salles de cinéma. Les profits énormes que réalisent les compagnies actives dans ce domaine attirent d'ailleurs des firmes bien connues, puisque on a appris en 1995 que Sony se lançait à son tour dans l'aventure.

D'après plusieurs études récentes, c'est la plupart du temps par le biais du jeu que l'enfant entre en contact pour la première fois avec l'ordinateur. De nombreux témoignages indiquent aussi que, souvent, bien que la motivation « officielle » (du point de vue des parents) de l'achat d'un micro-ordinateur soit éducative, une raison importante réside (de la part de l'enfant) dans l'attrait des jeux. Giacquinta, Bauer et Levin ont ainsi interrogé un échantillon d'enfants provenant de 70 familles. L'un de leurs sujets avoue avoir manipulé ses parents pour obtenir un ordinateur : « D'abord j'ai dit à mon père que j'avais besoin d'un ordinateur pour l'école, mais j'en avais vraiment envie pour les jeux. » (Giacquinta, Bauer et Levin, 1993, p. 119). Ce type de scénario est rapporté par plusieurs autres auteurs ayant étudié la question.

BREF HISTORIQUE

Comme on l'a vu ci-dessus, il n'y a pas de raison de séparer le monde des jeux qui se pratiquent au moyen d'une console, plus ou moins sophistiquée, de celui des jeux qui se pratiquent directement avec un ordinateur. Ces derniers sont d'ailleurs plus anciens, même si les premiers programmes de jeu sont restés longtemps inconnus du grand public. L'un des précurseurs dans ce domaine est le programme mis au point par Samuel en 1959 pour le jeu de dames. Non seulement ce programme connaît les règles du jeu, mais il tient compte des expériences des premières parties pour améliorer son niveau de jeu. Au bout de dix heures de fonctionnement le programme s'est révélé supérieur à son concepteur.

C'est surtout le jeu d'échecs qui a fasciné les chercheurs et stimulé leur créativité. La recherche du meilleur coup dans une situation donnée est considérée comme le prototype des conduites intelligentes. Ainsi les chercheurs en intelligence artificielle ont très tôt eu l'idée de programmer les ordinateurs pour tenter de défier les meilleurs joueurs d'échecs, non seulement pour mieux comprendre comment jouent les maîtres, mais aussi pour mieux comprendre l'intelligence en général.

Les principes qui guident l'élaboration de la plupart des programmes jouant aux échecs (et aux autres jeux également) sont relativement simples : il s'agit de considérer les différentes alternatives qui s'offrent à chaque joueur, de les analyser pour parvenir à une évaluation de chacune et de choisir sur cette base le meilleur coup possible. Une fois résolu le problème de la fonction d'évaluation, problème qui est loin d'être trivial, le problème est ramené à celui de la recherche dans l'« arbre » de tous les coups possibles. Les efforts des chercheurs en intelligence artificielle ont porté sur l'optimisation des algorithmes de recherche et la réduction du nombre d'alternatives à considérer, ce qui peut être obtenu en tenant compte au cours de l'analyse des meilleures alternatives déjà examinées pour abandonner les pistes sans espoir.

Outre les échecs, différents jeux ont été étudiés dans la même perspective : le jeu de dames, le jeu d'othello, le backgammon, pour lequel on a noté la première victoire d'un ordinateur sur un champion du monde en titre (Berliner, 1980), le jeu de go, etc.

Ces études d'intelligence artificielle nécessitent généralement de très grosses machines. En revanche les jeux pratiqués sur console peuvent aussi tourner sur les micro-ordinateurs ; on peut d'ailleurs mentionner qu'ils ont vu le jour et évolué en étroite corrélation avec l'avènement de la micro-informatique.

L'ancêtre des jeux vidéo est PONG, programmé en 1972 par Nolan Bushnell : sur un écran une balle est lancée selon une trajectoire rectiligne ; les deux joueurs, équipés chacun d'une manette, s'efforcent d'intercepter la trajectoire de la balle comme ils le feraient d'une vraie balle de ping-pong avec leur raquette. Pour commercialiser sa création, l'auteur de ce jeu crée la société Atari, terme emprunté au vocabulaire du jeu de go. Avec le succès que l'on sait. Grâce à de petites consoles qu'on peut brancher sur un téléviseur, le jeu pénètre dans les familles. Pour la première fois, l'écran du téléviseur devient support d'une activité interactive.

Une variante de ce jeu, BREAKOUT, a été développée par Steve Jobs et Steve Wozniak. Bricolant au fond d'un garage californien, selon l'expression généralement consacrée, l'un des premiers micro-ordinateurs, l'Apple I, ces deux passionnés d'informatique furent à la même époque à l'origine de la firme du même nom. Dans BREAKOUT, le but du joueur est également de renvoyer la balle, mais la balle, au lieu de simplement rebondir contre un mur de briques a pour effet de détruire progressivement ce mur.

C'est en 1977 qu'est créé au Japon un jeu qui connaîtra un succès éclatant : SPACE INVADERS. Selon l'excellente description empruntée à Jolivalt, le thème du jeu peut être présenté de la manière suivante : « Un petit engin spatial se déplace à la base de l'écran et tire sans relâche des giclées de rayons laser sur des grappes de vaisseaux multicolores qui se laissent choir du ciel. Tandis que la partie se prolonge, les vaisseaux arrivent en plus grand nombre et leur vélocité s'accroît. Tout engin ennemi qui parvient au sol ou dont le projectile frappe l'engin du joueur entraîne une pénalité. » (Jolivalt, 1994, p. 8-9) Le thème des combats spatiaux de ce type sera repris ensuite à de multiples reprises avec une sophistication croissante.

Enfin dans cet historique on ne saurait oublier de mentionner un autre précurseur célèbre : PAC-MAN. Ce jeu « met en scène un personnage tout rond qui se nourrit de pastilles disposées dans les couloirs d'un labyrinthe hanté par quatre fantômes agressifs. Ces personnages sont dotés d'un embryon de personnalité ; les plus craintifs évitent Pac-Man, les plus déterminés le pourchassent sans répit. Parfois, la situation s'inverse. C'est alors au tour de Pac-Man d'engloutir les fantômes qu'il croise sur son chemin. » (Jolivalt, 1994, p. 9)

Comme on l'a vu, ces jeux ont été créés à l'époque où les premiers micro-ordinateurs étaient conçus. A côté de leur utilisation principale avec des consoles ad hoc, ils ont donc naturellement été implantés sur ces nouvelles machines. Toutefois leur grand succès a failli être sans lendemain. En effet après l'euphorie initiale, une certaine lassitude du public s'est manifestée et le marché des jeux vidéo a connu une sévère crise au milieu des années 80. C'est grâce à la création d'une deuxième génération de consoles plus modernes que les sociétés japonaises Sega et Nintendo ont pu relancer le marché qui connaît depuis une croissance impressionnante.

Sur le plan commercial le succès des consoles de jeu a sans doute compromis l'existence de l'ordinateur familial. L'apparition au début des années 90 d'ordinateurs multimédias à des prix très abordables et l'irruption des jeux sur disques compacts vont probablement redistribuer les cartes et casser dans les prochaines années le quasi monopole des deux firmes japonaises. D'autant plus que les jeux qu'on peut offrir sur ces nouveaux supports dépassent de beaucoup en qualité ce qui était possible avec les cartouches de la deuxième génération. L'avenir appartient sans doute aussi aux jeux accessibles par des réseaux grâce aux futures autoroutes de l'information.

Bien qu'elle ne concerne guère les ordinateurs actuels, on se doit de mentionner la dernière trouvaille des concepteurs de jeu, la réalité virtuelle, apparue au début des années 90. Muni d'un casque équipé d'écrans et de haut-parleurs, le joueur perçoit une image virtuelle et se trouve au centre d'un univers en trois dimensions. Un gant équipé de capteurs lui permet d'appuyer sur des boutons virtuels et d'agir ainsi sur son environnement.

DIFFÉRENTS TYPES DE JEUX

La diversité des logiciels de jeu est si grande qu'un effort de classement s'impose pour préciser de quoi on parle, notamment dans l'optique d'une discussion des choix à faire en fonction des légitimes préoccupations éducatives et/ou de protection de l'enfant (jeux à conseiller, jeux à éviter, jeux à consommer avec modération, etc.). Toute classification est arbitraire et celle que nous avons choisie n'échappe pas à la règle. Pour que chaque jeu soit bien placé il faudrait peut-être avoir recours à un plus grand nombre de catégories. Le mérite principal d'un nombre restreint est qu'on peut plus aisément les mémoriser et les utiliser. Pour simplifier les idées, nous distinguons donc ici les quatre grandes classes de jeux suivantes : Jeux d'action, jeux d'aventure, jeux de simulation et jeux de réflexion.

Il est clair que chacune de ces classes peut à son tour être subdivisée en catégories et que d'autre part certains types de jeux se situent à la limite entre les classes et pourraient appartenir à plusieurs d'entre elles selon les caractéristiques retenues. Les jeux de sports en sont une bonne illustration; comme on le verra plus loin, certains sont typiquement des jeux d'action, alors que d'autres sont mieux décrits comme jeux de simulation.

Avant de discuter les problèmes posés par ces jeux, de souligner leurs mérites, de décrire les capacités requises pour pratiquer avec succès ces jeux et de tenter une synthèse critique de cette utilisation possible de l'ordinateur par l'enfant, une présentation de quelques exemples des jeux de chaque classe s'impose.

Jeux d'action

Les jeux d'action sont les jeux vidéo les plus typiques. C'est également ceux que les enfants connaissent le mieux et que les parents redoutent le plus. Ils constituent la majeure partie des jeux pratiqués dans les salons de jeux et un grand nombre d'entre eux peuvent être pratiqués au moyen d'une console.

En première analyse ces jeux font surtout appel aux réflexes du joueur, plus précisément à sa capacité de réaction rapide. On peut subdiviser cette classe de jeux en trois grandes catégories en distinguant les jeux de tir (incluant les différents jeux de combats), les jeux de plate-forme et les jeux d'habileté (ou de précision).

Les plus connus et les plus discutés sont les jeux de tir dans lesquels le but du joueur est de détruire un ennemi qui apparaît à l'écran sous diverses formes (personnage, avion, vaisseau spatial, etc.). Un bon exemple de ce type de jeux est sans doute SPACE INVADERS (*cf.* Figure 5.1).

Les divers types de combats représentent une part importante (trop à notre goût!) des jeux d'action. Le joueur doit lutter contre des ennemis plus ou moins sophistiqués selon qu'il s'agit de combats entre individus, de combats spatiaux plus ou moins inspirés de «La Guerre des Etoiles» ou de robots.

Les jeux de plate-forme mettent en scène un personnage qui passe de plate-forme en plate-forme pour échapper à différents dangers ou amasser des richesses. LODE RUNNER et DARK CASTLE en sont de bons exemples. Le personnage doit non seulement sauter, mais grimper à des échelles ou à des cordes, utiliser un trapèze, etc. C'est à cette catégorie qu'il faut rattacher les jeux de la série des Mario (MARIO BROS, SUPER MARIO 1, etc.) qui constituent à ce jour les plus grosses ventes parmi les jeux vidéo. Sheff décrit ainsi le véritable phénomène de société que ces jeux ont constitué :

«En 1985, le premier «SUPER MARIO BROS» a provoqué une révolution sur le marché du jeu vidéo, où batailles et destructions constituaient la norme, en introduisant deux éléments rarement associés aux manettes et écrans informatiques : esprit et humour. Le personnage principal, Mario, un plombier rusé qui peut choisir d'éviter ou d'affronter ses ennemis, fait figure de héros inattendu. Dans ce monde étrange, Mario peut gagner en force et en taille en se gavant de champignons verts et rouges. Ce monde est peuplé de souris lanceuses de bombes, de cactus dansants et de tortues qui peuvent transformer leur carapace en missiles.

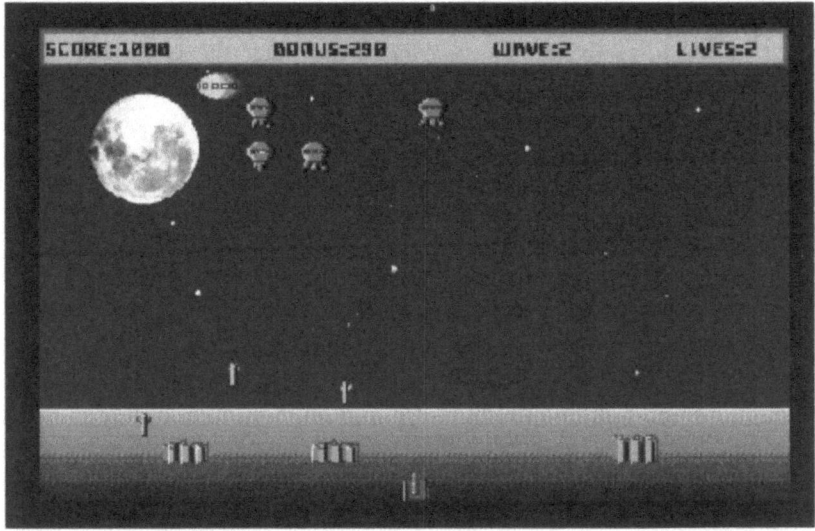

Figure 5.1 — Un écran du jeu Space Invaders. Le joueur doit s'efforcer de détruire les vaisseaux d'où sont tirés des projectiles qui le menacent. Il peut déplacer latéralement son véhicule et tirer des projectiles verticalement. Tiré de : *SPACE INVADERS*, SAT.

On y trouve, cachés dans les recoins les plus saugrenus, des bonus qui permettent de gagner du temps ou des vies supplémentaires. Les enfants furent captivés par ces personnages comme par le parcours labyrinthique du jeu, parsemé de récompenses et de punitions pavloviennes et truffé de difficultés progressives savamment programmées.

Dans «SUPER MARIO BROS 2», les adorables personnages de la première version exploraient de nouveaux horizons animés. Cette fois, ils affrontaient leurs ennemis, armés non plus de canons lasers, mais de poireaux, de carottes et de citrouilles. C'est ainsi harnachés que les joueurs se lançaient dans des eaux inexplorées où la persévérance, l'esprit, la chance et des heures incalculables d'entraînement étaient des vertus cardinales. «SUPER MARIO BROS 2», comme son prédécesseur, était un grand justicier. Le jeu conférait aux enfants un pouvoir introuvable ailleurs. Il n'y avait aucun risque à se tromper en jouant, parce qu'on avait toujours la possibilité de recommencer. Tout ce qui permettait aux enfants d'avoir du succès dans la cour de l'école n'avait aucune importance dans ce jeu. De plus, ils avaient découvert un terrain sur lequel ils pouvaient battre leurs parents à plate couture, tout en leur assenant un sabir totalement hermétique («Je suis dans le deuxième monde du Sub-Con mais je n'arrive pas à me débarrasser du miniboss»).

Des rumeurs concernant une suite à «SUPER MARIO BROS» circulèrent pendant les mois qui précédèrent sa mise sur le marché, mais personne n'en vit trace avant la sortie d'un film, au début de l'hiver 1989. THE WIZARD (VIDEO KID, en France à l'hiver 1993) n'était pas tant une œuvre d'art qu'une longue publicité de cent minutes pour Nintendo. Des millions de familles payèrent leur billet d'entrée pour le voir (le film rapporta 14 millions de dollars). Dans les salles obscures, l'excitation atteignait son comble quand les enfants se rendaient compte qu'ils avaient sous les yeux un aperçu du prochain Mario avec ses nouveaux effets sonores : Mario pouvait se travestir en raton laveur et pouvait même voler.

Les enfants se passèrent le mot dans les cours d'école, et des légions d'enfants de huit ans tombèrent à bras raccourcis sur leurs parents. L'envie d'être parmi les premiers privilégiés à posséder «SUPER MARIO BROS 3» était colossale.

Certains parents restèrent de marbre, d'autres firent front, mais des millions y succombèrent. «SUPER MARIO BROS 3» allait battre tous les records de vente de jeux vidéo : sept millions d'exemplaires aux États-Unis et quatre millions au Japon. Si ce jeu avait été un disque, il aurait décroché onze disques de platine, prouesse que seul Michael Jackson et quelques autres ont pu réaliser.» (Sheff, 1993, p. 1-2)

Les jeux d'habileté font plus appel à la précision du joueur qui tient les commandes (clavier, souris, joystick). On peut mentionner notamment les jeux de sports les plus simples tels que les jeux de golf, de tennis, de billard, etc. où il s'agit de réagir soit rapidement soit avec précision à la situation donnée. De même pour réussir dans les jeux d'inertie, le joueur doit faire preuve d'habileté, par exemple pour compenser les lois de la gravité afin de maintenir une bille sur une surface donnée (MARBLE MADNESS) ou pour permettre à un pilote de vaisseau spatial de rester au centre de la cabine malgré l'état d'apesanteur (ZERO GRAVITY).

TETRIS occupe une place un peu à part parmi les jeux d'action, notamment en raison de son succès commercial remarquable. Ce jeu a été créé en URSS et vendu à plus de 30 millions d'exemplaires, selon Jolivalt qui le décrit de la manière suivante : «Tetris brille par sa simplicité : des éléments géométriques formés par quatre carrés diversement accolés tombent du haut de l'écran. Le joueur dirige leur chute, les fait au besoin pivoter afin qu'ils s'empilent sans laisser aucun interstice. Chaque ligne continue ainsi formée disparaît aussitôt. Autrement, les lignes incomplètes subsistent et les pièces s'érigent en tas. S'il arrive au plafond, la partie

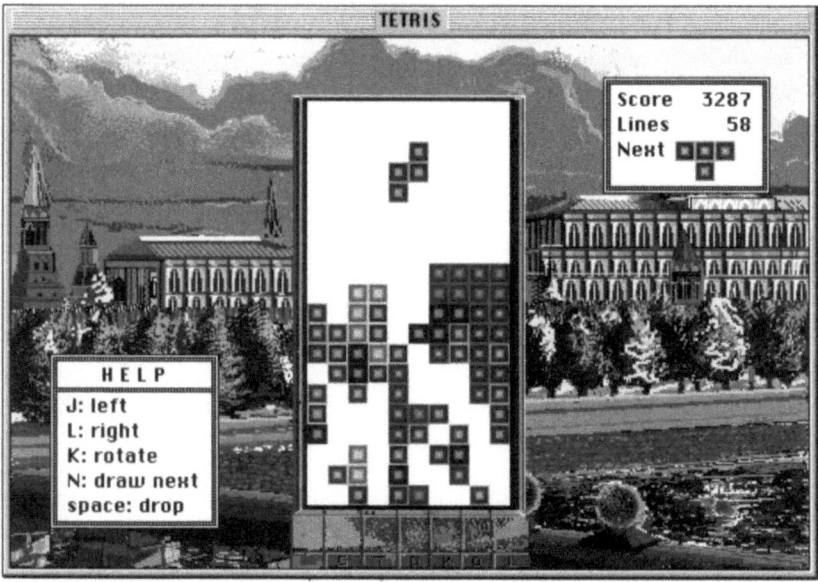

Figure 5.2 — Une partie de Tetris en plein développement. Le joueur peut déplacer et faire pivoter les blocs formés de 4 carrés au moyen des touches du clavier dans le but de boucher les trous existants. Les lignes complètes disparaissent de l'écran. Tiré de : *TETRIS*, AcademySoft-ELORG.

est terminée. Chaque niveau se caractérise par une vitesse de chute accrue.» (Jolivalt, 1994, p. 73-74) La Figure 5.2 reproduit l'écran de l'ordinateur pendant une partie de ce jeu, caractérisé par le fait que la prise de décision doit être très rapide et qu'il faut donc s'efforcer d'automatiser l'utilisation des touches pour parvenir à un bon résultat.

TETRIS a parfois été considéré comme un jeu de réflexion, probablement parce que son thème est dénué de toute violence et qu'il fait largement appel à des capacités d'anticipation et de visualisation dans l'espace. Mais l'analyse des activités qu'il implique nous conduit à le rattacher à la catégorie des jeux d'action avec lesquels il partage de nombreuses caractéristiques.

Jeux d'aventure

Les jeux d'aventure sont d'une plus grande complexité et fonctionnent dans la durée. Le joueur participe à une histoire composée de multiples épisodes ; le jeu d'aventure est en effet construit sur un scénario comparable à celui d'un film ou d'un roman. Mais dans le jeu d'aventure s'ajoute l'interactivité, qui fait que l'issue du jeu dépend des décisions que prend le joueur à différents moments du déroulement de ce jeu. Pour progresser il faut donc résoudre des énigmes, trouver des objets, les utiliser dans l'endroit adéquat, etc.

Les premiers jeux d'aventure reposaient essentiellement sur le texte. Avec les progrès des écrans graphiques apparurent des images fixes, puis animées. Le joueur peut donc maintenant visualiser le décor dans lequel l'aventure se déroule. L'apparition des ordinateurs multimédias et du CD n'a fait qu'amplifier cette tendance à la sophistication croissante des logiciels de jeu d'aventure. Les scénarios concernent aussi bien l'exploration d'un monde fantastique que des enquêtes policières, des thèmes de science-fiction ou de saga médiévale.

On retrouve des contenus similaires dans cette catégorie particulière qu'on désigne sous le nom de jeux de rôle. A l'origine les jeux de rôle se déroulent sous la férule d'un maître du jeu, autour d'un plateau en carton. Ces jeux ont donné lieu depuis quelques années à des transpositions informatisées. Le prototype du genre, DUNGEONS AND DRAGONS, est une adaptation des romans de Tolkien «Bilbo le Hobbit» et «Le Seigneur des Anneaux». L'action se déroule au Moyen Age dans un monde fantastique.

Dans tout jeu de rôle informatisé, le joueur choisit un personnage et ses compagnons. Il attribue à chaque membre du groupe des points d'intelligence, de force et d'agilité, des points d'armure, de vélocité, etc. Il y a corrélation dans l'attribution des facultés : l'augmentation des points d'armure entraînera ainsi, à cause du poids des cuirasses, une diminution sensible de la mobilité et de l'agilité.

Le but est de créer un groupe d'individus capables de se compléter mutuellement et lui faire accomplir un ensemble de tâches complexes pour s'approcher d'un objectif; il n'est pas rare de voir des parties s'étendre sur plusieurs mois. Des compétences s'acquièrent au fil de la partie : points d'expérience, pouvoirs magiques, prescience, télépathie s'ajoutent aux caractères définis par le joueur. Toutes ces variables évoluent durant le jeu.

L'action ne joue pas un rôle essentiel dans le jeu de rôle, les combats éventuels n'étant qu'évoqués; l'ordinateur décide souvent aléatoirement de l'issue d'un duel.

Jeux de simulation

Certains jeux de simulation sont bien connus du grand public. C'est notamment le cas des simulateurs de vol qui permettent au joueur de s'asseoir à la place du pilote pour guider un avion (*cf.* Figure 5.3), avec toutes les difficultés que cela suppose pour un débutant. De même toute personne qui a fait une visite dans un salon de jeux a vu des simulations de véhicules automobiles et a pu s'essayer au pilotage d'une voiture de Formule 1. Les meilleurs logiciels de ce type respectent les lois de la physique, et, pour y réussir un bon parcours, sans être victime d'un accident, il faut maîtriser la puissance du véhicule et respecter les consignes de prudence élémentaire.

Si l'attrait de ces simulations classiques reste sans doute grand pour les enfants, d'autres types de jeux de simulation ont récemment vu le jour qui permettent au joueur de prendre des décisions dans des domaines aussi variés que l'économie et/ou l'écologie. L'un des exemples les plus fameux de cette catégorie est sans doute SIMCITY déjà décrit au chapitre 2.

Figure 5.3 — Un écran typique d'un jeu permettant de simuler le pilotage d'un avion. Le joueur peut influer sur de nombreux paramètres au moyen des touches du clavier. Tiré de : *F/A-18 HORNET 2.0*, Graphic Simulations Corp.

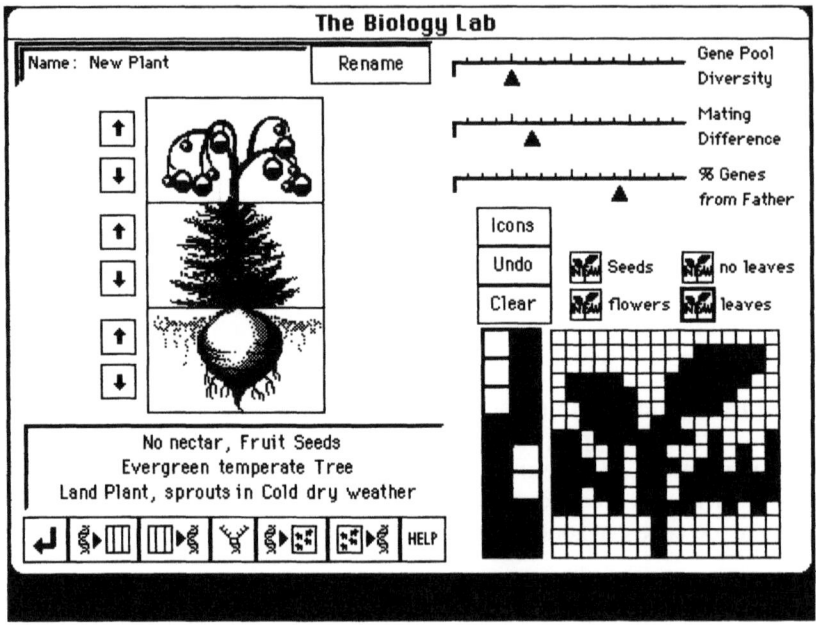

Figure 5.4 — Dans SIMLIFE, le joueur peut créer des espèces nouvelles et décider de certaines de leurs propriétés. Ce faisant, il apprend de manière plaisante les diversités de la nature; il peut ensuite constater les effets de ses choix. Tiré de : *SIMLIFE*, Maxis.

SIMANTS permet au joueur de se muer en fourmi et de tenter de faire survivre sa fourmillière malgré les dangers qui la menacent (l'homme, les araignées, les produits chimiques, etc.). Différents aspects de la vie des fourmis sont pris en considération : l'alimentation, la reproduction, la vie sociale. Le joueur peut également interrompre le jeu pour interroger le logiciel sur certains de ces aspects. Le jeu est donc aussi en quelque sorte un didacticiel sur les insectes. SIMLIFE propose au joueur de créer de nouvelles plantes (*cf.* Figure 5.4) et lui permet ainsi de se familiariser avec des concepts biologiques élémentaires.

Une autre catégorie de simulations porte le nom de «wargames». Il s'agit dans ce cas non pas de jeu d'action, mais bien de «réécrire l'histoire» en rejouant d'anciennes batailles reconstituées sur la base d'informations relativement réalistes. Le joueur joue donc le rôle d'un chef de guerre qui doit prendre de grandes décisions stratégiques afin de tirer le meilleur parti de la situation d'ensemble.

Les simulations sportives les plus complexes forment une dernière catégorie de jeux de simulation. Le football, le hockey, le football américain ont ainsi donné lieu à des adaptations dans lesquelles le joueur doit opérer des choix stratégiques, à la manière du responsable technique de l'équipe, avant que l'action ne se déroule, tenant compte des caractéristiques de l'équipe qui est simulée, de ses forces de ses faiblesses, etc. Les jeux à thème sportif sont toutefois difficiles à classer avec certitude ; si certains ne sont que des jeux d'action, d'autres constituent de véritables simulations, alors que d'autres encore méritent d'être considérés plus comme des jeux de réflexion.

Jeux de réflexion

Comme leur nom l'indique, les jeux de réflexion reposent avant tout sur un effort intellectuel de la part du joueur. A la différence des autres classes de jeux exposées précédemment, le temps y joue en général un rôle négligeable.

On y trouve aussi bien des transpositions de jeux très simples et bien connus que des jeux de la plus grande complexité.

En premier lieu on peut mentionner tous les logiciels de jeux de stratégies : les échecs, le jeu de dames, le jeu de go, le backgammon, pour citer les plus complexes. Parmi les jeux plus élémentaires, facilement abordables par les enfants, on peut mentionner les adaptations des jeux tels que Othello et les Moulins. Cette liste est loin d'être exhaustive.

C'est sans doute le jeu d'échecs qui a connu le plus grand essor car de nombreux chercheurs y ont travaillé depuis longtemps. Ces efforts prolongés ont enfin permis au début des années 90 d'atteindre un niveau de jeu qui s'approche de celui des meilleurs joueurs professionnels. La dernière confrontation de ce type a eu lieu en février 1996 à Philadelphie entre le champion du monde Garry Kasparov et le programme mis au point par les chercheurs pour le superordinateur baptisé Deep Blue. L'homme a encore pu vaincre la machine sur l'ensemble des parties, mais il a dû concéder une défaite et plusieurs parties nulles. Les spécialistes estiment que ce programme, malgré des lacunes évidentes, a réalisé une performance le classant aux alentours du vingtième rang mondial.

Les logiciels disponibles pour le public sont des effets secondaires de ces recherches de pointe. Ils permettent à l'amateur d'échecs de pratiquer son jeu favori contre un adversaire dont il peut régler la force de manière à ce que le jeu reste intéressant pour lui. De même au jeu de go, la possibilité existe, comme dans les vraies parties, de donner un handicap

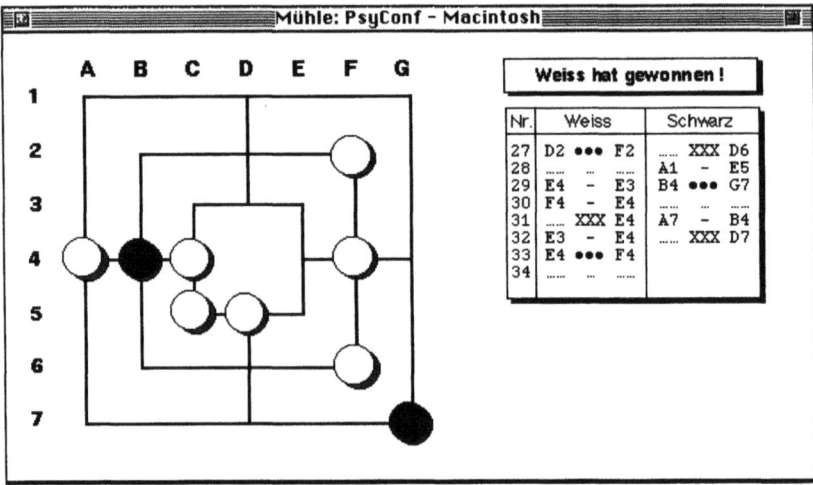

Figure 5.5 — Ecran tiré d'une version informatique du jeu de la marelle. Le joueur essaie de gagner la partie contre le programme, de battre la machine. Tiré de : *MUHLE*, Megabyte.

Figure 5.6 — Ecran tiré d'une partie d'échecs. Le programme indique, dans la fenêtre de droite, le temps de réflexion déjà utilisé par chaque joueur et les derniers coups effectués. Tiré de : *CHESSMASTER 3000*, Software Toolworks Inc.

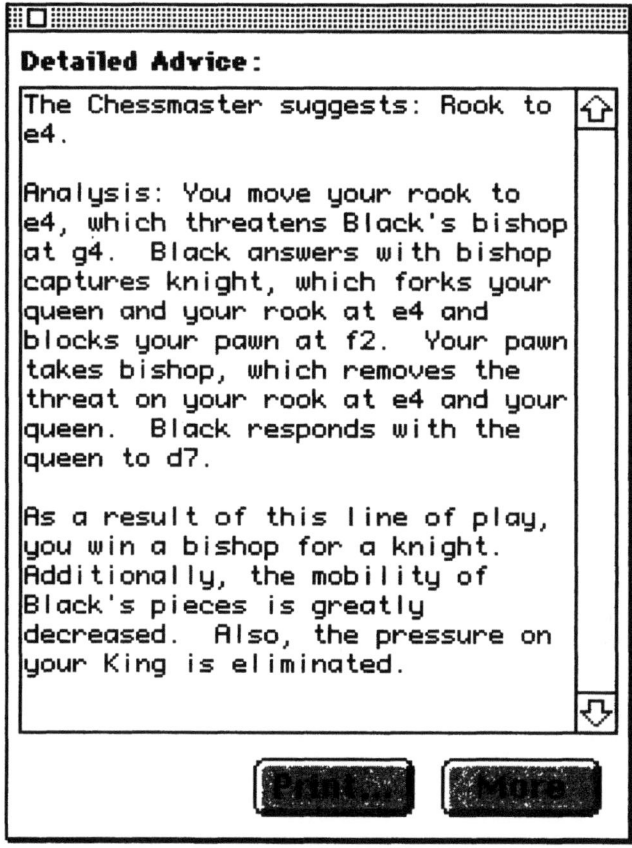

Figure 5.7 — Sur demande, le programme suggère le coup qui lui semble le meilleur du point de vue du joueur, et justifie ce conseil par une analyse de la situation. Tiré de : *CHESSMASTER 3000*, Software Toolworks Inc.

au programme contre lequel on joue, ce qui équilibre les chances et maintient l'intérêt de la confrontation. On peut aussi, avec tous ces logiciels, interrompre la partie pour la reprendre à n'importe quel moment.

Un autre aspect intéressant des versions récentes de tels programmes de jeux de stratégies est qu'ils offrent la possibilité de faire un réel apprentissage du jeu, grâce à diverses facilités : ainsi le joueur a la possibilité de rejouer toute la partie, de reprendre un coup, d'annuler un certain nombre de coups et de reprendre la partie à l'endroit voulu ; il peut aussi obtenir l'explication par le logiciel des raisons pour lesquels le programme choisit tel ou tel coup ; le logiciel peut faire apparaître dans une fenêtre l'analyse de diverses variantes, le diagnostic relatif à un groupe de pierres (dans le cas du jeu de go), etc. La Figure 5.6 montre une situation du jeu d'échecs et la Figure 5.7 le coup conseillé par le programme avec les motifs de ce choix.

Divers jeux de société ont été adaptés pour l'ordinateur. On peut donc disputer sur machine des parties de Monopoly, de Scrabble, de Yatzhee, de Trivial Pursuit, de Memory, de MasterMind etc. De même divers jeux de cartes classiques existent sous cette forme. Un des avantages de ces produits est de permettre de pratiquer un tel jeu à une personne qui ne peut pas trouver de partenaires disponibles.

POPULARITÉ DES DIFFÉRENTS TYPES DE JEUX

Pour permettre d'appréhender d'un coup d'œil l'ensemble des catégories de jeux que nous avons présentées, la Figure 5.8 représente, sous forme d'un arbre, la classification que nous avons adoptée.

Plusieurs auteurs allemands se sont intéressés au thème des jeux vidéo et y ont consacré diverses études (Fritz, 1985 ; Dittler, 1993). C'est ainsi que Fritz a proposé une distinction utile, citée par Dittler (1993), entre deux grandes classes de jeux, en ayant recours à un jeu de mots en allemand, difficilement traduisible en d'autres langues : il oppose les «Knöpfenspiele» (jeux presse-boutons) aux «Köpfenspiele» (jeux de réflexion). Grosso modo la première catégorie correspond à ce que nous avons appelé jeux d'action et le seconde aux trois autres classes de jeux.

Il est clair que lorsqu'on parle des jeux vidéo dans la littérature scientifique, dans la presse, etc., c'est à la première catégorie qu'on se réfère. En effet ce sont les jeux d'action qui suscite le plus d'engouement chez les enfants et par conséquent des craintes chez les adultes. Ceci se traduit également dans les ventes de ces différents produits où les jeux d'action dominent nettement. Dittler a ainsi relevé dans une revue spécialisée les pourcentages de vente des divers jeux informatiques durant l'année 1990 (*cf.* tableau 5.1).

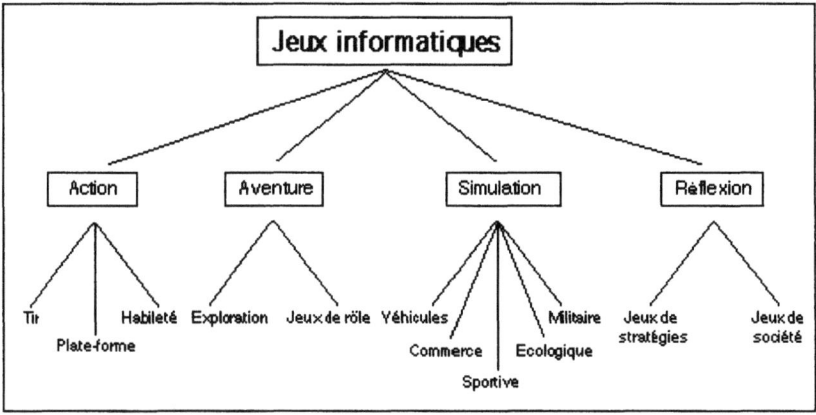

Figure 5.8 — Arbre de classification des jeux informatiques selon les catégories proposées.

Tableau 5.1 — **Pourcentages de ventes de jeux informatiques en 1990** (d'après Dittler, 1993).

Classe de jeux	%
Action	45
Aventure	28
Simulation	19
Réflexion	8

La suprématie des jeux d'action sur le plan commercial est confirmée par les statistiques de vente mondiale présentées par Jolivalt (1994, p. 118). Selon ces chiffres la cassette de MARIO BROS s'est vendue à plus de 100 millions d'exemplaires, celle de SUPER MARIO 1 à 60 millions et TETRIS vient en troisième position avec 36 millions d'exemplaires vendus.

LES RAISONS D'UN ATTRAIT INCONTESTABLE

Tout observateur a pu constater le succès considérable des jeux pratiqués sur console ou sur ordinateur. En ce qui concerne cette dernière situation, l'étude de Giacquinta, Bauer et Levin (1993), conduite dans la région de New York, confirme que dans leur majorité les enfants préfèrent les jeux à d'autres activités plus éducatives qu'ils peuvent pratiquer avec l'ordinateur.

Il y a toutefois une grande diversité de réactions chez les jeunes, tous n'étant pas également accrochés par ce type d'activité. C'est ce que montre une étude effectuée en France par Bonnafont, un sociologue ayant interrogé un échantillon de jeunes français. Ses résultats, cités par Jolivalt, indiquent la présence de quatre catégories d'utilisateurs selon les attitudes face aux jeux :

Les passionnés, possèdent plusieurs matériels et de nombreux jeux ; ils représentent moins du quart de l'échantillon. Un peu plus nombreux que ceux-ci, les intéressés jouent pour le plaisir et avec davantage de recul. Un tiers environ sont des joueurs occasionnels. Les 15 à 20 % restants sont des réfractaires, ayant essayé mais sans succès ou sans plaisir. Les attitudes plutôt favorables (passionnés + intéressés) représentent en gros la moitié des sujets interrogés, une proportion importante même si l'on pouvait s'attendre à des chiffres encore supérieurs.

En ce qui concerne l'âge des joueurs, une étude américaine a montré que la classe d'âge 6-11 ans représentait la cohorte la plus importante, devant les préadolescents (12-17 ans).

Vu l'ampleur du phénomène il est donc légitime de s'interroger sur les raisons de l'attrait de ces activités auprès des enfants et des adolescents. Ne serait-ce que pour examiner dans quelle mesure il y a lieu de s'inquiéter, voire de prendre des mesures.

La similarité entre la télévision et les jeux est sans doute un facteur du succès des jeux. Ce qui leur est commun c'est la représentation d'images visuelles dynamiques, par opposition à d'autres activités, par exemple celles basées sur les aspects verbaux. D'ailleurs des études sur la popularité relative des jeux sur ordinateur montrent que ceux qui comportent un aspect visuel sont nettement préférés à ceux qui jouent avec les mots. Une autre indication qui va dans le même sens est le fait que les jeux vidéo ont en grande partie pris la place de la télévision dans les loisirs des enfants.

L'aspect interactif des jeux est sans doute aussi pour beaucoup dans l'attrait des jeux. Par opposition avec le téléspectateur généralement décrit comme passif, le joueur est très actif face au petit écran de sa console ou de son ordinateur. Les enfants sont fascinés par le fait de pouvoir exercer un contrôle actif sur les événements qui se déroulent à l'écran.

Turkle qui a interrogé en profondeur une trentaine de joueurs, enfants comme adultes, chacun durant une à quatre heures, souligne également que cet aspect interactif est essentiel. Ces joueurs comparent leur jeu favori au sport, au sexe, à la méditation, mais jamais à la télévision. Elle écrit notamment :

«Grâce aux nouvelles générations d'ordinateurs à écrans graphiques, les personnages des jeux pourront avoir des gestes et des expressions plus proches de la mimique humaine... Et interagissant avec ces personnages, les joueurs n'auront plus l'impression de maîtriser un jeu de flippers, mais plutôt l'impression de faire une rencontre.» (Turkle, 1986, p. 67)

Malone a montré dans une étude en Californie auprès d'enfants que d'autres aspects, comme les effets sonores et la conservation automatique du score, concourent également au succès des jeux (Malone, 1981). Sa théorie met l'accent sur les défis que posent les jeux vidéo, l'imagination et la curiosité qu'ils suscitent.

L'aspect de défi est souvent matérialisé par la multiplicité des niveaux qui permettent à chacun de jouer avec plaisir quel que soit le niveau initial d'expertise, et de maintenir un intérêt grâce à la progression que chaque joueur peut constater en battant ses précédents records. Cet aspect contribue grandement à stimuler la motivation de l'utilisateur. De ce fait les jeux ont une durée de vie importante ; c'est un des critères adoptés par les revues spécialisées pour juger les nouveaux logiciels de jeu.

Comme autres critères, ces spécialistes des jeux considèrent la qualité des graphismes, leur originalité, la qualité des bruitages et leur intégration au jeu, la qualité de l'animation des personnages, pour ne citer que les aspects les plus importants.

INCONVÉNIENTS DES JEUX VIDÉO

Depuis l'apparition des jeux vidéo de nombreuses voix se sont élevées pour exprimer des craintes quant à différents aspects nocifs de ce type d'activité. Les points qui ont été soulevés concernent le contenu violent des jeux, l'apparente dépendance créée par la pratique des jeux, la stupidité de ce type d'activité, le fait qu'ils peuvent détourner les enfants d'autres activités plus utiles à leur développement, menacer leurs résultats scolaires, les isoler de leurs camarades, etc. Plusieurs de ces thèmes seront discutés au chapitre 7, consacré aux effets de l'ordinateur, puisqu'ils concernent l'utilisation de l'ordinateur en général. Nous ne traiterons donc ici que des problèmes spécifiques aux jeux.

Le problème de la violence

Le contenu violent de nombreux jeux vidéo a souvent été dénoncé et il est légitime de s'interroger sur l'influence néfaste qu'il peut avoir sur le développement de la personnalité. D'autant plus que les jeux d'action semblent plus difficiles à contrôler de la part des autorités, tandis que le cinéma et la télévision, pour citer deux exemples où les mêmes problèmes se posent, sont eux plus étroitement contrôlés.

Des excès ont été signalés par les observateurs, que ce soit à propos de contenus racistes ou de l'absence de morale qui sous-tend le jeu. Citons à cet égard quelques remarques de Jolivalt pour montrer la réalité du problème :

«La plupart des jeux cultivent l'agressivité. Dans des kyrielles de logiciels, il s'agit de tirer sans relâche, d'abattre tout ce qui bouge, de tuer et d'éliminer, le tout dans une débauche de couleurs criardes, d'explosions, d'onomatopées et de râles.» (Jolivalt, 1984, p. 99) Et plus loin : «Les jeux d'action ne subliment pas la violence, ils l'exacerbent. Le gain commande toutes les actions. Le joueur collecte un maximum d'argent pour acheter des armes toujours plus destructrices. Dans DOGS OF WAR le personnage traque de par le monde les auteurs de crimes crapuleux ou sordides : meurtre d'une fillette, prise d'otages, trafic de drogue... Équipé d'armes automatiques, de grenades, de lance-roquettes, et moyennant une prime confortable, il doit abattre les malfaiteurs avant que la police ait pu procéder à leur arrestation. DOGS OF WAR fait l'apologie d'une justice personnelle expéditive, motivée par l'appât du gain. Elle instille le mépris des droits les plus élémentaires.» (Jolivalt, 1984, p. 99-100) On pourrait mentionner bien entendu des exemples plus extrêmes.

Quelles peuvent être les conséquences de la violence des jeux sur les enfants? Une étude de Silvern et de ses collègues auprès d'enfants de 5 ans a mis en évidence que la pratique des jeux SPACE INVADERS et ROADRUNNER avait pour effet d'augmenter le niveau d'agressivité dans le jeu et de faire régresser la proportion de jeu social (Silvern & Williamson, 1983). Mais cet effet semble moins important, lorsque ces jeux sont pratiqués en groupe de manière coopérative ou compétitive. Une étude récente auprès de jeunes adultes a montré que la pratique d'un jeu violent de réalité virtuelle avait tendance à accroître les pensées agressives et les pulsations des joueurs nettement plus que chez les spectateurs du jeu ou dans un groupe contrôle (Calvert & Tan, 1994).

On peut également redouter que, tout comme les programmes télévisés à contenu violent, les jeux dont le thème est centré sur les combats, la violence puissent contribuer à désensibiliser les jeunes enfants par rapport aux comportements violents.

Alors que le contenu violent semble contribuer à l'attrait des jeux pour les garçons, il aurait un effet de repoussoir pour les filles, selon les résultats de Malone. Dans la mesure où ces jeux peuvent constituer un premier pas vers l'informatique, la trop grande proportion de jeux violents pourrait créer une barrière supplémentaire pour les filles. C'est un danger à ne pas sous-estimer si l'on souhaite tendre vers l'égalité des chances pour les filles et les garçons.

Greenfield fait observer que la violence, bien que souvent présente, n'est pas une composante nécessaire des jeux, dans la mesure où c'est l'action plus que la violence qui attire les enfants. Il est parfaitement possible de concevoir des jeux à thème d'action mais sans violence.

Que peut-on faire pour tenter de circonscrire le problème? Il serait sans doute illusoire de tenter de faire interdire les jeux à contenu violent. Les associations de consommateurs devraient exiger que les jeux soient classés en différentes catégories et que leur emballage signale clairement leur nature et leur contenu plus ou moins violent, comme cela se pratique en Allemagne, par exemple. Certains jeux sont ainsi interdits de vente aux mineurs, d'autres leur sont déconseillés. Un système similaire d'évaluation des jeux existe également aux Etats-Unis dans le but d'informer les acheteurs sur différents aspects des jeux. Pour les enfants les plus jeunes, au moins, on pourrait conseiller aux parents de participer au choix des jeux à installer sur l'ordinateur et d'éviter l'excès de violence, de manière à maintenir dans le pire des cas un certain équilibre entre des jeux à thème plutôt violent ou agressif (sans doute pas totalement évitables) et des jeux mettant plus l'accent sur la réflexion, l'habileté ou l'imagination des joueurs.

Autres préoccupations

A première vue la pratique de certains jeux peut paraître stupide. Toutefois une analyse plus fine de ces logiciels révèle qu'il s'agit d'un jugement simpliste et que cette activité peut mobiliser des capacités moins élémentaires qu'il ne paraît. C'est notamment l'opinion de Turkle : « Le débat public sur les jeux vidéo, qui se nourrit d'analogies avec la télévision et la drogue, est plein d'images de joueurs pris dans une « dépendance stupide ». Cette description est assurément à moitié fausse. Il n'y a rien de stupide à dominer un jeu vidéo. Il est nécessaire d'avoir beaucoup de qualités pour arriver à les maîtriser. Certains jeux finissent par entraîner une socialisation à l'intérieur du groupe des joueurs : on interagit avec un programme, on apprend comment apprendre ce qu'il est capable de faire... Et quand on maîtrise un jeu, on peut réfléchir à la façon de généraliser sa stratégie aux autres jeux. On peut apprendre à apprendre.» (Turkle, 1986, p. 58-59)

Le risque d'isolement, de repliement sur soi a souvent été évoqué par les détracteurs des jeux. Les enquêtes, les observations ne confirment pas du tout ces craintes. La pratique de ces jeux semblent au contraire comporter une dimension sociale non négligeable. Les enfants se parlent des jeux, s'échangent les cassettes, les trucs permettant de progresser, etc. Il y a même des émissions de radio consacrées aux jeux. Une telle émission fonctionne actuellement en Suisse romande sur un mode interactif : un joueur qui ne sait pas comment se sortir d'une situation peut poser son problème par téléphone, et ce sont les auditeurs qui s'efforcent de fournir la réponse.

Giacquinta, Bauer et Levin (1993) mentionnent aussi la dimension sociale de la pratique des jeux que ce soit en famille ou avec des camarades. Outre le plaisir procuré par l'activité elle-même, la confrontation entre parents et enfants peut être un bon moyen pour les parents de conserver le contact avec leurs enfants et d'opérer un contrôle du type de jeux utilisés par les enfants.

Bonnafont, cité par Jolivalt, fait en outre remarquer que, selon ses observations, lorsqu'il y a isolement d'un enfant, enfermement sur lui-même, ce n'est pas le jeu qui est à l'origine de la fuite; il n'en est que le support. Sans le jeu l'enfant trouverait d'autres manières de compenser un manque. Bonnafont va même plus loin : «Car c'est un autre enseignement que nous donne cette étude : le jeu vidéo semble présenter pour les enfants plus âgés (11-12 ans) et pour les pré-adolescents une alternative à la marginalisation. En effet, des jeunes en rupture de communication familiale et sociale ont pu, grâce au jeu vidéo, recréer un réseau de communication avec leurs pairs et être intégrés dans une société enfantine et pré-adolescente, au sein de laquelle ils ont retrouvé des liens rompus ailleurs.» (Jolivalt, 1994, p. 98)

Les jeux vidéo ont également été mis en cause sur le plan médical à la suite du décès, en janvier 1993, d'un adolescent de 14 ans, victime d'une crise d'épilepsie survenue après une séance de jeux vidéo. Ce jeune homme souffrait d'une forme particulière de la maladie qui affecte un petit pourcentage de patients épileptiques. Pour ces personnes, le déclenchement de la crise d'épilepsie est favorisé par des stimuli lumineux intermittents. Le jeu vidéo peut donc jouer ce rôle déclenchant chez les personnes souffrant de cette forme de la maladie. Une enquête menée en France a montré qu'une trentaine de crises d'épilepsie étaient survenues à la suite de séances de jeu vidéo. Il semble qu'un usage abusif (notamment une durée excessive) puisse être incriminé dans ces cas.

Quoi qu'il en soit on peut recommander, outre une limitation de la durée des séances de jeu, de respecter une certaine distance entre le joueur et l'écran et une diminution du contraste de l'écran. Ces remarques sont aussi valables pour les personnes ne souffrant pas d'épilepsie.

Les nouveaux jeux qui se pratiquent avec des casques de réalité virtuelle posent des problèmes plus spécifiques sur le plan de la vision. Chez les enfants de moins de 12 ans, l'usage de ces casques est contre-indiqué, en raison du développement incomplet de leur système visuel. On a montré qu'ils peuvent en outre provoquer des migraines ou des nausées. Mais l'usage habituel de l'ordinateur ne semble pas être concerné par ce type de problèmes, jusqu'à nouvel avis.

ASPECTS POSITIFS DES JEUX

Dans son ouvrage consacré aux effets des nouvelles technologies sur les enfants, Greenfield (1984) montre que les jeux vidéo ou sur ordinateur n'ont toutefois pas que des conséquences néfastes. Elle analyse notamment plus finement les activités des joueurs et les capacités dont il faut faire preuve pour obtenir de bons résultats à des jeux d'action comme PAC-MAN.

Alors qu'une observation superficielle semble indiquer qu'il s'agit d'activités ne mettant en jeu que des conduites sensori-motrices de bas niveau (réaction motrice à un stimulus visuel, rapidité de réaction, etc.) Patricia Greenfield a découvert en plusieurs étapes qu'il s'agissait d'une activité moins « débile » qu'elle ne le pensait. Ce n'est qu'après avoir lu un guide consacré à ce jeu qu'elle en découvrit toute la richesse. C'est ainsi que les obstacles représentés par les différents monstres ont chacun un comportement distinct que le joueur doit induire à partir de l'expérience faite durant le jeu. Les aspects spatiaux doivent aussi être induits ; Greenfield les décrit ainsi : « Une complexité supplémentaire provient de la nature du labyrinthe. Il semble simple ; il n'y a pas d'impasses ou de culs-de-sac, les complications habituelles des labyrinthes pré-informatiques. Toutefois, le labyrinthe de PAC-MAN a des complications d'une autre nature, qui ne seraient pas possibles sans la technologie de l'ordinateur. Les possibilités de mouvement ne sont pas uniformes sur tout le labyrinthe, même si le terrain a la même apparence. Les vitesses relatives des monstres et de Pac-Man sont différentes à différents endroits du labyrinthe, de sorte que les monstres peuvent rattraper Pac-Man dans les endroits tortueux, mais pas dans les lignes droites. De plus, il y a des zones du labyrinthe où Pac-Man peut entrer plus facilement que les monstres et qui lui procure donc une relative sécurité. De telles contraintes relatives au mouvement n'existent simplement pas dans les jeux conventionnels. Ces complexités invisibles sont programmées dans le micro-ordinateur du jeu.» (Greenfield, 1984, p. 111)

Turkle qui décrit aussi les réactions des joueurs face à ce jeu va plus loin :

«PAC-MAN s'apparente aux stratégies d'échecs qui consistent à exécuter des séries de coups standards. Un joueur qui à l'habitude du PAC-MAN dispose d'un répertoire de ces «séquences», que lui ont apprises d'autres joueurs, ou qu'il a trouvées dans des livres, ou encore qu'il a lui-même découvertes. Mais, comme pour les échecs, il est impossible de jouer mécaniquement à un jeu vidéo comme le PAC-MAN car il suffit d'être inattentif pendant une fraction de seconde pour être mis hors jeu. Il faut alors improviser, à partir de ses réflexes et de la compréhension des principes généraux du jeu — par exemple, de la connaissance des divers comportements du monstre et des «refuges» où l'on peut se cacher dans le labyrinthe. Cependant, il faut toujours penser plus vite que le monstre ne bouge. Cela signifie que, pour gagner, il ne suffit pas de mémoriser les principes généraux et les séquences modèles. Il faut faire davantage que penser — d'une certaine manière, il faut se situer au-delà de la pensée.» (Turkle, 1986, p. 59)

Pour progresser dans un tel jeu, dont les règles sont en quelque sorte cachées à l'intérieur du programme, les utilisateurs doivent donc faire preuve de capacités inductives, c'est-à-dire qu'ils doivent découvrir ces règles à travers leurs expériences, les observations effectuées au cours des parties successives. L'induction est une forme de raisonnement très utilisé dans les disciplines scientifiques et qui n'est vraiment maîtrisée, d'une manière totalement rigoureuse, qu'à partir d'un niveau de développement intellectuel assez élevé, durant l'adolescence, selon les études d'Inhelder et Piaget (1955). Le fait de reposer grandement sur l'induction est une spécificité des jeux de type informatique par rapport aux jeux de l'ère pré-informatique.

Pour pratiquer les jeux vidéo de manière efficiente, il faut faire face à une autre demande cognitive : le traitement parallèle des données. Cela signifie qu'il faut être capable de prendre en considération simultanément plusieurs sources d'information. Cette caractéristique apparente les jeux à l'image télévisuelle ou cinématographique et les oppose à tous les médias verbaux où il s'agit de traitement sériel. Un enfant ayant une grande expérience de la télévision sera probablement mieux préparé à faire face à cette demande cognitive des jeux.

Une autre difficulté déjà présente dans PAC-MAN et que l'on retrouve dans de nombreux jeux concerne les effets de l'interaction entre plusieurs variables qui ne sont pas prévisibles d'après les éléments considérés séparément. Greenfield cite à cet égard le jeu TRANQUILITY BASE où il s'agit de faire atterrir un vaisseau spatial. Six variables interviennent : l'altitude, la vitesse verticale, la vitesse horizontale, la direction, la quantité de carburant et le terrain. Le joueur ne contrôle que l'accélération et la direction. Chacune des variables interagit avec les autres de manières complexes. Pour poser le vaisseau en toute sécurité, le joueur doit prendre en compte les variables non seulement séparément mais dans leurs influences réciproques. Ne s'occuper que d'une variable à la fois ou les traiter comme des variables indépendantes conduit à l'échec dans le cas de ce jeu.

Un autre domaine cognitif important pour la pratique des jeux est celui de la représentation de l'espace. Beaucoup de jeux nécessitent une coordination des points de vue ; dans d'autres, des informations tri-dimensionnelles sont présentées en deux dimensions, en utilisant des conventions de perspective. Dans les jeux de plate-forme il n'est pas rare qu'il faille coordonner les informations de différents tableaux pour pouvoir passer d'une zone à une autre. Greenfield cite le cas de CASTLE WOLFENSTEIN, qui comporte une coordination complexe de perspectives. « C'est un jeu de chasse qui se déroule dans une série de labyrinthes. Bien que ces labyrinthes soient en deux dimensions, ils sont des parties d'une prison en trois dimensions. Les étages de la prison sont reliés par des escaliers visibles, dont la position sert d'indice visuel pour coordonner les labyrinthes individuels dans une représentation en trois dimensions. En outre chaque étage est formé de plus d'un labyrinthe. Les parties d'un même étage sont reliées par des portes, qui, comme les escaliers, servent d'indices pour intégrer les labyrinthes individuels dans le plan d'un étage donné. » (Greenfield, 1984, p. 115-116)

Greenfield fait l'hypothèse que non seulement les capacités visuelles peuvent être utiles pour les jeux vidéo mais qu'elles sont en même temps développées par leur pratique. L'expertise au Rubik's Cube d'enfants passionnés de jeux vidéo la conforta dans cette idée. A la suite de ces premières réflexions elle entreprit donc une série d'expériences en collaboration avec différents chercheurs. L'une d'entre elles a consisté à tester l'effet de deux jeux sur les capacités spatiales d'enfants de 11 ans (Subrahmanyam & Greenfield, 1994). Les deux jeux utilisés pour l'apprentissage étaient d'une part un jeu d'action (d'habileté pour plus de précision) à forte composante spatiale (MARBLE MADNESS) pour le groupe expérimental, et d'autre part un jeu de réflexion verbal sans composante spatiale (CONJECTURE) pour le groupe contrôle. Les expérimentateurs se sont assurés que les jeux étaient nouveaux pour les enfants. Après la présentation du jeu, les sujets s'exerçaient pour une durée totale de 2 heures 15 minutes. Les résultats de l'étude ont indiqué que le jeu MARBLE MADNESS a permis d'augmenter significativement les performances spatiales alors que CONJECTURE n'avait pas d'effet. Comme les capacités spatiales sont importantes dans certaines activités professionnelles (mécanique, aviation, contrôleurs du ciel, etc.) il n'est pas négligeable de disposer d'un moyen de contribuer à leur développement.

La pratique des jeux vidéo peut aussi être l'occasion d'un exercice de concentration que l'on peut rechercher pour le plaisir de ressentir cet état particulier. Les sujets de Turkle ont bien exprimé cet aspect des jeux : «Lorsque le joueur joue à un jeu vidéo, il entre dans le monde des programmeurs qui l'ont conçu. Il ne suffit pas qu'il s'identifie avec le personnage sur l'écran. Il faut qu'il agisse à sa place. L'identification par l'action a une emprise particulière. Comme la pratique d'un sport, elle met le joueur dans un état de grande tension nerveuse et de concentration d'esprit. Nombreux sont ceux qui recherchent, dans le jeu vidéo, non pas un score, mais une disposition d'esprit particulière.

Le pilote d'une voiture de course n'ose pas détourner son attention de la route. La nécessité d'une concentration absolue fait partie du plaisir. Les jeux vidéo nécessitent le même niveau d'attention. Ils peuvent donner au joueur l'impression d'être toujours au bord du précipice. En effet, comme lorsqu'on se trouve dans une situation dangereuse, on n'a pas le temps de s'arrêter, et les conséquences d'une étourderie seraient désastreuses.» (Turkle, 1986, p. 73-74)

Si beaucoup des critiques envers les jeux concernent avant tout les jeux d'action, les autres catégories sont moins souvent discutées. Elles représentent pourtant plus de la moitié des ventes et ne doivent donc pas être négligées si l'on essaie d'établir un bilan global des jeux informatiques.

Les jeux d'aventure peuvent pour leur part contribuer à stimuler la créativité. En effet il est courant que le joueur puisse opérer au départ un certain nombre de choix et qu'en particulier les personnages soient en partie créés par les joueurs. Une autre caractéristique intéressante est que les personnages sont multidimensionnels. Dans le jeu appelé «WIZARDRY», par exemple, les personnages sont composés de différentes combinaisons de six qualités — la force, le niveau intellectuel, la chance, l'agilité, la vitalité et la piété — en plus de l'appartenance à une catégorie unidimensionnelle, comme les pièces d'échecs. Les personnages ont aussi des combinaisons de qualités externes, notamment des armures, des armes, de l'or et des sorts. Donc pour bien jouer à de tels jeux les enfants doivent comprendre la structure multidimensionnelle des personnages. Cette complexité des personnages est plus proche de la réalité. De plus les personnages peuvent évoluer au cours du jeu, acquérir de l'expérience et de nouvelles capacités. Ceci contribue à rendre ces jeux plus dynamiques.

Il est peu douteux que les jeux de simulation offrent des possibilités d'apprentissage impressionnantes. Dans certains cas ces logiciels permettent de rendre concrètes des notions beaucoup plus difficiles à présenter d'une autre manière. SIMCITY peut faire prendre conscience à l'enfant des problèmes d'urbanisme, des problèmes de l'environnement et notamment des interactions entre diverses décisions apparement indépendantes les unes des autres. Toutes ces acquisitions peuvent se faire dans un contexte ludique beaucoup moins rébarbatif qu'un manuel scolaire sur les mêmes questions.

Les jeux de réflexion enfin offrent également de nombreuses occasions d'apprentissage et permettent bien entendu d'exercer différentes capacités intellectuelles. Dans certains cas on est très proche des logiciels éducatifs qui ont été présentés en détail dans les chapitres précédents.

Dittler et Mandl (1994) ont pour leur part analysé les jeux informatiques d'un point de vue psychopédagogique; même si nos positions sont un peu différentes quant à la classification de certains jeux (en particulier TETRIS), leurs réflexions ont le mérite de reposer sur une analyse détaillée des jeux.

Pour terminer cette section consacrée aux apports des jeux vidéo, il faut citer les projets consistant à faire produire des jeux par les enfants eux-mêmes. La recherche menée par Kafai (1995) a montré que des enfants pouvaient réaliser des projets d'une relative complexité dans ce domaine, pour autant qu'on leur offre l'encadrement adéquat. Il s'agissait pour ces enfants de programmer des jeux à but éducatif (enseigner les fractions) avec un logiciel issu de la famille LOGO.

Dans le même ordre d'idée, on peut enfin mentionner KLIK & PLAY, un logiciel récent qui permet à l'utilisateur de créer son propre jeu, en définissant tous les paramètres de la situation (type de jeu, scénario, personnages, sons, scores, etc.), sans avoir à apprendre un langage de programmation. En construisant son jeu, le jeune utilisateur prend conscience des différents aspects qui constituent un jeu vidéo et il s'agit sans doute d'une activité très motivante, créative et éducative.

QUE PEUVENT FAIRE LES PARENTS, LES ÉDUCATEURS?

On a vu que les jeux peuvent présenter des dangers qu'il ne faut pas ignorer, mais que leur apport potentiel est tout aussi considérable. La responsabilité des adultes est donc très importante et ils ne sont pas démunis de possibilités d'intervention. La pire attitude serait probablement de se désintéresser de la question. Les parents devraient s'efforcer de garder le contrôle de la situation.

En premier lieu il est souhaitable de participer au choix des jeux, lors de l'achat de cassettes ou de disquettes de jeux. On veillera autant que possible à ce que chaque catégorie soit équitablement représentée parmi les jeux auxquels l'enfant peut avoir accès. Il est possible que l'enfant marque une nette préférence pour les jeux d'action. Toutefois il est très peu probable qu'un enfant ou un adolescent utilise un ordinateur uniquement pour y pratiquer des jeux de ce type. Tôt ou tard il sera intéressé par d'autres activités plus productives et moins stressantes. Si ce transfert d'intérêt ne s'opérait pas spontanément, ce serait sans doute la responsabilité des éducateurs de lui suggérer de pratiquer aussi les autres types de jeux.

Face aux effets néfastes possibles de certains programmes de télévision ou cassettes vidéo, les spécialistes suggèrent aux parents de visionner les films en compagnie des enfants, ce qui leur permet par exemple de dédramatiser la situation, de relativiser les réactions de certains personnages, de rappeler qu'il ne s'agit que d'une fiction, etc. De manière similaire on peut conseiller aux parents de partager à certains moments les jeux de leurs enfants, de leur proposer une partie d'un jeu prévu pour plusieurs joueurs. Cela pourrait aussi être l'occasion d'inverser les rôles traditionnels et de permettre à l'enfant d'apprendre quelque chose à ses parents.

Pour ce qui est plus spécifiquement de l'école, il est parfaitement possible d'y faire pénétrer les jeux vidéo, pour en parler, pour les étudier, à la manière de ce qui se pratique dans les cours sur les médias où on montre comment un même événement est traité par différents journaux.

Une comparaison entre différents jeux pourrait aussi permettre à certains élèves de prendre du recul par rapport à cette activité qui les fascine. Une telle activité peut aussi être l'occasion pour de moins bons élèves de se valoriser en démontrant leur expertise dans ce domaine.

Dans le cadre de certains cours, notamment en sciences naturelles ou en géographie, il est aussi possible d'utiliser des jeux pour démontrer un phénomène particulier.

Enfin on peut former le souhait que les auteurs de logiciels éducatifs s'inspirent des recettes mises au point dans le cadre de la programmation des jeux, afin d'augmenter l'attractivité et le caractère motivant des futurs didacticiels. Ceci permettrait de concurrencer de manière positive les jeux sur leur propre terrain et éviterait de gaspiller beaucoup d'énergie à lutter contre l'attrait des jeux vidéo, un combat pratiquement perdu d'avance.

Chapitre 6
Evolutions, tendances, perspectives d'avenir

Dans l'introduction à cet ouvrage nous avons à plusieurs reprises insisté sur la difficulté de faire un bilan ou des prévisions, tant le domaine est dynamique et les évolutions rapides. Néanmoins il nous semble utile de consacrer un chapitre aux tendances qui semblent actuellement se manifester.

Parmi les activités relativement nouvelles et qui concernent déjà, ou pourraient concerner, assez directement les enfants, nous avons retenu celles qui nous semblent promises à un développement important à l'avenir.

Quatre domaines nous paraissent dignes d'un exposé plus important :

1) les applications *multimédias*, dont l'émergence est relativement récente, grâce aux progrès techniques ; sur le marché on trouve maintenant des ordinateurs multimédias et les logiciels les plus récents tirent souvent parti des nouvelles possibilités. Nous avons choisi de nous en tenir ici à une définition stricte du terme «multimédia», alors qu'un usage plus vaste englobant également sous ce terme les applications de la télématique ou de l'enseignement à distance tend à se répandre, au moins dans la presse.

2) les *hypertextes*, documents d'un nouveau type, utilisés notamment pour des logiciels éducatifs de la dernière génération, et les *hypermédias*, extension du concept grâce aux progrès des ordinateurs multimédias signalés sous 1).

3) la *télématique*, et toutes les applications permises par les réseaux de type Internet, World Wide Web, etc., avec lesquels le grand public a commencé à faire plus ample connaissance depuis le début 1995.

4) L'*enseignement à distance* auquel le développement des télécommunications et les progrès mentionnés ci-dessus pourraient donner un second souffle.

MULTIMÉDIA

Le terme multimédia n'est pas nouveau, mais sa signification a assez profondément évolué ces dernières années. Jusqu'à une période récente, on entendait par «application multimédia» le fait d'utiliser plusieurs supports d'information (écrit, image, son, télévision, vidéo, ordinateur, etc.) d'une manière conjointe et, dans le meilleur des cas, coordonnée. Le montage audiovisuel où le son est synchronisé avec les diapositives en est un exemple simple et déjà relativement ancien. L'utilisation, un peu plus récemment, de la vidéo et d'un document d'accompagnement écrit entre aussi dans cette catégorie d'applications multimédias classiques.

Dans un dictionnaire entièrement consacré au multimédia, Herrelier définit ce terme dans son acception moderne comme «l'ensemble des techniques de manipulation des données telles que le son, les images, les photographies et les séquences vidéo. A l'origine, ces données étaient exploitées sur des supports, des médias, spécifiques : cassettes audio ou vidéo, disque, papier... d'où le terme multimédia. Aujourd'hui, ces différentes données peuvent être regroupées et traitées sur un même support : disque dur ou CD-Rom, par exemple.» (Herrelier, 1994, p. 167).

Les progrès techniques résultant de la numérisation et de la compression des données ouvrent des perspectives intéressantes pour les applications éducatives et les télécommunications, même si leur portée est difficile à évaluer avec précision. Les ordinateurs les plus récents peuvent en effet traiter en plus du texte, le son (CD-Rom), et les images, fixes ou animées. Les publicités pour les derniers modèles d'ordinateurs parlent souvent de machines multimédias en insistant sur cette véritable intégration des supports dans un seul appareil, comme l'illustre schématiquement la Figure 6.1 qui représente un modèle récent de micro-ordinateur multimédia, capable, non seulement de traiter les divers types d'informations mentionnées ci-dessus, mais permettant en plus de ces fonctions traditionnelles, d'une part d'écouter des CD de musique, de retoucher des photos, de regarder des émissions de télévision, et même

Figure 6.1 — Représentation schématique d'un ordinateur multimédia avec les périphériques qui peuvent lui être connectés et les différents types de données qu'il peut traiter.

de visionner ou d'éditer des documents vidéo, et, d'autre part, de communiquer à distance ou d'accéder à des bases de données lointaines.

En ce qui concerne le domaine éducatif, les recherches sur les médias dans l'enseignement ont démontré, depuis longtemps et de manière convaincante, la supériorité d'une présentation de la matière à l'aide de plusieurs supports plutôt qu'au moyen d'un support unique (texte, son, image, etc.). Greenfield pense que cette efficacité supérieure du multimédia s'explique entre autres par le fait que chaque support d'information met en évidence, du fait de ses caractéristiques propres, certains types d'information : « Par exemple, le film ou la télévision mettent l'accent sur l'action et des événements simultanés se produisant en parallèle. L'écrit, par contraste, accentue une relation linéaire, séquentielle entre les idées ou les événements. Ainsi, recevoir une information sur le même thème à travers des médias différents revient à se construire une connaissance de ce domaine à partir de différents points de vue. » (Greenfield, 1984, p. 167)

Exemples d'applications

Puisque l'idée de combiner différents médias est relativement ancienne, de nombreux exemples d'une telle utilisation de plusieurs médias dans l'enseignement peuvent être cités. Parmi ceux que mentionne Greenfield, les expériences les plus connues consistent à utiliser conjointement des émissions de télévision et l'écrit, des brochures venant suggérer aux éducateurs comment préparer le visionnement du programme et comment l'exploiter après coup. On peut compléter ce dispositif en y ajoutant des émissions de radio, où des spécialistes débattent du thème abordé dans le film. Une discussion en classe (ou à la maison) sur le même sujet permet alors aux enfants d'être actifs, en se posant des questions nouvelles, cherchant à prolonger la réflexion à des cas similaires, etc., ce qui ne peut que renforcer l'efficacité de l'apprentissage.

Une possibilité intéressante, consistant à faire jouer aux enfants le rôle de réalisateurs, a également été utilisée. La création de films vidéo permet ainsi de combiner diverses activités utilisant les divers médias pertinents : l'écrit pour l'écriture du scénario, l'ordinateur pour le traitement de texte, la caméra vidéo pour les prises de vues, etc.

Les nouvelles technologies permettent des applications plus ambitieuses. C'est ainsi que différents groupes de recherche ont créé des environnements riches tirant parti des facilités modernes, notamment le vidéodisque. Le programme PALENQUE en est un bon exemple (Wilson & Tally, 1990; Wilson, 1991). Il s'agit d'un environnement d'exploration qui se veut à la fois instructif et délassant pour des enfants de 8 à 14 ans. L'utilisateur devient membre d'un groupe d'archéologues et d'enfants qui explorent des ruines Mayas à la recherche de la tombe d'un ancien monarque. Le programme fonctionne en trois modes : exploration, musée et jeu. Dans le mode Exploration, l'utilisateur utilise une commande pour se déplacer dans un voyage virtuel à l'intérieur des ruines; une carte lui permet de situer sa position. Il peut aussi utiliser différents outils simulés (camera, boussole, enregistreur). Dans le mode Musée, l'utilisateur peut consulter une base de données comportant des informations relatives à sa recherche, sous forme de texte, de photos, de séquences vidéo. Enfin dans le mode Jeu, l'utilisateur peut par exemple reconstituer des objets dont seuls des fragments ont été retrouvés en divers lieux ou composer à partir de sons individuels tout un environnement sonore similaire à celui de la jungle visitée. L'aspect interactif du programme évite que les séquences vidéo soient simplement regardées d'une manière passive. L'utilisateur est contraint de prendre des décisions, de résoudre des problèmes.

L'apport de l'ordinateur est également spectaculaire, lors de l'utilisation de simulations qui accompagnent un enseignement de sciences naturelles, par exemple, et viennent compléter le cours et les démonstrations. Dans ce cas, les élèves peuvent se livrer à de véritables expérimentations simulées, en modifiant divers paramètres de la situation et en observant les effets qui en résultent. Cette activité vient compléter le cours et les indications du manuel.

Mais les nouvelles techniques permettent de pousser ces expériences plus loin en tentant de tirer parti de la véritable intégration des différents médias dans un but éducatif. C'est ainsi que le projet Multimedia Works a produit un logiciel destiné à permettre aux enfants d'être de véritables «compositeurs» de communications multimédias (Pea, 1991). Malgré les importantes difficultés d'un tel projet, on peut être certain que cette voie est pleine de promesses.

Hay et ses collaborateurs exposent les premiers résultats d'une expérience menée avec des enfants utilisant MEDIATEXT, un outil de composition multimédia (Hay, Guzdial, Jackson, Boyle & Soloway, 1994). Ils notent que la tendance des enfants est d'appliquer leurs connaissances de la rédaction et de produire un texte annoté au moyen des divers autres médias plutôt que de véritables compositions intégrant ces diverses contributions. On peut penser que ces défauts disparaîtront avec l'expérience croissante de modèles tirant parti des possibilités nouvelles.

Avantages et limites

C'est à une véritable explosion des applications qu'on assiste en ce moment et il est trop tôt pour en faire un bilan basé sur des indications scientifiquement fondées. Faut-il croire plutôt ceux qui mettent en avant les progrès fabuleux qui sont à notre portée ou ceux qui dénoncent les dangers de futures nouvelles exclusions, tant ces techniques risquent de ne concerner qu'une minorité de privilégiés? Il est bien difficile de trancher. Mais l'idée que le multimédia va changer notre vie, va changer le monde, semble progressivement s'imposer, au moins dans la presse.

Parmi les principaux avantages du recours au multimédia, Pea mentionne la similitude de la communication multimédia avec la communication face-à-face, le fait que ce type de message est moins restreint que l'écrit, que certains concepts sont plus faciles à communiquer par ce biais, que cette combinaison permet de respecter les préférences individuelles pour tel ou tel canal de communication et qu'elle permet la coordination de diverses représentations selon différents points de vue (Pea, 1991).

Toutefois les profonds changements dont on pressent l'émergence inquiètent certains. C'est ainsi que dans un récent dossier consacré à ces questions, un magazine français soulignait à la foi les progrès qu'on peut attendre et les problèmes qui pourraient se poser : « Le multimédia est le fruit des avancées technologiques de la numérisation. Dès aujourd'hui, la compression des données et des images permet de les faire circuler aussi aisément que la voix par le fil du téléphone. Les frontières géographiques et l'écoulement du temps seront bouleversés. Le rythme du travail, de l'apprentissage et des loisirs changé. D'arborescentes manières d'apprendre, d'originales formes de convivialité, d'affinités, d'expression sont en train de s'inventer. Elles modifieront profondément notre mode de vie, notre rapport à la culture et au savoir. Mais ce « meilleur des mondes » risque tout autant de faire naître de modernes exclusions et d'inédites formes de manipulation, d'autisme, d'égoïsme et de désincarnation. » (Armanet, Armanet & Chiquelin, 1995, p. III) Le danger de creuser plus profondément le fossé séparant ceux qui ont accès aux technologies modernes de ceux qui n'y ont pas accès, que ce soit à l'intérieur de nos sociétés ou entre les pays du Nord et ceux du Sud ne doit pas être sous-estimé. S'il ne concerne certes pas les seules applications multimédias, il devient en quelque sorte plus prégnant quand on les considère.

HYPERTEXTE / HYPERMÉDIA

A côté des textes classiques dont l'une des caractéristiques est d'être linéaires, on a vu apparaître il y a quelques années des livres interactifs où la suite de l'histoire dépend des choix effectués par le lecteur. La souplesse des nouveaux médias a permis de généraliser cette manière de faire et de présenter un ensemble d'informations sous différents angles, en laissant au lecteur le soin de demander des compléments d'information sur les sujets pour lesquels il en ressent le besoin.

Pour désigner un tel texte, Nelson (1974) a utilisé le terme « hypertexte ». Il a pour principaux attributs d'être non linéaire et dynamique, c'est-à-dire incluant des renvois, par exemple à d'autres textes, mais aussi à des définitions ou des illustrations, voire des séquences vidéo, etc.

Un hypertexte peut être représenté comme un réseau de nœuds (documents ou logiciels) connectés les uns aux autres par des liens dont la signification peut être de divers types. Dans de nombreuses implantations

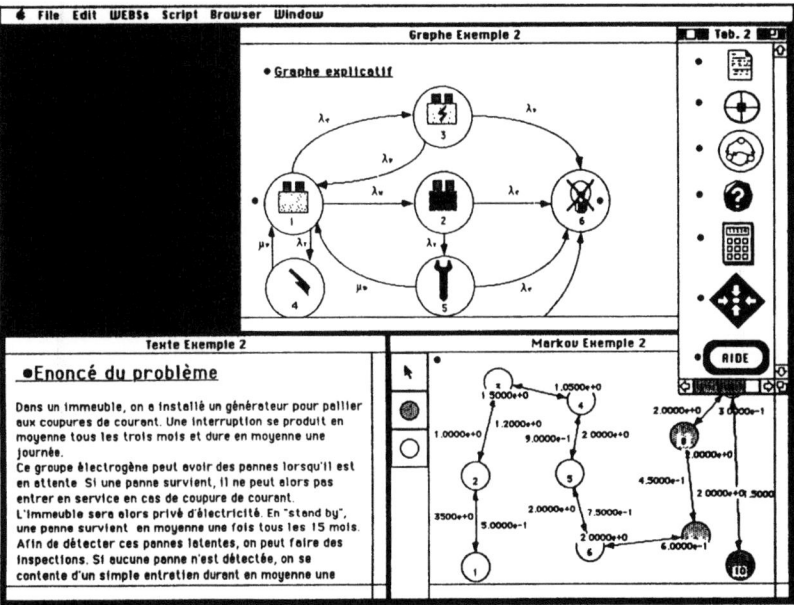

Figure 6.2 — Un écran de l'ordinateur lors de l'utilisation d'un hypertexte, avec différentes fenêtres montrant plusieurs facettes du contenu traité. Tiré de : Pasquier & Monnard (1995).

sur ordinateur, un hypertexte prend la forme d'un ensemble de multiples fenêtres sur l'écran de l'ordinateur, reliées à une base de données. Les logiciels qui tournent sous le programme Hypercard sont des exemples simples d'hypertextes. Pasquier et Monnard (1995) parlent eux de « livre électronique » pour désigner les documents dont ils ont conçu la réalisation et fourni plusieurs exemples convaincants.

D'une manière plus précise, on parle d'hypermédia pour indiquer que le document en question peut inclure une variété de représentations symboliques autres que des textes. La spécificité d'un hypermédia réside dans les liens existant entre les différents nœuds du réseau, ces nœuds étant eux-mêmes des documents plus ou moins complexes (textes, images, graphiques, etc.). Les liens existant entre les différents nœuds permettent à l'utilisateur d'appeler le contenu d'un document à partir d'un autre, par exemple pour obtenir une définition, un complément d'information ou pour déclencher des opérations sur les données en cours d'examen. La Figure 6.2 montre à quoi peut ressembler l'écran de l'ordinateur lors de l'utilisation d'un livre électronique.

La plupart des applications actuelles sont de simples systèmes de recherche d'information. L'utilisateur est en présence d'une base de données déjà structurée et peut naviguer librement à travers cette information.

La différence essentielle avec un texte ordinaire réside dans la souplesse d'utilisation d'un hypertexte. Il y a autant de lectures d'un hypertexte que de lecteurs ! En effet le lecteur est libre de parcourir l'information dans l'ordre qui lui convient. Cela oblige entre autres l'apprenant à faire des choix, à réfléchir à la manière dont il comprend ce domaine.

Avantages

L'obligation pour l'utilisateur d'opérer des choix peut avoir pour effet d'inciter les élèves à penser non seulement aux idées elles-mêmes, mais à la manière dont elles sont structurées et reliées les unes aux autres (Salomon, 1988).

Selon certains auteurs l'utilisation d'hypertextes aurait pour effet de faciliter le transfert de connaissances complexes à d'autres situations. En effet une telle flexibilité nécessite la représentation des connaissances selon de multiples dimensions. C'est le fait qu'un thème puisse être appréhendé de différentes manières en ayant recours à différents concepts qui serait bénéfique, selon Spiro et Jehng (1990). Les recherches sur la manière de lire des experts des domaines considérés, confortent ce point de vue ; ces meilleurs spécialistes parcourent les textes de manière très sélective, prenant des décisions fondées sur leur connaissance du domaine pour lire certains passages plus attentivement, d'autres plus superficiellement, etc. Il est fréquent qu'ils reviennent en arrière, sautent des passages, etc. Leur lecture peut donc être qualifiée de non linéaire.

Limites

La question qu'on peut se poser c'est de savoir si les hypertextes sont également adaptés à la découverte d'un domaine nouveau par des utilisateurs novices, et si ceux-là peuvent aisément se faire une représentation globale du domaine à partir de cette seule base. Certains élèves pourraient n'avoir aucune idée de ce qu'il faut chercher, quelles décisions prendre et ne pas profiter par conséquent des facilités offertes. Parmi les risques liés à l'utilisation des hypertextes dans l'apprentissage, Pochon (1993) indique que l'utilisateur peut se perdre dans la masse des informations disponibles.

Une utilisation exclusive est donc sans doute à déconseiller. Les hypertextes peuvent être un utile complément, sans doute parmi les plus prometteurs.

On commence à peine à étudier avec rigueur les conduites de navigation dans les hypertextes et leurs effets sur l'acquisition de connaissances. Il faudra encore attendre quelques années pour avoir les premiers résultats significatifs dans ce domaine.

TÉLÉMATIQUE, MESSAGERIE, RÉSEAUX

La messagerie électronique n'est pas une nouveauté. La première connexion entre deux ordinateurs distants par le biais du réseau téléphonique a été réalisée en Californie en novembre 1969, entre les universités de UCLA (Los Angeles) et de Stanford (près de San Francisco), soit à une distance de plus de 600 kilomètres. Le projet a été financé au départ grâce à des crédits militaires, vu l'importance stratégique d'un tel système de communication permettant l'intégration de nombreuses sources d'information pour la prise de décision.

Les universités américaines ont été interconnectées dans un premier temps, puis le réseau a été progressivement étendu à l'ensemble du monde académique à travers le monde. Ce réseau permettait avant tout la transmission d'informations numériques ou alphanumériques, qu'il s'agisse de courts messages ou de documents d'un volume plus important. Pour les universitaires il s'agissait avant tout de pouvoir échanger des informations, remplaçant avantageusement le courrier ordinaire ou le téléphone. L'avantage essentiel réside dans la rapidité de ces transmissions. Une autre possibilité intéressante consiste à travailler conjointement sur un texte malgré l'éloignement géographique.

Bien plus tard, dans le courant des années 80, des réseaux commerciaux ont été créés. Auparavant réservée aux spécialistes des centres de recherche, puis des universités, la communication par le truchement de l'ordinateur a maintenant fait son apparition dans les entreprises et les administrations.

L'année 1995 aura été marquée par l'irruption pour le grand public du réseau Internet, un nom qui est en train de devenir un terme du vocabulaire courant, de nombreux articles de journaux ayant popularisé cet usage de l'informatique. Les lecteurs intéressés plus spécifiquement par ce thème trouveront d'intéressantes précisions dans un ouvrage de Dufour

(1995) qui a décrit succinctement les différents aspects de ce réseau et les manières d'y accéder.

La récente création du World Wide Web a encore considérablement renforcé cette tendance. Ce logiciel permet en effet non seulement de lire les informations de son choix, mais aussi de créer son propre document accessible sans frais (pour l'instant!) aux autres utilisateurs.

La télématique est même devenue aujourd'hui accessible à chacun, par l'entremise des «cybercafés» et autres «world-cafés», des établissements publics qui ont décidé de proposer des terminaux dans leur arrière-salle à l'intention des intéressés.

Du fait de la popularité croissante de ce nouveau moyen de communication, les universités, mais aussi de nombreuses institutions ou sociétés privées, ont trouvé là l'occasion de mieux se faire connaître du grand public. De nombreux journaux, des magazines ont également créé leur version sur le réseau. Des hommes politiques font connaître leur programme par ce biais.

Ce qui a fortement contribué à ce succès récent de la télématique, c'est sans doute le fait qu'on peut désormais transmettre non seulement des textes, mais aussi des images en couleur, des sons, des documents beaucoup plus attractifs que les communications permises par les premières versions des réseaux.

On ne peut passer sous silence le succès du Minitel français qui fonctionne de manière très similaire aux réseaux reliant les universités depuis le début des années 80. La spécificité du Minitel réside dans le fait qu'il a été installé d'emblée dans la quasi totalité des foyers français, donnant ainsi au grand public un avant-goût des services que peut rendre la télématique, même si l'interface de la première génération est aujourd'hui techniquement dépassée. Cette expérience a aussi montré que de très nombreuses personnes, sans aucune formation spécifique en informatique, pouvaient utiliser avec profit de tels appareils.

La portée exacte des transformations en cours est difficile à évaluer. L'apparition de la télématique a été qualifiée par certains d'événement plus important que l'invention de l'imprimerie. Ce que nous connaissons aujourd'hui ne constitue à coup sûr que les premiers balbutiements de la télématique. Les progrès à venir sont difficiles à préciser, même si des ouvrages cherchent à déceler ce qui pourrait advenir dans différentes directions; c'est ainsi que Rada (1995) décrit les évolutions techniques, alors que Negroponte (1995) se livre à une évaluation critique des différents médias et tente de prévoir l'évolution des usages qui en seront faits;

Turkle, quant à elle, à travers ses observations et les entretiens qu'elle a eus avec les utilisateurs des systèmes d'échange par les réseaux, examine les bases de la nouvelle «culture de la simulation» et la «reconsidération de l'identité humaine» à laquelle la télématique contraint ses usagers (Turkle, 1995).

Les gigantesques projets appelés «autoroutes de l'information» font déjà l'objet de négociations entre les gouvernements des pays industrialisés; le fait que les grandes entreprises cherchent à se positionner dans ce nouveau domaine d'activité très prometteur est un indice supplémentaire qu'une transformation importante, sinon une révolution, se prépare.

Diverses applications avec les enfants

Des expériences d'utilisation de la télématique ont également été menées avec des enfants, dans le cadre scolaire ou en dehors de ce contexte. Des applications très diverses de communication informatisée peuvent être citées (Salomon, 1992). Il peut s'agir de liaisons ayant un caractère local ou au contraire international (Levin, Riel, Miyake & Cohen, 1987); différentes machines peuvent être connectées à une même base de données ou on peut créer une nouvelle base de données locale (Newman, Griffith & Cole, 1989); on peut être connecté aux réseaux les plus généraux (Internet, WWW) ou créer un réseau particulier dans un but précis; on peut simplement ajouter l'accès au réseau à un enseignement traditionnel ou au contraire profiter de l'introduction de ces facilités pour créer des environnements d'apprentissage entièrement nouveaux (Riel, 1985). Une telle diversité ne facilite guère les comparaisons et rend difficile l'énoncé de remarques générales valables dans tous les cas. C'est pourquoi, plutôt que de tenter une revue exhaustive des expériences, nous prenons le parti de ne signaler que quelques expériences dont nous avons eu connaissance et qui nous semblent présenter un intérêt.

Dans sa revue des travaux sur l'apprentissage à travers les réseaux, Harasim (1994) mentionne différents synonymes de ce type d'activité : «online education, virtual classroom, learning networks». Un ouvrage a été consacré plus spécifiquement aux applications éducatives des réseaux informatiques (Hiltz, 1994). Les caractéristiques de ces systèmes sont de permettre une communication de groupe, indépendante du lieu où se trouvent les utilisateurs comme du moment où l'interaction a lieu. Pour l'instant la plupart des interactions sont basées sur des textes ce qui a pour effet secondaire (involontaire, mais bienvenu!) de valoriser les capacités de lecture et d'écriture. Mais il est hautement probable que d'autres types d'informations seront prochainement courantes dans les communications entre enfants.

Harasim met en évidence des approches d'apprentissage rendues possibles par le recours aux réseaux et effectivement pratiquées dans les expériences citées. C'est ainsi que les élèves peuvent recourir aux compétences d'un expert du domaine dans lequel ils travaillent, se faire superviser par un tuteur, interagir avec des élèves de même niveau mais se trouvant dans un autre lieu, travailler dans le cadre d'activités de groupe structurées, et avoir accès aux ressources du réseau (bases de données, encyclopédies, bibliothèques, etc.).

Quelques exemples d'expériences

L'une des premières expériences du genre est sans doute celle tentée dès les années 80 à l'initiative de Michael Cole. Au cours d'un voyage à Moscou en 1983, il a suggéré à ses interlocuteurs soviétiques de permettre à des enfants de Moscou et de San Diego de pratiquer conjointement un jeu éducatif informatisé. Le profit d'une telle activité conjointe avait été démontré par une première expérience entre enfants de San Diego et de l'Alaska. Le projet a pu aboutir malgré la méfiance des autorités politiques; cette méfiance se traduisait notamment par le fait que les messages rédigés par les élèves de Moscou étaient contrôlés par un officier du KGB avant d'être envoyés (Belyaeva & Cole, 1992). Ce projet novateur a été baptisé « Velham project » par contraction du nom des deux responsables qui en ont facilité le démarrage malgré les tensions existant à cette époque entre les deux pays (MM. Velikhov et Hamburg). On doit noter que les échanges n'ont pas été exclusivement réservés aux enfants mais que ce sont les chercheurs des laboratoires impliqués qui en ont profité le plus durablement, pouvant mener de véritables recherches conjointes. A vrai dire cette collaboration était dès le départ dans les objectifs des initiateurs du projet (Belyaeva & Cole, 1989; 1992).

De manière similaire, un réseau interculturel a été mis sur pied pour permettre à des élèves de quatre pays très éloignés les uns des autres (Etats-Unis, Israël, Japon et Mexique) de partager leurs expériences sur un thème commun : le problème de la pénurie d'eau (Levin, Riel, Miyake & Cohen, 1987). Evidemment ce problème a une acuité variable, et il se pose dans des termes très différents, selon les régions. Les échanges par le biais du courrier électronique contribuent selon les auteurs à apprendre aux élèves à transférer des solutions utilisées ailleurs à leurs propres problèmes, ce qui peut les aider également à surmonter les difficultés du transfert de connaissances d'un domaine à un autre. Levin et ses collègues expriment la conviction que de telles pratiques peuvent d'une part aider les élèves à dépasser les frontières qui séparent le monde de l'école du reste de la société et d'autre part avoir un impact révolutionnaire sur l'éducation en permettant une nouvelle incarnation des méthodes d'apprentissage qui avaient cours avant la création des systèmes scolaires, sous le nouveau nom de «téléapprentissage» («teleapprenticeship»).

La parution en automne 1995 d'un numéro spécial de la revue «Computers and Education» consacré à divers exemples d'exploitation pédagogique du courrier électronique témoigne du fait qu'on assiste depuis quelques années à une multiplication des tentatives dans ce sens. On trouve dans ce numéro spécial plus d'une dizaine d'articles relatant des expériences très diverses comme l'utilisation d'un service de messagerie en Swahili, une langue d'Afrique de l'Est (Kuntz, 1995), ou le soutien aux enseignants pour l'adaptation locale de programmes éducatifs diffusés sur le réseau (Stahl, Sumner & Owen, 1995). Le foisonnement des expériences de télécommunication est également attesté par un ouvrage récent qui fait le point sur différents projets européens (Cohen, 1995).

En Suisse une expérience de «télématique à l'école obligatoire», baptisée «Edutex», permet à vingt classes de communiquer. Chaque classe a présenté par ce moyen son école, son village, sa commune, son environnement, et un mensuel a été créé sur vidéotex (le minitel suisse). Les objectifs sont à la fois pédagogiques, socioculturels et techniques. Les échanges avec des classes travaillant dans l'une des autres langues nationales viennent justifier et valoriser l'apprentissage de la langue seconde; ils jouent à l'évidence un rôle important dans un pays formé de plusieurs communautés linguistiques. Un rapport récent vient de faire le point sur la situation suisse dans le domaine de la télématique (Behrens, 1996).

L'école active de Malagnou à Genève coordonne un projet international nommé PanGea qui vise à mettre en communication différentes écoles à travers le monde, par divers médias (courrier ordinaire, fax, courrier électronique). Le thème retenu pour ces échanges est l'écologie au sens large du terme. Les élèves envoient leurs documents dans leur propre langue. Pour ne mentionner que cet exemple, des classes brésiliennes ont pu entrer directement en contact avec des classes de la région de Genève. Selon le récit que nous en faisait un enseignant impliqué dans cette expérience, les enfants portugais immigrés en Suisse trouvaient dans cette activité l'occasion de se valoriser car eux seuls pouvaient interpréter les messages en provenance du Brésil. Si un tel spécialiste de la langue du message n'existe pas dans une classe, ce sera l'occasion d'entrer en

124 L'ENFANT ET L'ORDINATEUR

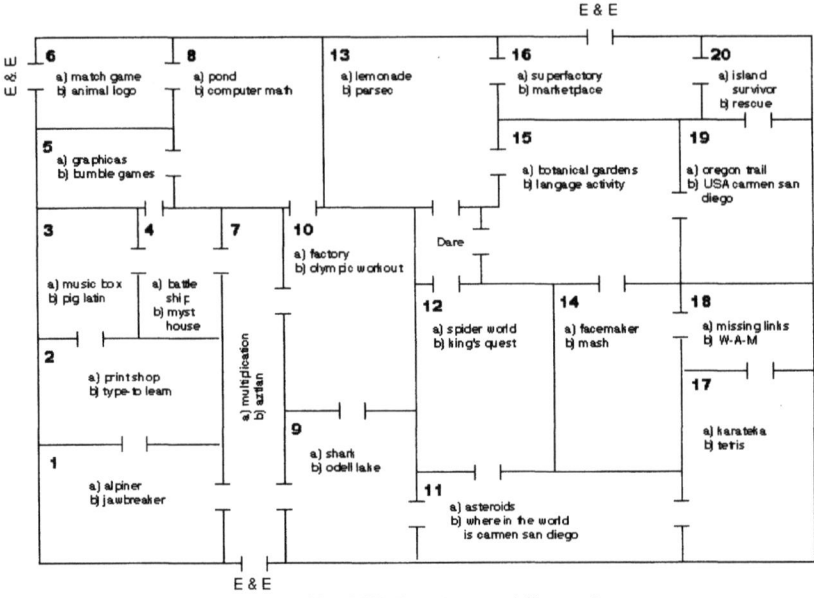

Figure 6.3 — Le plan du labyrinthe du projet «Fifth Dimension» tel qu'il est proposé aux jeunes participants. Par leurs performances aux tâches proposées dans chaque case, les enfants progressent dans le labyrinthe. Tiré de : Nicolopoulou & Cole (1993).

contact avec des représentants de la communauté de ce pays vivant dans la région pour être à même de poursuivre la communication.

Apparenté au précédent, le projet Mosaïca propose aux écoles qui disposent de l'équipement nécessaire (en plus de l'ordinateur et de l'accès au réseau, possibilité de visioconférence et équipement de robotique, tel que LEGO-LOGO) d'échanger des projets dans le domaine de la robotique.

Le groupe de San Diego a poursuivi ses efforts qui ont pris la forme du projet baptisé « 5e dimension ». Dans le cadre d'un club de loisirs pour filles et garçons de 6 à 12 ans après les heures d'école, il s'agit d'offrir aux enfants la possibilité de réaliser différentes occupations ; sur chaque site, 40 logiciels permettent de pratiquer des jeux ou d'autres activités éducatives (des recherches dans le WWW, la consultation d'une encyclopédie, etc.) et d'acquérir ainsi des compétences nouvelles permettant de progresser dans un parcours matérialisé par un labyrinthe (Nicolopoulou & Cole, 1993). La Figure 6.3 représente un plan du labyrinthe avec l'indication des principales activités offertes aux différentes étapes du parcours.

Des étudiants participent également aux sessions du club, qui comptent pour eux comme partie d'un cours intitulé «Travaux pratiques de développement de l'enfant»; leur rôle est d'observer ce que font les enfants et d'en tirer une synthèse qui sera discutée en séminaire. Dans certains cas ils peuvent aussi apporter des informations aux enfants confrontés à un problème particulier; d'autres fois ce sont les enfants les plus expérimentés qui leur expliquent une activité. Les enfants entretiennent un contact permanent avec un personnage appelé le Wizard, superviseur bienveillant du jeu. Ils rapportent à ce tuteur abstrait leurs réflexions sur la manière de résoudre tel ou tel problème, ce qui a pour effet de favoriser la réflexion sur leurs processus de pensée, de consolider leurs connaissances et leur métaconnaissance. Le but de l'enfant est de pouvoir postuler au titre d'Assistant du Wizard, une fois qu'il aura passé par toutes les pièces du labyrinthe, en fonction des règles du système. Ce titre n'est pas qu'honorifique, il donne aussi accès à certains logiciels et à la communication avec d'autres sites; de plus les Assistants du Wizard ont des responsabilités particulières et doivent notamment aider leurs camarades moins avancés.

Alan Kay relate une expérience entreprise dans une école de Los Angeles, et cherchant à aider les enfants à comprendre que les animaux, les personnes et les situations font partie de vastes systèmes en interaction (Kay, 1991). Le travail est centré sur des problèmes relatifs à l'écologie et à la biologie et fait découvrir aux élèves le fonctionnement d'une grande ville, selon les idées initiées par Doreen Nelson (Nelson & Braun, in press). Des activités pratiques en relation avec ce thème ont été favorisées, si bien que, par exemple, ces enfants de 9-10 ans ont créé un jardin après avoir retiré une partie de l'asphalte recouvrant le terrain de jeu de l'école. Le plan du jardin a été déterminé après que différentes variantes aient été simulées sur ordinateur; c'est un ensemble d'allées en forme d'arête de poisson qui a été retenu pour permettre le meilleur accès à chaque emplacement du jardin.

Brown, Ellery et Campione (in press) décrivent une expérience d'utilisation de la messagerie électronique à l'école dans le cadre d'un enseignement des sciences. L'approche pédagogique est celle de la «Communauté des apprenants». Les élèves doivent mener une enquête, chercher des informations sur divers sujets scientifiques, par exemple en écologie. Pour cela ils peuvent faire appel à des experts qui se sont déclarés d'accord d'apporter leur concours à l'expérience. Le projet est aussi basé sur la coopération entre enfants de divers degrés scolaires. L'activité comporte, outre la communication à travers la messagerie électronique, des visites au musée, donnant ainsi l'occasion d'un contact personnel avec l'un des experts. Selon les auteurs, différents facteurs peuvent contribuer à une utilisation efficace du dispositif prévu. Parmi ceux-ci figurent notamment la robustesse du système (de trop nombreuses pannes découragent les élèves), la rapidité de la réponse (les plus jeunes élèves y sont surtout sensibles), la possibilité de voir des adultes utiliser eux-mêmes régulièrement ce moyen de communication, le fait de connaître d'une manière ou d'une autre la personne qui répond aux messages et la présence d'un objectif clair assigné à la communication.

Enfin signalons que devant la multiplicité des applications de ce type, une chercheuse américaine a publié récemment un guide pratique fournissant des exemples d'utilisation du réseau à des fins éducatives, des idées, et de nombreuses adresses (électroniques, mais aussi numéros de téléphone et de fax) permettant de trouver des informations pour mettre en pratique ces activités (Ellsworth, 1995).

Avantages

Les aspects positifs les plus évidents de la télématique résident dans la possibilité d'avoir accès à des connaissances de diverses natures sans avoir besoin de se déplacer dans des bibliothèques, vidéothèques, etc. Ces avantages seront très appréciés de tous ceux qui vivent ou travaillent loin d'un grand centre urbain. La télématique peut également rendre plus facile le travail à domicile et diminuer la nécessité de se déplacer, allégeant d'autant les problèmes de trafic dans les grandes villes.

L'un des apports méconnus de la messagerie électronique a été de redonner, à certaines personnes souffrant d'un handicap sensoriel, la possibilité de communiquer ou même de travailler. C'est ainsi que Vinton Cerf, l'un des pères d'Internet apporte le témoignage suivant : « Ma femme est totalement sourde, elle ne peut absolument pas utiliser le téléphone. Aujourd'hui elle dialogue avec ses amis sur Internet. Elle peut enfin communiquer, y compris avec notre fils, qui habite en Californie. Le courrier électronique a ouvert un nouveau chapitre de l'histoire de notre famille » (Zecchini, 1995).

Paradoxalement le développement des télécommunications par l'entremise de l'informatique a redonné un certain modernisme aux activités de lecture et d'écriture : pour communiquer à travers les réseaux il faut rédiger son message, formuler ses questions ; on peut y voir une certaine revanche de l'écrit. Mais cette nouvelle vogue de la formulation écrite pourrait n'être que provisoire; plusieurs auteurs bien informés nous prédisent que bientôt les claviers de nos ordinateurs joueront un rôle moins important, qu'on pourra transmettre des commandes par la voix et même que l'ordinateur reconnaîtra son utilisateur et réagira à ses mimiques (Negroponte, 1995).

En ce qui concerne les potentialités des réseaux pour les applications éducatives, Harasim cite plusieurs aspects encourageants dans les résultats des recherches qu'elle a examinées (Harasim, 1994). Les enfants sont naturellement amenés à rechercher des informations, en formulant des questions à des interlocuteurs et en discutant les réponses obtenues. Chacun peut travailler à son propre rythme. Le relatif anonymat favorise aussi la participation active. Les maîtres impliqués dans ce type d'expérience ont généralement indiqué qu'ils se sentaient revitalisés par le fait de pouvoir proposer de nouvelles possibilités d'apprentissage à leurs élèves.

Salomon pense lui que la communication à travers les ordinateurs a un effet d'égalisation des statuts sociaux, l'accès étant offert indifféremment à chaque membre du groupe (Salomon, 1992). Il estime que l'effet majeur de l'introduction des réseaux est qu'il contraint à modifier d'autres paramètres de la situation scolaire (programme, objectifs, rôle de l'enseignant, activité des élèves). L'usage du réseau implique selon lui le travail en groupe, l'échange libre d'information entre groupes et la recherche coordonnée. Il ne peut donc se concevoir comme une simple adjonction à une pratique traditionnelle. En fait le recours à un réseau est basé sur l'hypothèse que l'apprentissage est une activité partagée socialement, selon des idées tirées de la théorie de Vygotsky.

Enfin Kay (1991) mentionne six avantages de l'utilisation des ordinateurs en réseaux pour l'enseignement : l'interactivité qui sera encore facilitée par une amélioration de l'interface; la possibilité de transmettre n'importe quel type de connaissances; la possibilité de présenter l'information sous différents aspects qui contribue à une meilleure compréhension des idées; la possibilité de remplacer les représentations statiques des idées par des simulations dynamiques et vivantes, à l'aide desquelles on peut confronter des théories contradictoires; la capacité de modélisation des ordinateurs; l'accès par le réseau à une «bibliothèque universelle» qui mettra à la portée de chacun des moyens aujourd'hui inaccessibles pour beaucoup. «Ces avantages seront particulièrement intéressants pour les enfants, car les petits citadins participent aujourd'hui uniquement à la forme et non au fond de la plupart des activités des adultes : comparez les connaissances qu'acquièrent les petites filles des villes en jouant à la poupée et celles des enfants qui, dans une ferme, s'occupent d'un petit veau, par exemple ; or les ordinateurs aident les enfants à avoir accès au fond : les écoliers et les étudiants utilisent leurs ordinateurs comme les informaticiens — ils interagissent, simulent, comparent et critiquent, ils créent de nouvelles connaissances qu'ils partagent avec d'autres.» (Kay, 1991 p. 112)

Soulignons toutefois que ces avantages ne se produisent pas tout seuls. La machine ne suffit pas, elle permet seulement de nouvelles activités. Il faut en plus un projet, une conception pédagogique novatrice.

Limites

Il n'y a pas que des aspects positifs dans le développement des communications. Alors que les problèmes concernant l'écrit ont été résolus de manière relativement satisfaisante, en protégeant à la fois la liberté d'expression, mais en tentant d'éviter les usages abusifs, notamment auprès des enfants, sans recourir à une censure excessive, les mêmes problèmes resurgissent à propos du nouveau média. Certains s'émeuvent, par exemple, du contenu violent ou pornographique de certains logiciels de jeu. Lors de la vague d'attentats qu'a connus la France en été 1995, on a signalé l'existence sur le réseau de fichiers indiquant comment construire une bombe similaire à celles qui ont été réellement utilisées. Comment se protéger de ce type de communications indésirables ?

Le manque de contrôle des informations circulant sur le réseau est une autre préoccupation souvent signalée. Le récepteur d'un message n'a pas la possibilité de s'assurer de la véracité, de l'exactitude des informations qu'il reçoit par ce biais ; il n'a pas les mêmes points de repère pour juger de la plausibilité d'un fait que dans le cas de la presse. L'authenticité d'une communication étant difficile à déterminer, on peut imaginer que des personnes malveillantes puissent tirer parti de l'anonymat relatif de la télécommunication pour créer, par exemple, des situations conflictuelles dans des institutions concurrentes.

Dans un tout autre domaine, on a pu observer un autre effet de la transmission en temps réel des informations. C'est la prise de décision automatique de certains logiciels recevant des informations par l'entremise du réseau qui semble ainsi avoir amplifié la chute des cours de bourse lors de la dernière grande crise boursière.

Alors qu'on peut espérer que les nouvelles technologies permettent d'abolir à terme les disparités sociales et culturelles, il semble que dans un premier temps, elles aient plutôt eu pour effet de creuser les fossés entre ceux qui y ont accès et ceux qui en sont privés, aussi bien entre individus dans les pays développés, qu'entre les pays du Nord et les pays du Sud (Stiel, 1995).

Pour en revenir à des préoccupations plus proches des enfants ou des adolescents, on peut relever parmi les limites des réseaux le fait que, selon Kay, «les élèves profiteront des ordinateurs interconnectés en réseaux si on leur apprend à analyser les faits et à se lancer dans des entreprises difficiles» (Kay, 1991, p. 104). Interprétée négativement, cette phrase peut signifier que, si ces conditions ne sont pas remplies, par exemple si on se borne à amener l'ordinateur dans une classe dont le fonctionnement ne serait pas modifié, les élèves n'en tireront pas réellement profit.

ENSEIGNEMENT À DISTANCE

Sur le plan éducatif, des expériences d'enseignement à distance ont eu lieu depuis longtemps. En France, par exemple, le Centre national d'enseignement à distance (CNED) a été créé en 1939 pour faire face à la situation des jeunes réfugiés de l'exode au début de la deuxième guerre mondiale. Il a depuis lors travaillé surtout pour des publics défavorisés ou ayant des difficultés d'apprentissage.

Le courrier, la radio, la télévision ont été abondamment utilisés pour permettre une formation ne nécessitant pas la présence simultanée de l'enseignant et des apprenants. Il est clair que les nouvelles facilités offertes par la technologie moderne peuvent sensiblement renforcer ces tentatives et enrichir la palette des contenus qu'on peut offrir, tout comme elles peuvent élargir l'éventail des formules possibles.

C'est ainsi que des expressions comme «classes virtuelles», «online education» ont vu le jour. Le modèle d'organisation le plus immédiat consiste à permettre aux apprenants de rester chez eux sans perdre l'accès aux apports de l'enseignant, à divers documents que ce dernier juge pertinents et à un suivi interactif de ses productions. Ce type d'organisation semble plus intéressant dans le cas d'adultes désirant acquérir une formation relativement spécialisée, que pour la formation élémentaire d'enfants ou d'adolescents.

C'est surtout l'interactivité permise par les appareils modernes qui apportera le plus d'éléments nouveaux dans les manières de pratiquer l'enseignement à distance. Elle permettra de développer un accompagnement plus personnalisé des apprenants, s'apparentant au tutorat; les usagers du système pourront désormais communiquer plus directement avec les professeurs, voire avec d'autres élèves. L'utilisation de vidéotransmissions interactives, au cours desquelles les personnes inscrites à la formation peuvent intervenir en direct, par fax ou téléphone, dans le déroulement de l'activité, voire de visioconférences, où des petits groupes d'élèves et de professeurs peuvent entrer en interaction à distance grâce à un simple micro-ordinateur muni d'une caméra et branché sur le réseau, font partie des nouvelles possibilités utilisées dans l'enseignement à distance.

La communauté européenne a lancé en 1988 un grand projet nommé DELTA (Developing European Learning through Technological Advances) pour explorer notamment les possibilités dans le domaine de l'enseignement à distance. Bien que la plupart des efforts dans ce domaine concernent avant tout les adultes (études de base ou formation continue), ce type d'effort peut aussi avoir des retombées intéressantes sur les applications concernant les enfants. On peut penser que les progrès enregistrés récemment dans la qualité des documents multimédias qu'on peut produire et diffuser à distance vont donner un coup de fouet à ce type de réalisations.

Le CNED vient également de mettre sur pied un projet de «campus électronique». «A partir d'un serveur situé à Poitiers, le projet vise à rendre accessibles, sur les réseaux existants (Internet, réseaux câblés, etc.), l'ensemble des fonctions disponibles sur un campus réel : accueil, bilan des compétences, conseils d'orientation, catalogue des formations, bibliothèque, centre de ressources, etc.» (Piot, 1995)

Nos sociétés resteront sans doute attachées à l'organisation d'institutions de type scolaire qui jouent un rôle de socialisation, d'intégration des enfants dans un contexte plus vaste que le cadre familial, et qui facilitent les activités professionnelles des parents. Supprimer l'école sans la remplacer par d'autres organisations similaires semble improbable à moyen terme, malgré les utopies d'auteurs comme Illitch, les critiques de Papert, etc. Mais il est très vraisemblable que l'école continue à perdre de plus en plus le monopole de la transmission des connaissances, tant la palette des formes d'éducation semble devoir s'enrichir de multiples solutions nouvelles. L'école devra donc redéfinir sa place dans un système plus vaste et diversifié.

Chapitre 7
Des effets de l'utilisation de l'ordinateur par les enfants

Nous avons jusqu'ici examiné les différents usages possibles de l'ordinateur par des enfants et posé le problème de la valeur éducative de ceux-ci. Mais la question des effets réels qu'on peut attendre de l'ordinateur sur le développement intellectuel, social et affectif des enfants n'a encore été qu'effleurée; c'est à elle que nous allons nous attaquer maintenant, en essayant de répondre aux principales interrogations que formulent parents et enseignants à propos de l'ordinateur, de son intérêt et des éventuels dangers qu'il pourrait présenter pour l'enfant, la classe ou l'enseignement.

Toute innovation de cette importance suscite en effet volontiers les espoirs les plus fous et les craintes les plus profondes (Lepper & Gurtner, 1989). L'ordinateur n'échappe pas à cette règle. Ainsi, à ceux qui prédisent des progrès incomparables dans les connaissances des enfants répondent ceux qui craignent qu'un tel outil ne sonne le glas de certaines matières. A ceux qui espèrent voir les enfants apprendre enfin à penser, à maîtriser les processus intellectuels supérieurs, s'opposent ceux qui craignent un démantèlement des apprentissages de base, comme le calcul, la lecture ou l'orthographe. Ceux encore pour qui l'ordinateur offre un moyen de mettre en communication des enfants de régions ou de pays différents, voire de langues ou de cultures différentes, s'entendent opposer le risque d'isolement des enfants et de privation des interactions sociales si nécessaires pourtant à leur développement. Ceux enfin qui, invoquant la capacité de l'ordinateur de s'adapter au rythme et aux approches de chacun, voient en lui un moyen de remédier aux inégalités intellectuelles et sociales, rencontrent immanquablement sur leur chemin ceux pour qui il incarne davantage une menace pour l'égalité d'assistance et de sollicitation à laquelle peuvent prétendre tous les élèves quels que soient le milieu social et culturel dont ils proviennent, leur sexe ou l'importance de leurs difficultés d'apprentissage.

Depuis un certain temps déjà heureusement, la recherche en éducation a essayé d'apporter certaines réponses à ces questions. Dans ce chapitre, nous examinerons alors, expériences à l'appui et avec le recul qu'autorise maintenant un quart de siècle d'utilisations pédagogiques de l'ordinateur, si les craintes des uns étaient fondées ou dans quelles mesures les espoirs des autres se sont réalisés.

DES CRAINTES DES UNS...

L'usage de l'ordinateur présente-t-il un danger pour la santé des enfants?

Tout parent, tout éducateur, doit en premier lieu se préoccuper de la santé des enfants qu'il élève. Il n'est dès lors pas étonnant que l'une des premières inquiétudes que l'on rencontre à propos des ordinateurs concerne le domaine de la santé des enfants. Sur ce point il est cependant possible de rassurer immédiatement toute personne inquiète; l'ordinateur ne présente pas de danger direct pour la santé de ses utilisateurs, même pour les plus jeunes d'entre eux. Ni les craintes concernant une possible diminution de l'acuité visuelle, ni les menaces d'irradiation dues à une exposition prolongée à un écran ne se sont révélées fondées (CNA, 1992). Seuls quelques doutes subsistent à l'heure actuelle concernant d'éventuels champs magnétiques induits par les alimentations électriques. Un tel champ ne porte cependant pas à plus d'un mètre de distance; comme les alimentations sont généralement situées tout à l'arrière des ordinateurs, on peut affirmer que toute menace peut ici aussi être éliminée moyennant une disposition adéquate de l'appareil.

Certains risques indirects pour la santé et l'intégrité physique des enfants ne doivent cependant pas être totalement ignorés; ainsi, les ordinateurs restent des appareils électriques et, comme n'importe quel autre appareil de ce type, ils présentent quelques risques d'accidents en cas de mauvaise utilisation, d'installation ou d'entretien défectueux. Les constructeurs sont cependant sensibles à cette question et des mises en garde apparaissent dans tous les modes d'emploi. Des cordons d'alimentation ou des rallonges défectueuses, des surcharges du réseau électrique dues à l'utilisation simultanée d'un nombre trop grand d'appareils ou des échauffements excessifs dus à une mauvaise ventilation constituent sur ce point les principaux facteurs de risque. Une surveillance rigoureuse de l'état des cordons et des branchements électriques, l'installation de la machine sur une surface stable et dégagée et quelques recommandations bienvenues aux jeunes utilisateurs devraient donc permettre d'éliminer ces quelques risques d'accident.

Le poids des ordinateurs représente aussi un certain danger pour les enfants en cas de chute; diverses blessures ou accidents, aux jambes notamment, peuvent en résulter. Ici aussi, on peut diminuer sensiblement ce risque en évitant d'installer l'appareil en équilibre instable ou en n'obligeant pas l'enfant à le transporter chaque fois qu'il entend s'en servir.

Enfin, une activité prolongée et intensive peut engendrer parfois une fatigue excessive des yeux ou de certains muscles posturaux. Quelques précautions et une bonne hygiène d'utilisation permettent cependant de réduire considérablement ces désagréments. Les spécialistes de l'ergonomie ont fait du bon usage de l'ordinateur un domaine de prédilection de leurs recherches et on connaît maintenant un certain nombre de règles qui, si elles sont appliquées, diminuent considérablement la fatigue résultant du travail à l'ordinateur. Nous y reviendrons au chapitre 8, lorsque nous essaierons de formuler un certain nombre de conseils aux parents et aux éducateurs, concernant l'installation de l'ordinateur et son utilisation par les enfants.

L'ordinateur est-il une drogue?

Comme la télévision ou un roman à suspense, l'ordinateur a ce pouvoir de retenir l'utilisateur dans ses filets souvent plus longtemps que ce dernier ne l'aurait réellement souhaité. C'est vrai des adultes, mais encore davantage des enfants. Souvent aussi, les enfants n'ont de cesse de retourner à l'ordinateur, à peine l'ont-ils éteint. Dira-t-on dès lors, comme on l'entend parfois, que l'ordinateur est une véritable drogue, qui rend dépendants tous ceux qui y touchent?

Selon une étude toute récente, conduite aux Etats-Unis sur plusieurs années, la proportion d'enfants « accrochés » à l'ordinateur domestique plus de dix heures par semaine a graduellement reculé ces dernières années, malgré une diffusion plus large des ordinateurs dans les foyers (Rocheleau, 1995). La fascination qu'exerçaient encore il y a peu ces machines sur de nombreux utilisateurs semble donc se relativiser quelque peu. Dans cette même étude, on relève également que plus de la moitié (57 % plus précisément) des «accros» de l'ordinateur en 1988 ne l'étaient plus en 1992. Contrairement aux drogues classiques, il demeure donc possible de desserrer l'emprise de l'ordinateur après un certain temps d'usage intensif. Quant à ceux qui restent malgré tout des usagers intensifs de l'ordinateur, on apprend également qu'ils le font généralement avec l'approbation et parfois même le support de leurs parents, ce qui, reconnaissons-le, rend la situation bien différente de ce que l'on observe avec toutes les autres toxico-dépendances.

On relèvera également que, contrairement à ce qu'on aurait pu craindre, le temps consacré à l'ordinateur n'a pas d'effet négatif sur le temps réservé aux devoirs scolaires. Selon les auteurs de cette étude, l'utilisation de plus en plus fréquente de l'ordinateur pour les devoirs ou, plus généralement, pour des activités éducatives, explique certainement en bonne partie ce résultat[1].

L'ordinateur modifie-t-il les intérêts des enfants?

L'ordinateur fascine les enfants (et bon nombre d'adultes!), mais toutes les activités, toutes les matières ne font pas appel à lui, loin s'en faut. On peut alors raisonnablement se demander si cette situation ne risque pas de conduire les enfants à dénigrer les activités qui ne se font pas à l'ordinateur, comme la plupart des activités créatrices ou physiques, notamment?

L'apparition de l'ordinateur dans les classes et les foyers change certes quelque peu les habitudes des enfants. Certaines études ont relevé, par exemple, que les enfants qui possédaient un ordinateur à la maison regardaient moins la télévision ou sortaient moins de chez eux pour faire du sport par exemple (Dutton, Rogers & Jun, 1987). Mais les changements d'habitudes et d'intérêts qu'entraîne la survenue d'un ordinateur ne semblent pas réellement durables, et tout rentre généralement dans l'ordre après quelques temps déjà. Dans une étude réalisée à l'école maternelle, Lipinski, Nida, Shade et Watson (1986) ont ainsi observé que, si, durant les deux semaines qui suivirent l'introduction de l'ordinateur, on pouvait en effet constater une diminution d'activités comme la peinture à doigt ou les jeux de construction, par exemple, celles-ci avaient retrouvé tout leur attrait auprès des élèves dès la troisième semaine de l'expérience. Pas de quoi, dès lors, craindre une dysharmonie dans le développement précoce des enfants.

A l'école maintenant, qu'advient-il, lorsque l'ordinateur est utilisé pour l'enseignement? Plusieurs enquêtes conduites dans les années 70 et au début des années 80 ont permis de constater que le recours à l'ordinateur était sensiblement plus fréquent dans les disciplines scientifiques que dans les matières littéraires (Becker, 1991). Or, la plupart des enseignants le reconnaissent, l'intérêt des élèves pour une discipline tend à augmenter avec l'introduction de l'ordinateur. On observe même qu'avec lui, les élèves éprouvent davantage de plaisir à travailler et qu'ils sont davantage prêts à l'effort pour surmonter une difficulté par eux-mêmes que ne le sont généralement les élèves dans les programmes traditionnels (Schofield, Evans-Rhodes & Huber, 1990). Ne faut-il pas dès lors craindre un déséquilibre des intérêts des enfants dû à une utilisation inégale de l'ordinateur dans les différentes matières? Ne court-on pas le risque de voir à terme la majorité des élèves s'orienter vers les disciplines et plus tard les carrières scientifiques et dénigrer les autres domaines, ceux dans lesquels l'ordinateur pénètre moins facilement?

Les enquêtes récentes montrent cependant que la fréquence d'utilisation de l'ordinateur dans les matières non scientifiques tend à rejoindre celle que l'on observe en mathématiques ou en sciences naturelles, par exemple (Becker, 1991). Le traitement de texte est en passe de devenir l'application informatique la plus utilisée à l'école comme à la ville. Le marché des encyclopédies informatisées et des CD est en pleine expansion et les matières qu'on y trouve développées et illustrées relèvent avant tout du vaste domaine des sciences humaines. Enfin, si nombre d'enseignants reconnaissent que l'introduction de l'ordinateur dans leur enseignement a fait croître l'intérêt des élèves pour leur discipline, ce sont les enseignants de langue qui expriment ce constat avec le plus de force et de régularité (Niederer & Frey, 1992), 36% d'entre eux constatant une grosse amélioration sur ce point. Dans ces conditions, si le risque d'un déséquilibrage des disciplines a pu exister au début de l'introduction de l'ordinateur dans l'enseignement, un tel risque n'apparaît aujourd'hui plus crédible, et la menace d'une planète entièrement colonisée par les scientifiques à cause de l'ordinateur s'en retourne pour quelque temps dans les profondeurs de l'inconscient collectif.

L'ordinateur exerce-t-il une pression sur le curriculum?

S'il ne menace pas véritablement l'équilibre entre les différentes disciplines enseignées à l'école, l'ordinateur ne pourrait-il pas modifier, à l'intérieur d'une même branche, l'importance relative des divers chapitres qu'elle comporte, tous ne se prêtant peut-être pas de la même manière au traitement par l'ordinateur ? Certains chapitres habituellement enseignés tardivement parce que difficiles à comprendre abstraitement, peuvent en effet être proposés aux enfants dès les degrés scolaires élémentaires avec l'ordinateur; ainsi, nous avons vu comment on peut aisément initier des enfants aux mécanismes économiques dès 9-10 ans avec SIMCITY. D'autres chapitres de la connaissance ou l'apprentissage de certaines techniques, jusqu'ici absents du curriculum, peuvent même, avec l'ordinateur, être proposés aux plus jeunes élèves. C'est le cas, par exemple, de l'activité de modélisation en mathématiques. Si les mathématiques enseignées à l'école consistent pour une très large part en démonstrations déductives, basées sur des axiomes toujours vrais, les mathématiques plus avancées font davantage appel à l'induction, à l'approximation, à la construction et à l'utilisation de modèles. Des logiciels comme EXPERT BUILDER ou STELLA ont été développés tout exprès pour faciliter la constitution de modèles; certaines recherches montrent même qu'on peut ainsi amener des enfants à pratiquer ce type de mathématiques, jusqu'ici réservées aux étudiants de l'université, dès le niveau de l'école primaire (Webb, 1994).

D'importants changements dans les programmes scolaires ne sont cependant pas à craindre avec l'apparition de l'ordinateur; il ressort en effet clairement d'une vaste enquête internationale que près de 70 % des maîtres interrogés disent ne pas avoir introduit de nouveaux thèmes dans leur enseignement suite à l'introduction de l'ordinateur (Pelgrum & Plomp, 1993). Atteindre les objectifs fixés par le programme demeure la priorité principale des enseignants, et la présence de l'ordinateur dans la classe ne modifie en rien l'ordre de ces priorités.

L'ordinateur met-il en péril les apprentissages de base ?

Dans le même ordre d'idée, on peut d'ores et déjà affirmer que, contrairement à ce que craignaient des auteurs comme Dreyfus et Dreyfus (1984) par exemple, la possibilité d'effectuer avec l'ordinateur des activités jusqu'ici irréalisables dans l'école traditionnelle, ne conduit pas à un délaissement de ce que l'on appelle volontiers les apprentissages de base (calcul, lecture et écriture).

En premier lieu, on relèvera que la présence dans l'ordinateur d'une calculatrice ou d'un vérificateur d'orthographe, par exemple, n'apparaît pas comme une menace très sérieuse sur les occasions de travailler le calcul ou la réflexion orthographique. L'analyse des pratiques scolaires révèle en effet que leur emploi en classe reste très limité; ainsi, alors que l'utilisation d'un traitement de texte commence à se généraliser en classe de langue, les vérificateurs d'orthographe ne sont employés que dans un cas sur dix (Becker, 1991). On remarquera également que de tels outils ne détectent pas les erreurs grammaticales mais seulement les erreurs ou oublis de lettres à l'intérieur des mots, ce que permet déjà n'importe quel lexique ou dictionnaire.

En second lieu, on soulignera que c'est à l'âge où devraient s'apprendre les savoirs de base qu'on fait le plus large usage de programmes de drill; or l'objectif principal de tels programmes, on l'a vu au chapitre 2, est précisément d'offrir aux élèves l'occasion de pratiquer et de consolider les acquisitions de base. Cet exercice apparaît d'ailleurs efficace, puisque, comme le montrent les revues de recherches sur les effets de l'ordinateur, c'est précisément au niveau de l'enseignement élémentaire que les progrès des élèves directement attribuables à l'usage de l'ordinateur sont les plus importants (Niemiec, Samson, Weinstein & Walberg, 1987; Samson, Niemiec, Weinstein & Walberg, 1986). Nous aurons l'occasion de revenir sur ce point dans ce chapitre encore, lorsque nous examinerons plus en détail les bénéfices que les élèves peuvent retirer, dans les matières scolaires traditionnelles, du commerce avec un ordinateur.

Diminution des interactions sociales et déshumanisation de la classe ?

A l'école traditionnelle, une part importante du temps de classe est bien sûr consacrée au travail individuel, mais les possibilités d'interaction entre élèves ne sont pas absentes pour autant; on en observe lors des discussions de classe, lors des activités par petits groupes ou lors des pauses entre les leçons notamment. Bien avant l'ordinateur personnel déjà, de nombreuses voix se sont élevées pour prédire la fin des interactions sociales en classe si l'usage de l'ordinateur s'y généralisait. Il faut dire que l'image de salles de classes dotées d'un ordinateur sur chaque pupitre, souvent présentée comme la solution idéale (Suppes, 1966), avait de quoi effrayer.

L'observation de ce qui se passe en classe, comme la lecture attentive des travaux de recherche, montre cependant que le spectre de l'élève coupé du reste du monde par l'interaction obsédante avec une machine a, depuis un certain temps déjà, passé de vie à trépas (Lepper, 1985). L'expérience montre en effet que c'est plus souvent à deux ou trois que les enfants se présentent devant l'ordinateur plutôt que seul, en classe comme à la maison. Mais, à la différence de ce qu'on observe dans d'autres circonstances, devant la télévision, par exemple, les rassemblements devant l'ordinateur ne sont pas passifs; dans une expérience conduite au jardin d'enfants, on a en effet mesuré tout autant d'interactions sociales autour de l'ordinateur que dans les autres jeux ou activités de la classe (Lipinski, Nida, Shade & Watson, 1986). Les études comparatives montrent d'ailleurs que les élèves ayant travaillé à plusieurs disent apprécier l'ordinateur davantage que ceux qui y ont travaillé seuls (Johnson, Johnson & Stanne, 1986). Interrogés sur leurs impressions après quelques années d'introduction de l'ordinateur dans leurs classes, la plupart des enseignants estiment que les élèves s'entraident davantage maintenant qu'ils ne le faisaient avant l'introduction de l'ordinateur; une enquête conduite en Suisse a montré que 70 % des maîtres et 75 % des maîtresses jugent que l'ordinateur a augmenté la fréquence et le nombre des contacts entre leurs élèves alors qu'un enseignant sur 10 seulement déplorait moins de coopération entre élèves avec l'ordinateur que sans (Niederer & Frey, 1992). Quels types d'interactions observera-t-on alors devant un ordinateur? La réponse semble dépendre ici de la nature des activités qui y sont conduites et en particulier du type de logiciel utilisé.

Ainsi, avec GPTutor (*cf.* chapitre 2), une activité individuelle par excellence, les interactions que l'on observe relèvent avant tout de la compétition entre élèves, à propos du degré d'avancement de chacun dans les exercices à effectuer (Schofield, Eurich-Fulcer & Britt, 1994); mais, reconnaît l'auteur de la recherche, une telle compétition peut être qualifiée d'amicale, car elle ne débouche pas sur un vainqueur et des vaincus mais pousse les élèves momentanément en retard à tout mettre en œuvre pour essayer de combler celui-ci rapidement. D'autres logiciels se prêtent mieux, voire appellent le travail à plusieurs. C'est le cas de logiciels tels que LOGO ou d'autres programmes axés sur la résolution de problèmes.

De nombreux travaux de recherche comparatifs montrent que le travail à plusieurs conduit à des performances meilleures et à des apprentissages plus importants que le travail solitaire avec un ordinateur (Hoyles, Healy & Pozzi, 1992; Mevarech, Silber & Fine, 1991). Ainsi Johnson et ses collaborateurs, par exemple ont conduit une recherche auprès d'élèves de 11 à 13 ans aux prises avec une activité de conduite de bateau simulée sur ordinateur (Johnson, Johnson & Stanne, 1986). Pour se diriger, les élèves devaient utiliser des informations extraites d'une carte géographique et des indications de diverse nature, portant par exemple sur la force du vent, la position du soleil et des étoiles, le climat ou la profondeur de l'océan, etc. Les élèves étaient répartis en trois conditions : individuelle, compétition, coopération. Les élèves œuvrant dans la condition *individuelle* travaillent seuls; ceux qui font partie de la condition *compétition* travaillent en groupes de quatre mais, les avertit-on, ils seront ensuite testés individuellement de manière à découvrir lequel est le meilleur d'entre eux.

Dans la condition *coopération*, les élèves sont également regroupés par quatre, et chaque membre du groupe est affecté à une mission spécifique. L'analyse des productions des élèves montrent que les groupes organisés selon la modalité coopération travaillent davantage (ils terminent plus d'exercices) et mieux (ils donnent plus de réponses correctes) que les élèves des autres groupes. L'analyse des enregistrements effectués des différentes sessions de travail montrent également que les élèves des groupes coopérants parlent davantage entre eux et sollicitent moins le maître que les élèves pratiquant dans les deux autres conditions. Au test final, les élèves des groupes coopérants obtiennent de meilleurs résultats que tous les autres élèves, tant en ce qui touche directement l'objet de la simulation, c'est-à-dire l'utilisation de cartes et la navigation, qu'en ce qui concerne plus généralement leur habileté à manipuler l'ordinateur. L'effet observé ne se limite d'ailleurs pas au domaine cognitif, puisque l'analyse des choix sociométriques émis par les sujets[2] montre également que les élèves ayant travaillé dans la situation *coopération* choisissent après l'opération plus volontiers des partenaires de l'autre sexe pour travailler que ce que l'on observe dans les autres groupes.

Plusieurs auteurs ont également pu mettre en évidence que l'importance des progrès constatés chez les élèves est directement proportionnelle à la qualité des interactions observées entre eux durant le travail à l'ordinateur. Ainsi, Barbieri et Light (1992), par exemple, trouvent des corrélations positives significatives entre la performance dans une activité de reconquête à deux d'une couronne royale perdue et la fréquence des échanges verbaux observés entre les élèves, pour planifier et guider la recherche, pour négocier la prochaine étape de celle-ci ou pour analyser les conséquences d'une mauvaise décision préalable.

Ainsi, on doit reconnaître à l'heure actuelle que le travail à l'ordinateur non seulement favorise l'interaction entre les élèves, mais aussi que celle-ci est spécialement bénéfique aux apprentissages qu'on peut y faire. Lorsqu'on utilisera l'ordinateur en classe, on tentera donc autant que possible de proposer aux élèves des activités qui stimuleront cette collaboration. Cette règle est d'autant plus importante que la recherche tendrait à montrer que les élèves plus faibles profitent de la situation de coopération à l'ordinateur encore davantage que leurs camarades plus avancés (Mevarech & Kramarski, 1992).

L'ordinateur menace-t-il la fonction d'enseignant ?

On l'a vu, l'utilisation de l'ordinateur en classe ne diminue pas les relations entre les élèves; elle aurait même tendance à les bonifier. Mais qu'en est-il des relations des élèves avec leur enseignant et plus généralement, du rôle de celui-ci dans une classe ? N'est-il pas de l'ambition de certains concepteurs de logiciels éducatifs de voir leur produit assurer lui-même l'enseignement de telle ou telle notion, au point même de le baptiser parfois «le petit professeur»? Si un tel concept devait se généraliser, l'ordinateur ne risque-t-il pas de conduire, à terme, à l'éviction de l'enseignant?

La profession d'enseignant est complexe et ses fonctions, au sein de la classe et du processus éducatif en général, sont multiples. La diversité des élèves dont il a la charge amplifie encore d'autant cette complexité. Chacun son rythme, son style et son mode d'apprentissage. Certains comprennent vite là où d'autres ont besoin de longues explications. Certains apprennent mieux lorsque l'explication s'appuie sur des schémas alors que d'autres retiennent mieux les mots. Certains enfin ont besoin d'exercer une notion avant de la comprendre, d'appliquer plusieurs fois une technique avant de commencer à la maîtriser alors que d'autres souhaiteraient plutôt que l'enseignant consacre davantage de temps à expliquer l'importance d'une notion ou l'utilité d'une technique nouvelle, comment elles s'articulent par rapport à ce que l'on a déjà appris. Toute cette diversité appelle un enseignement différencié, individualisé. L'enseignement assisté par ordinateur a certes été conçu justement pour permettre cette individualisation de l'enseignement, mais, à l'heure actuelle encore, il ne s'adapte véritablement qu'aux différences de rythmes d'apprentissage entre les élèves. Peu nombreux sont encore les logiciels capables de modifier le style d'une explication ou la nature des activités pour répondre aux différences de style ou de mode préférentiel d'apprentissage. Seul l'enseignant qui connaît ses élèves est capable de le faire.

S'adapter au style et au rythme de chaque élève n'est pas seulement important durant l'enseignement, il l'est également dans les activités d'exploration, de recherche et de résolution de problèmes proposées aux élèves. Tous les élèves n'ont pas les mêmes besoins d'assistance ni le même désir de se faire aider par le maître. Si quelques rares logiciels offrent maintenant des aides à l'utilisateur, ces aides sont encore très rudimentaires et ne font preuve d'aucune souplesse pour s'adapter à la nature exacte de la demande formulée. En conséquence, même s'ils apprécient souvent davantage travailler avec l'ordinateur que sans, les élèves continuent, et semblent-ils continueront encore longtemps, à préférer l'assistance de l'enseignant à celle de la machine (Schofield & al., 1994). L'analyse comparée des attitudes et comportements de l'enseignant avec l'ordinateur et dans l'enseignement traditionnel montre que la présence de l'ordinateur modifie la quantité d'attention que le maître accorde aux différents types d'élèves (Schofield & al., 1990). Lorsqu'il utilise l'ordinateur, il travaille plus longuement que dans l'enseignement traditionnel avec les élèves éprouvant davantage de difficultés. Il tend aussi à déplacer son attention davantage sur les efforts fournis par les élèves plutôt que sur leur niveau de capacité.

Au terme de cette première section, on peut donc affirmer clairement, résultats expérimentaux à l'appui, qu'aucune des craintes que l'on pouvait avoir à l'égard de l'ordinateur n'est réellement justifiée. Ni la santé, ni le développement intellectuel ou social des enfants ne semblent souffrir de l'interaction régulière avec un ordinateur. C'est même plutôt d'effets positifs dont il faudrait parler ici et là. Qu'en est-il alors des espoirs formulés par certains, des apports attendus du commerce précoce avec l'ordinateur?

... AUX ESPOIRS DES AUTRES

L'utilisation régulière de l'ordinateur entraîne-t-elle des progrès dans les connaissances des enfants?

Pour beaucoup, la seule véritable justification qu'on pourrait invoquer à l'introduction de l'ordinateur dans l'enseignement serait qu'il favorise ou facilite l'acquisition des connaissances scolaires par les élèves. Les concepteurs de logiciels comme les inconditionnels de l'informatique éducative l'ont bien compris qui tous mettent en avant les promesses qu'autorise l'ordinateur sur ce plan. Qu'en est-il alors effectivement des résultats qu'obtiennent les élèves dans les principales disciplines dans lesquelles il a pu être utilisé? De très nombreuses études ont été conduites sur ces questions et l'on dispose même, à l'heure actuelle, de plusieurs méta-analyses, ces études sur des études, qui visent à dégager un résultat «moyen» par comparaison des résultats obtenus dans 30 à 50 études.

Ces méta-analyses montrent que le recours à l'ordinateur a globalement sur les acquisitions des élèves un effet positif supérieur à ce qu'on obtient par un enseignement plus traditionnel, mais que cette supériorité est généralement faible à modérée. Ces études révèlent également que les progrès liés à l'utilisation de l'ordinateur sont plus prononcés dans le degré primaire que dans le degré secondaire[3]. Dans les degrés scolaires supérieurs ou à l'Université, l'effet se mesure avant tout en termes de temps gagné, l'ordinateur permettant de réduire le temps nécessaire à un apprentissage d'une portion variant selon les études entre un quart et un tiers du temps requis normalement (Kulik, 1994). Si, avec les élèves plus âgés, les tutoriels donnent de meilleurs résultats que les drills, au niveau primaire, les études avantagent tantôt l'un tantôt l'autre de ces types de logiciels. On notera avec optimisme enfin que, quel que soit l'âge des élèves, les effets obtenus sont généralement plus importants pour les élèves faibles que pour les bons élèves.

Si toutes les études de ce type reconnaissent un effet de l'ordinateur sur l'apprentissage des élèves dans différentes disciplines scolaires, elles demeurent cependant peu conclusives quant à d'éventuelles différences d'effet selon ces disciplines; ainsi, si Niemiec et ses collaborateurs (1987) observent des effets sensiblement identiques pour les différentes matières, l'équipe du professeur Kulik constate un effet plus grand en mathématiques (.54 au primaire et .26 au secondaire) qu'en langues (.42 au primaire et .19 au secondaire) ou en sciences (.13 au secondaire). Le faible impact de l'ordinateur sur les connaissances des élèves en sciences est confirmé par Wilett, Yamashita & Anderson (1983), mais une première analyse effectuée par Kulik et son équipe (Kulik, Bangert & Williams, 1983) constatait un effet légèrement plus fort en sciences (.31) qu'en mathématiques (.24). Plutôt que de l'importance réelle de l'effet dans les différentes disciplines, c'est de la nature des progrès réalisables dans chacune d'elles que nous nous occuperons alors maintenant.

Effets sur les connaissances mathématiques

Dans le champ des mathématiques, les domaines les plus investigués sont ceux du calcul et de la géométrie (Keitel & Ruthven, 1993). En matière de calcul arithmétique, on note que le recours à l'ordinateur favorise l'acquisition d'automatismes en bonne partie parce que les logiciels utilisés à cet effet, principalement des drills et des jeux éducatifs de consolidation, rendent l'exercice moins rébarbatif et que les élèves s'y adonnent alors plus longuement et de meilleure grâce. Les capacités des élèves au calcul algébrique peuvent également être améliorées par l'EAO, le recours à l'ordinateur permettant généralement de constater directement sur le graphe l'effet des transformations effectuées au niveau des fonctions ou des équations et réciproquement (Yerushalmy, 1991a).

Plusieurs logiciels éducatifs parmi les plus fameux portent sur le domaine de la géométrie. Travailler avec des logiciels comme GEOMETRIC SUPPOSER, un environnement informatisé permettant l'exploration libre des figures géométriques et le calcul des aires, conduit à une meilleure connaissance des concepts de la géométrie (Yerushalmy, 1991b). Si la pratique de LOGO n'améliore pas sensiblement les connaissances factuelles des enfants en matière de géométrie (comme les propriétés des figures, par exemple), elle semble par contre avoir un effet favorable sur les capacités de mobilisation de ces connaissances pour la résolution de problèmes géométriques, comme la représentation des figures résultant de l'intersection de deux autres figures (Lehrer, Guckenberg & Sancilio, 1988). Les élèves qui travaillent avec LOGO apprennent également à mieux estimer la valeur d'un angle et sont capables de discuter avec davantage de pertinence les ressemblances et les différences entre diverses figures géométriques.

Effets sur l'expression écrite

Le traitement de texte représentant l'une des utilisations éducatives de l'ordinateur les plus pratiquées, de nombreuses études ont cherché à en évaluer les bénéfices sur l'activité d'écriture. Il ressort globalement de ces études que la possibilité d'utiliser un traitement de texte tend à améliorer quelque peu la qualité des écrits des élèves, mais que les effets se concentrent essentiellement autour de caractéristiques de surface des textes produits (Perkins, 1985). Plus précisément, la recherche montre que les élèves qui disposent d'un traitement de texte pour produire leurs rédactions écrivent généralement des textes plus longs avec des phrases plus complexes (Robinson-Staveley & Cooper, 1990). On note aussi la présence de mots plus longs, de davantage d'adjectifs et de moins de fautes de ponctuation avec l'ordinateur que sans (Collis, Ollila & Ollila, 1990; Robinson-Staveley & Cooper, 1990). De nombreux auteurs ont souligné qu'avec le traitement de texte, les élèves corrigent et améliorent leurs productions écrites plus longuement que lorsqu'ils doivent les reprendre directement dans leurs cahiers. Les révisions apportées concernent le plus souvent des erreurs de frappe, des fautes orthographiques ou le remplacement d'un mot par un synonyme. Quant à la qualité des textes produits à l'ordinateur, les recherches ne sont pas unanimes; si une majorité d'entre elles obtient des effets positifs consécutifs à l'utilisation d'un traitement de texte, ceux-ci sont généralement faibles et se limitent par exemple à des questions de lisibilité (Lehrer, Levin, De Hart & Comeaux, 1987; Robinson-Staveley & Cooper, 1990). L'originalité ou l'intérêt des textes n'est pas affectée par l'usage du simple traitement de texte. En résumé, on retiendra que la pratique du traitement de texte n'élimine pas fondamentalement la différence entre bons et mauvais rédacteurs, mais qu'elle contribue à rehausser le niveau des textes produits, par les élèves faibles dans cet art notamment, en les soulageant d'une partie de ces erreurs «techniques» qui en amoindrissent sérieusement la qualité (Bangert-Drowns, 1993).

Effets sur l'apprentissage de la lecture

De tous les apprentissages de base, c'est peut être celui de la lecture qui, à première vue, pourrait sembler le plus menacé par l'usage de l'ordinateur; il est en effet indéniable que l'ordinateur ne va pas contribuer à insuffler à l'enfant l'amour du livre comme pourrait le faire un ouvrage bien fait et joliment illustré. L'ordinateur offre par contre aux très jeunes enfants des moyens nouveaux d'approche précoce de la lecture; il permet aussi, plus tard, d'apprendre à maîtriser diverses techniques de lecture rapide et efficace.

A la différence du livre, qui isole l'activité de lecture des autres activités portant sur le langage écrit, comme l'écriture, la communication ou l'analyse grammaticale, l'ordinateur permet en particulier de travailler ces différentes activités en parallèle. Selon l'expression de Cohen (1987), avec l'ordinateur l'enfant est «lecteur et scripteur à la fois», situation qui va favoriser la «prise de conscience de l'écrit». Lire, ce n'est plus seulement essayer de déchiffrer ce qui figure sur une page d'un livre, mais c'est essayer de comprendre un message qui peut m'avoir été adressé par le logiciel ou le système de mon ordinateur, par le maître, un camarade ou un correspondant ou que je peux avoir envoyé moi-même. De la qualité de ma compréhension de ce message dépendra la justesse et la pertinence de ma réaction, de ma réponse à celui-ci. Nombre de logiciels pour les très jeunes enfants tirent parti de cette association des activités de l'écrit et proposent des situations de jeu avec les lettres et les mots où se mêlent et se répondent ainsi reconnaissance et production, lecture et écriture.

Dans une recherche conduite au jardin d'enfant, Hess et McGarvey (1987) examinent en particulier si la pratique de l'ordinateur peut améliorer la préparation des enfants à la lecture (reading readiness). Les épreuves utilisées pour tester cette hypothèse adressaient des habiletés aussi différentes que les capacités de mémoriser des séquences de mouvements, d'identifier des différences ou des ressemblances entre des signes, des sons, des lettres ou des mots présentés visuellement ou oralement ou de reconnaître la lettre et le son initial d'un mot entendu. Les résultats se sont avérés concluants : en fin d'année, les élèves des classes avec ordinateurs obtiennent sur ces différentes épreuves des scores significativement plus élevés que leurs compères des classes n'ayant pas disposé d'ordinateurs. Cette recherche montre également que ce sont les élèves qui, au début de l'année, obtenaient les moins bons résultats à ces épreuves qui font, grâce à l'ordinateur, les progrès les plus importants; l'usage de l'ordinateur améliore donc sensiblement la préparation des très jeunes enfants à la lecture et peut même permettre à des enfants momentanément en retard de rattraper peu à peu celui-ci.

Parmi les activités informatiques proposées aux enfants dans cette étude figuraient des logiciels de reconnaissance de lettres mais aussi des logiciels éducatifs classés plus généralement «résolution de problèmes». La pratique d'activités de ce type favorise d'ailleurs l'apprentissage de la lecture même sans le recours à l'ordinateur (Havelock, 1976; Norton & Resta, 1986).

L'utilité de l'ordinateur pour améliorer les capacités de lecture des enfants ne se limite pas aux seuls débuts de son apprentissage (Salomon, Globerson & Guterman, 1989). Certains logiciels spécialisés proposent en effet aux lecteurs plus avancés des activités de perfectionnement en lecture. Celles-ci ont pour but d'initier puis d'entraîner l'utilisateur aux techniques de lecture rapide ou d'améliorer ses capacités de compréhension de texte. Dans le premier cas, on jouera sur la vitesse de défilement des textes ou leur temps d'exposition à l'écran. Dans le second, on donnera au lecteur l'occasion de répondre à diverses questions sur un texte — qui vient de lui être présenté ou qu'il aperçoit encore dans un coin de l'écran —, on lui proposera de combler par des mots appropriés les «trous» laissés dans un extrait ou on lui demandera de remettre dans un ordre logique différentes phrases disposées pêle-mêle à l'écran.

L'emploi de tels programmes d'entraînement à la lecture est aussi indiqué pour des élèves éprouvant de sérieuses difficultés en lecture. Les résultats obtenus sont positifs, même s'ils ne sont généralement pas meilleurs que ceux qu'on peut obtenir par une assistance à la lecture analogue pratiquée sans ordinateur (Walter, Johannsen & Meyer-Göllner, 1995). L'usage de l'ordinateur a par contre chez ces élèves des effets favorables sur leur motivation et leurs attitudes envers la lecture; ceux qui ont eu l'occasion de travailler avec ce media déclarent avoir éprouvé bien davantage de plaisir à s'exercer ainsi à la lecture que ceux qui ont procédé sans ordinateur; ils sont aussi davantage tentés de recommencer une telle opération.

L'ordinateur, un moyen pour apprendre à penser?

De nombreux partisans de l'informatique éducative ont avancé l'idée que l'utilisation de l'ordinateur à l'école, et notamment l'exercice de la programmation, développerait chez les élèves des capacités générales de réflexion, des aptitudes à raisonner logiquement et plus généralement encore des habiletés particulières à la résolution de problèmes. Tous les travaux menés sur cette question ne validèrent cependant pas cette hypothèse (Pea & Kurland, 1984). Une récente étude récapitulative conduite sur les résultats de 65 études publiées entre 1969 et 1989, montre que près des trois quarts des mesures analysées donneraient un avantage sur ce plan aux élèves ayant fait de la programmation, un quart des mesures favoriseraient ceux qui n'en ont pas fait et 3% seulement concluraient au statut quo (Liao & Bright, 1991). Parmi ces recherches, les progrès les plus forts en la matière auraient été constatés dans des études utilisant le langage LOGO. Plusieurs auteurs montrent cependant que les bénéfices en matière de capacités de résolution de problèmes sont plus importants lorsque l'apprentissage de la programmation est couplé avec un enseignement spécifique de stratégies de résolution de problèmes (Clements & Merriman, 1988; De Corte, 1993; Lehrer, 1986).

Divers travaux incitent même à penser que, sous certaines conditions, le travail à l'ordinateur pourrait également augmenter les capacités des élèves à développer des formes de pensée non algorithmiques, non convergentes et non déductives; ainsi Clements et Merriman (1988) constatent que le travail avec LOGO a un effet bénéfique sur la créativité des élèves, mesurée par le test de Torrance; plus important encore, cet effet n'est pas limité au seul plan figural, plan sur lequel LOGO fait travailler les élèves, mais il s'étend également au plan verbal, et notamment sur l'échelle de l'originalité (Mevarech & Kramarski, 1992). Ces mêmes auteurs observent en revanche qu'aucun effet sur la créativité n'est induit par l'usage de logiciels de traitement de texte ou par des didacticiels (Clements, 1986; 1991).

L'ordinateur comme instrument de rapprochement et de coopération entre les élèves

On l'a vu au chapitre 6, l'heure est au développement de la télématique et de la communication à distance entre ordinateurs. Mettant à profit ces avancées technologiques, divers chercheurs et enseignants ont choisi de mettre ainsi en communication des élèves qui, sans l'ordinateur, n'auraient eu aucune chance de se parler; en Europe comme en Amérique des réseaux permettent à des élèves habitant parfois à des milliers de kilomètres les uns des autres d'échanger des idées, des informations, ou même de travailler conjointement à la solution d'un même problème. D'abord uniquement réseaux d'échange d'informations, ces réseaux peuvent en effet maintenant fonctionner comme véritable réseau de coopération, articulés autour du principe de la division du travail et de la recherche commune de solutions. Aspect intéressant, ces réseaux transitant presque toujours par l'université, il n'est pas rare de voir des étudiants se brancher sur le réseau pour aider les enfants dans leur activité. A l'inverse, les enfants peuvent, par le même canal, constater qu'ils travaillent dans le même sens que ceux qui occupent le sommet de la pyramide du savoir. On se rapproche ainsi de la vision développée par Vygotsky et reprise par Bruner de l'apprentissage par participation de l'apprenant à toute une culture en activité et par internalisation progressive de savoirs et de savoir-faire exécutés d'abord en commun, avec l'aide des plus experts.

Certaines recherches montrent qu'il n'est pas besoin d'ailleurs que les élèves soient directement en communication pour que des effets bénéfiques apparaissent sur le plan du rapprochement et de la coopération. Plusieurs travaux mettent en effet en évidence que les progrès des élèves sont plus importants s'ils savent que le travail qu'ils accomplissent à l'ordinateur servira à d'autres individus, mieux, à d'autres élèves (Harel & Papert, 1990; Lehrer, Guckenberg & Sancilio, 1988). Harel et Papert montrent ainsi comment des enfants à qui on avait proposé d'apprendre à programmer pour pouvoir créer des activités pédagogiques destinées à d'autres enfants de leur âge, parviennent à une meilleure maîtrise de la programmation que des élèves apprenant la programmation simplement pour eux-mêmes.

L'ordinateur comme égaliseur ou exacerbeur des différences?

Parce qu'il permet à chacun de travailler à son propre rythme, parce que de nombreux résultats de recherche tendaient à montrer que les bénéfices les plus importants du travail avec l'ordinateur s'observaient chez les élèves faibles à moyens (*cf. supra*), plusieurs auteurs ont défendu l'idée que le recours à l'ordinateur dans l'éducation serait de nature à atténuer les différences entre les élèves. A l'inverse, et malgré une chute considérable des prix, l'ordinateur demeure un achat qui grève sensiblement les budgets des familles ou des communautés. L'obstacle matériel qu'il représente pourrait dès lors faire de l'ordinateur plutôt un élément d'aggravation de ces différences qu'un générateur d'égalité. Nous discuterons ici ce problème à la lumière des principaux résultats de recherche, sur le plan tour à tour des différences filles-garçons, des différences socio-économiques et des différences d'aptitudes intellectuelles.

Différences filles-garçons

Si presque toutes les études menées sur ce point relèvent que les filles abordent l'ordinateur avec davantage d'insécurité voire d'anxiété que les garçons, la recherche est assez partagée quant à d'éventuelles différences d'intérêt à l'endroit de ce nouveau média (Sutton, 1991 ; King & Alloway, 1992) ; ainsi King et Alloway montrent par exemple que si, dans une classe de niveau de l'école élémentaire, on laisse l'accès libre à l'ordinateur, on constate que les garçons s'y rendent au début presque deux fois plus souvent que les filles ; globalement le temps qu'ils y consacrent est cependant le même que celui qu'y passent les filles, car ils s'en lassent plus vite que les filles. Certaines recherches toutes récentes semblent même montrer que l'anxiété des filles tendrait à disparaître maintenant que l'ordinateur est en passe de devenir un objet presque banal mais que les filles continueraient à s'estimer moins compétentes en la matière que leurs camarades masculins (Robertson et al., 1995). Il est probable que la connotation sociale d'objet «masculin» généralement attribuée à l'ordinateur, ainsi que la plus grande modestie des filles, contribuent à maintenir ouverte cette différence d'estimation personnelle.

Les études comparatives rapportent également que les garçons opteraient plus volontiers que les filles pour des activités ou des cours impliquant le recours à l'ordinateur (Sutton, 1991). Chez les enfants qui disposent d'un ordinateur à la maison, on constate aussi que les garçons s'en servent plus souvent que les filles (Haider, 1994). Des différences plus importantes encore existent si l'on examine le choix des activités exécutées à l'ordinateur ; ainsi, alors que dans les cours à option de programmation, on retrouve toujours plus de garçons que de filles, il arrive parfois qu'on attire plus de filles que de garçons si l'on propose des activités comme le traitement de texte (Becker & Sterling, 1987). Ces différences d'accès et d'activités préférentielles tendent alors à influencer aussi la performance à l'ordinateur ; ainsi, si les filles ont souvent tendance à obtenir de moins bons résultats que les garçons en programmation, les notes qu'elles obtiennent en traitement de texte sont au moins aussi bonnes que celles des garçons (Haider, 1994). Certains auteurs ont récemment mis en évidence que la nature des thèmes sur lesquels portent les activités informatiques peut également parfois peser sur la performance des filles. Ainsi, lorsqu'ils font travailler des groupes de filles et des groupes de garçons de 11-12 ans sur des activités dont les protagonistes sont présentés comme des chevaliers aux prises avec de méchants pirates, Littleton et Light (1995) constatent que les filles réussissent la tâche significativement moins bien que les garçons ; mais lorsque, dans la même activité, les acteurs sont présentés sous les traits des personnages de la célèbre série «The Teddy Bears' Picnic», les filles réussissent alors la tâche aussi bien que les garçons.

Différences socio-économiques

Plusieurs enquêtes réalisées aux Etats-Unis ont depuis longtemps déjà tiré la sonnette d'alarme : les possibilités d'accéder à l'ordinateur sont très inégales dans les différents quartiers et dans les différentes communautés ethniques. L'équipement des écoles varie considérablement d'un quartier à l'autre et le rapport du nombre d'ordinateurs au nombre d'élèves est plus favorable dans les quartiers habités par des familles de niveau socio-économique élevé que dans les quartiers plus défavorisés (Becker & Sterling, 1987). Ce rapport était, au milieu des années 80, d'environ une fois et demi supérieur dans les quartiers blancs à ce qu'il était à la même époque dans les quartiers noirs. Un même déséquilibre s'observe à l'heure actuelle encore en ce qui concerne l'accès à un ordinateur au domicile familial (Rocheleau, 1995).

On tend également à faire un usage différent de l'ordinateur dans les écoles des quartiers habités par la population blanche, aisée, et dans les quartiers à majorité noire et défavorisée (Boruta, 1983). Alors que dans les premiers on opte souvent pour des activités permettant à l'utilisateur d'apprendre à contrôler la machine, telles que la programmation ou la résolution de problèmes, dans les secondes l'accent est mis sur les activités dans lesquelles c'est l'utilisateur qui est en quelque sorte contrôlé par la machine, comme les drills et les répétitoires.

Différences possesseurs et non possesseurs

Selon le milieu dont ils proviennent, tous les enfants n'ont pas la même chance de pouvoir disposer d'un ordinateur à la maison. Quels sont les effets d'une telle disparité ? La réponse varie semble-t-il selon le niveau de l'élève, son sexe, le type d'activités informatiques qu'il pratique à la maison et le support qu'il y reçoit. Disposer d'un ordinateur à la maison représente indéniablement un avantage pour les bons élèves; une étude récente a en effet permis de démontrer que les élèves avancés qui disposent d'un ordinateur à la maison, obtiennent en informatique de meilleurs résultats que les autres bons élèves de la classe, même lorsque l'ordinateur familial ne connaît pas le logiciel utilisé en classe (Nichols, 1992). La possibilité d'accéder à un ordinateur à la maison ne semble par contre pas avoir le même impact sur les performances et les apprentissages des élèves moyens ou faibles. Certains résultats tendraient également à montrer que la possibilité d'accéder à un ordinateur à la maison n'est pas véritablement déterminante pour les filles alors qu'elle l'est davantage pour les garçons. Une étude conduite en Autriche auprès des élèves de 14 ans révèle ainsi que la performance des garçons baisse de 10 % environ chez les enfants qui ne possèdent pas d'ordinateur à la maison en traitement de texte comme en connaissance de l'ordinateur, alors qu'elle reste égale à elle-même chez les filles en traitement de texte et ne diminue que de 5 % en connaissance de l'ordinateur (Haider, 1994).

Enfin, l'effet de l'ordinateur familial sur les acquisitions scolaires des enfants dépend aussi beaucoup des activités que l'enfant y développera et du support qu'il obtiendra à la maison dans l'exercice de ces activités. Les jeux représentent certes l'activité la plus pratiquée par les enfants sur l'ordinateur domestique, mais elle n'est pas la seule. Ainsi, s'ils reconnaissent avoir joué sur leur ordinateur en moyenne 10 fois durant les deux derniers mois, ils disent aussi avoir utilisé celui-ci pour dessiner (4 fois), pour faire du traitement de texte (3 fois) ou de la programmation (2 fois). Ils n'ont par contre eu recours à un logiciel d'EAO qu'une seule fois en moyenne durant ce même laps de temps. Quant au support qu'ils reçoivent, les enquêtes tendent à montrer qu'il provient en premier lieu des frères, puis, dans une moindre mesure, du père et des sœurs et enfin de la mère ou d'autres membres de la famille dans moins de 1 cas sur 10. On remarquera que le niveau d'éducation du père ne semble pas avoir d'influence sur la fréquence de la collaboration père-fils à l'ordinateur, alors qu'il pèse de façon importante sur la collaboration père-fille (Haider, 1994). Ce résultat souligne encore une fois combien les attentes et les perspectives en matière de réussite professionnelle des filles sont différentes dans les milieux à éducation élevée et dans les autres.

Différences d'aptitudes intellectuelles

Si globalement, l'utilisation de programmes de drill ou d'EAO permet de constater des effets souvent plus importants chez les moins bons élèves que chez les élèves plus avancés, un examen plus détaillé de ces résultats oblige à nuancer quelque peu le tableau. Ainsi, de tels effets en faveur des élèves plus faibles s'observent essentiellement dans les activités de répétition d'un matériel simple déjà présenté en classe; lorsqu'il s'agit de faire via l'ordinateur des apprentissages nouveaux ou complexes, les élèves plus faibles sont bien davantage empruntés que leurs pairs plus avancés (Hativa, 1988). Un même résultat s'observe pour les activités de résolution de problème (Mandinach & Corno, 1985). Le niveau de compétence préalable des élèves en la matière semble aussi être déterminant sur la qualité des apprentissages. Ainsi Shute (1992) montre, par exemple, que les progrès des élèves en programmation avec PASCAL sont supérieurs chez les sujets déjà plus forts en algèbre, ou qui font preuve de plus de capacités de résolution de problèmes.

Mais dans cette étude, le temps attribué à chacun par le maître est le même, ce qui n'est pas nécessaire, et surtout est contraire à la situation envisagée par les «visionnaires». De fait, dans les plans des enseignants, permettre de remédier à des difficultés ou de combler des lacunes chez les élèves apparaît toujours comme un des objectifs principaux assignés à l'utilisation d'un ordinateur (Becker, 1991).

Education spéciale

Les énormes bénéfices que l'on peut tirer de l'utilisation de l'ordinateur dans l'enseignement spécialisé n'ont pas d'emblée été clairement perçus. A la fin des années 80, par exemple, l'équipement informatique des institutions pour handicapés mentaux était encore nettement en retard par rapport à la moyenne des institutions scolaires. Ainsi, Niederer et Frey constatent, par exemple, que si en 1989 en Suisse, 56% des élèves du secondaire I et 97% des élèves du secondaire II fréquentaient des établissements équipés d'ordinateurs, moins d'un établissement d'enseignement spécialisé sur quatre disposait de l'ordinateur à des fins pédagogiques et moins d'un enseignant sur dix dans ces établissements les utilisaient réellement. Et pourtant de nombreux auteurs sont d'avis que l'impact le plus important de l'informatique sur les apprentissages s'observe dans l'enseignement spécialisé (Schmidt, Weinstein, Niemiec & Walberg, 1985).

Suite aux travaux remarquables de plusieurs spécialistes du domaine, les choses se sont heureusement mises à changer (Behrmann, 1984; Rostron & Sewell, 1983; Walter, 1984). L'idée s'est progressivement imposée qu'une technologie aussi sophistiquée, conçue initialement comme un outil de pointe pour chercheurs des laboratoires les plus avancés, pouvait offrir de grands services également aux cerveaux les moins véloces. Parce qu'il permet d'individualiser l'apprentissage et d'adapter le rythme de l'activité aux possibilités de chacun, l'ordinateur se prête tout particulièrement à l'enseignement en classe spéciale; on utilise maintenant couramment l'ordinateur pour faciliter l'apprentissage aux enfants éprouvant des difficultés particulières dans le domaine de la lecture, de l'écriture ou du calcul. Mais on s'en sert aussi, à un niveau plus général, pour apprendre aux handicapés mentaux à prendre des décisions (Dias & Studer, 1995) et à raisonner (Büchel, 1992).

Même là où les effets cognitifs escomptés ne sont pas atteints, l'effet constaté sur la motivation et l'estime de soi de ces enfants est tel que l'éventualité de bénéfices intellectuels différés est volontiers avancée (Walter & al., 1995).

Les recherches indiquent donc qu'on doit demeurer réservé sur cette question de l'impact de l'ordinateur sur les différences face à l'éducation et aux apprentissages existant entre les individus; l'informatique éducative peut certes, sur certains aspects, contribuer à les atténuer mais elle pourrait bien aussi sur d'autres points, augmenter les écarts existants.

En conclusion de ce chapitre, et après analyse des données de la recherche, on doit reconnaître que si l'utilisation pédagogique de l'ordinateur n'a pas eu les conséquences fâcheuses que certains lui prêtaient, elle n'a pas toujours été à même de satisfaire les espoirs qu'elle avait fait naître.

NOTES

[1] Aux dires des parents, les activités éducatives occupaient en 1992 plus de 80% du temps passé à l'ordinateur alors qu'elles ne correspondaient qu'à 50% de celui-ci en 1988.
[2] On appelle choix sociométriques la liste des individus qu'on choisirait volontiers comme camarade, ami ou partenaire pour l'exécution d'un travail (Moreno, 1934).
[3] Kulik et son équipe, par exemple, obtiennent un effet «moyen» (ES) de.47 au primaire, tous types de logiciels confondus (Kulik, Kulik & Bangert-Drowns, 1985) et de.32 dans le secondaire (Kulik, Bangert, & Williams, 1983).

Chapitre 8
Questions pratiques

Il se pourrait que le lecteur soit convaincu par les chapitres précédents de la nécessité de permettre aux enfants dont il a la charge de s'initier à l'utilisation de l'ordinateur.

Un certain nombre de questions se posent alors nécessairement pour transformer cette intention en réalité. Le problème se pose à l'évidence très différemment selon qu'on envisage d'équiper son école ou sa famille, d'acheter du matériel nouveau ou d'adapter un équipement dont on dispose déjà, ou d'acquérir des programmes pour une machine déjà présente, etc. Il serait très difficile de répondre par avance à toutes les questions d'une manière personnalisée et satisfaisante. Ce chapitre est plutôt destiné à fournir quelques pistes pour trouver des réponses aux principales questions que le lecteur peut être amené à se poser.

À QUEL ÂGE COMMENCER?

A première vue on pourrait penser qu'il est indispensable de savoir lire et écrire pour pouvoir profiter des facilités de l'informatique. Ce n'est plus vrai depuis que la souris ou le joystick permettent de choisir parmi diverses options. On connaît de même les écrans tactiles qui offrent également des possibilités voisines. Certains logiciels sont donc accessibles bien avant que l'enfant n'ait été alphabétisé. Il existe même des logiciels pour apprendre à lire ou à écrire (*cf.* chapitre 2). On peut en outre remarquer que certains enfants sont parfaitement capables de tirer parti d'un logiciel pourtant écrit dans une langue étrangère (souvent l'anglais) grâce aux aspects graphiques et à la convivialité des interfaces qui caractérisent des programmes de plus en plus nombreux.

Dans son ouvrage présentant une sélection des 100 meilleurs logiciels éducatifs, Brown (1995) indique que plus du tiers d'entre eux sont accessibles, selon les indications des producteurs, à des enfants de moins de 4 ans. Il existe donc un marché en rapide expansion et l'arrivée des machines multimédias ne peut qu'amplifier ce phénomène.

Si la possibilité d'initier les enfant très tôt (dès 3 ans environ) existe donc sans conteste, il n'est pas sûr pour autant que des débuts précoces soient indispensables ou à recommander. En effet les premiers logiciels abordables ne permettent que des activités de niveau assez élémentaire, assez proches de celles qu'on peut aussi exercer à travers des jeux vidéo ou des didacticiels où il s'agit avant tout de choisir une réponse parmi d'autres. L'enfant d'âge scolaire pourra profiter plus pleinement des multiples potentialités des machines modernes et se livrer à des activités plus créatives. Il faut donc rassurer les parents dont les enfants n'auraient pas eu l'occasion de s'initier tôt; leurs enfants pourront encore prendre le train en marche à un âge plus avancé sans subir un désavantage particulier.

Inversement il n'y a pas lieu non plus de déconseiller les expériences précoces, même avec des logiciels qui peuvent paraître peu créatifs (jeux d'action, drills, tutoriels). Ce premier contact peut aider les enfants à saisir assez facilement comment fonctionnent les ordinateurs et cette connaissance peut ensuite être transférée et faire gagner du temps lors de l'utilisation de programmes plus ambitieux.

Même si nous ne connaissons pas de recherche montrant qu'au-delà d'un certain âge les premiers contacts s'avèrent difficiles voire impossibles, le témoignage d'adultes qui avouent leur « allergie » à l'informatique peut faire penser que l'initiation ne devrait idéalement pas être trop tardive. Il se pourrait qu'après un certain âge, on devienne moins souple pour adopter certaines tournures d'esprit qui facilitent les apprentissages dans le domaine informatique.

En l'état actuel des connaissances, il n'y a sans doute pas d'âge optimal, ni d'âge limite au-delà duquel il serait trop tard; on peut sans doute s'atteler à l'informatique assez tard sans dommage. D'ailleurs la plupart des informaticiens et des concepteurs de logiciels actuel ont eux-mêmes commencé à un âge relativement avancé, par la force des choses. Il faut en plus faire la part des différences individuelles et se baser sur l'attitude des principaux intéressés; en donnant aux enfants l'occasion d'un premier contact on verra bien dans quelle mesure cette activité déclenche chez eux un intérêt, une demande. Ce pourrait être le rôle de l'école ou de clubs de quartier que de favoriser cette première expérience avec l'informatique.

CHOIX DU MATÉRIEL

Le budget dont on dispose, les connaissances que l'on a, la possibilité de se faire aider à moindre frais en cas de difficulté, la compatibilité avec d'autres équipements auxquels on peut avoir accès à l'école ou dans son travail, sont autant d'éléments qui devraient être pris en considération pour répondre aux différentes questions qu'on se pose.

Faut-il acheter ?

Si l'on songe à la situation de la famille, la première question qui se pose concerne l'acquisition d'un ordinateur, ou, si l'on possède déjà une machine, l'opportunité d'une adaptation permettant de bénéficier des derniers progrès de la technologie et des logiciels qui en tirent parti.

Parmi les arguments qui militent en faveur de la possession d'un ordinateur à la maison figurent les résultats des diverses études mentionnées au chapitre 7 qui tendent à montrer les bénéfices retirés par les élèves possédant un ordinateur à la maison dans les enseignements qui font appel à l'ordinateur.

Par ailleurs, vu l'évolution du marché, on peut affirmer qu'il est presque toujours trop tôt pour acheter un ordinateur, tant la probabilité est grande qu'on puisse faire l'acquisition d'une machine sensiblement plus puissante pour un prix bien inférieur quelques mois après. C'est un risque contre lequel il est difficile de se prémunir. Toutefois la presse est généralement au courant des tendances du marché et les commerçants devraient fournir des renseignements sur ce point. L'acheteur potentiel sera bien inspiré de ne pas s'en tenir à l'avis d'un seul vendeur et de comparer plusieurs offres.

Faut-il acheter neuf ou d'occasion ?

Une manière de s'équiper à moindre frais peut consister à acheter une machine qu'un utilisateur privé ou une entreprise cherche à revendre d'occasion. On peut faire d'excellentes affaires de cette manière mais il nous semble important de vérifier que l'appareil peut faire l'objet d'une adaptation pour mieux répondre aux besoins à court et moyen terme. En particulier il est bon de vérifier s'il est possible d'ajouter de nouveaux périphériques à cette machine, pour améliorer ses performances. En tout état de cause il serait souhaitable de pouvoir disposer également de la documentation accompagnant toute machine. Le principal inconvénient d'un achat d'occasion réside dans l'absence de garantie ou de service après-vente en cas de défectuosité.

Les offres mirobolantes de certains commerces appellent des remarques similaires. Les très bonnes affaires peuvent ne l'être qu'à très court terme ; on pourrait découvrir peu après que cette machine n'est plus produite et qu'un nouveau modèle plus performant l'a remplacée. Selon les cas ces ordinateurs de fin de série peuvent toutefois donner satisfaction pour un premier contact.

Faut-il améliorer mon équipement ?

La transformation d'un système ancien par adjonction de nouveaux périphériques peut se révéler une aventure assez délicate. On n'est jamais sûr que les nouveaux composants et surtout les logiciels qui les font marcher seront compatibles avec certaines applications anciennes. Là encore il se pourrait que les économies réalisées à l'achat entraînent des difficultés auxquelles on aurait échappé par un investissement un peu supérieur.

La lecture attentive des magazines spécialisés peut aider à découvrir certaines incompatibilités, mais c'est une activité qui demande du temps et des connaissances préalables.

Quelle marque ? PC ou Mac ?

Pendant une décennie l'acheteur potentiel était confronté au choix cornélien de la marque, le marché étant grosso modo divisé entre deux mondes incompatibles : PC (IBM PC et compatibles) et Macintosh. Chacun de ces deux ensembles avait ses forces et ses faiblesses : Le Macintosh était d'un accès plus aisé pour le débutant en raison de sa plus grande convivialité, de son interface plus intuitive ; de plus il était bien implanté dans le système scolaire (au moins en Amérique du Nord et dans certains pays d'Europe). Les PC avaient l'avantage de donner accès à de plus nombreux logiciels en raison d'une meilleure implantation dans les entreprises. Aujourd'hui encore certains logiciels (tant d'usage professionnel que des jeux) sont développés d'abord pour la famille des PC avant d'être adaptés pour le Macintosh; mais le délai a, semble-t-il, tendance à se réduire.

Si ce choix existe donc toujours, l'opposition entre les deux mondes est moins forte aujourd'hui et de nombreuses machines permettent déjà d'utiliser des logiciels provenant des deux grandes familles. On peut donc tenir compte d'autres considérations pour guider son choix. La compatibilité avec le matériel déjà disponible au bureau, à l'école fait partie des éléments qui peuvent entrer en ligne de compte. La proximité d'un concessionnaire de la marque choisie peut constituer un autre élément d'appréciation. Le problème se pose de manière différente selon les pays, les régions.

Quelle configuration?

Quel type d'ordinateur faut-il s'efforcer de mettre à la disposition des enfants et des adolescents? Schématiquement on peut dire qu'aujourd'hui le choix est entre une machine simple (micro-ordinateur, écran, clavier) et une machine multimédia (mêmes composants plus lecteur CD-Rom, haut-parleurs). Une configuration plus complète pourrait inclure les facilités d'accès au réseau (fax/modem), un scanner, etc.

Le fait de disposer d'un écran en couleur était encore considéré comme un luxe facultatif il y a très peu de temps. La couleur est en passe d'être désormais un standard et elle est très appréciée des enfants. Très nombreux sont en outre les logiciels éducatifs qui ne fonctionnent qu'avec la couleur.

Dans tous les cas il semble indispensable d'avoir accès à une imprimante si l'on ne souhaite pas seulement faire l'acquisition d'une super console de jeux. De nombreuses activités ne se concrétiseront que par la production d'une trace écrite que l'on souhaitera obtenir presque immédiatement.

En revanche l'imprimante couleur n'est pas encore absolument indispensable à notre sens, sauf si les applications qu'on envisage le requièrent. Elle semble souhaitable à l'école, facultative à la maison. De plus si le supplément de prix d'une imprimante couleur est relativement peu important à l'achat, les frais d'utilisation (cartouches, entretien, etc.) peuvent réserver de mauvaises surprises.

Pour les enfants les plus jeunes, l'adjonction d'un «joystick» peut s'avérer utile, notamment lors de l'utilisation de certains jeux. Mais une étude de King et Alloway (1992) auprès d'enfants de 4 ans a montré que l'utilisation de la souris pouvait déjà être très efficace dès cet âge.

Afin de préserver l'avenir, il nous semble qu'il serait imprudent de se priver des facilités de type multimédia (essentiellement un lecteur de CD et les équipements permettant le traitement du son), tant on assiste à une explosion de la production de logiciels éducatifs attrayants qui en font usage. La plupart des jeux récents sont aussi conçus pour ce type d'équipements qui deviendront très prochainement un standard.

Il faut prévoir d'emblée suffisamment de mémoire, aussi bien pour ce qui est du disque dur que pour la mémoire à accès rapide. Les logiciels sont de plus en plus gourmands dans ce domaine.

En tout état de cause l'acheteur devrait s'assurer de la possibilité d'ouverture de la machine vers les futures extensions par l'adjonction de nouveaux composants (mémoire supplémentaire, périphériques, connexion au réseau, etc.).

Comparer, étudier le marché

L'ensemble des possibilités offertes actuellement est tel que l'acheteur potentiel serait bien avisé de se renseigner auprès de divers commerces et de demander plusieurs offres pour un même type de configuration. La lecture de magazines spécialisés, l'interrogation de personnes de confiance plus expérimentées peuvent aider le débutant à ne pas investir à mauvais escient et à éviter les mauvaises surprises.

CHOIX DU LOGICIEL

Une fois le choix du matériel effectué, en faisant l'hypothèse d'un choix positif, quel(s) logiciel(s) choisir? Sans programme un ordinateur aussi puissant soit-il n'est rien. De plus il serait imprudent de ne compter que sur des copies piratées de logiciels. La crainte des virus est dans ce domaine le commencement de la sagesse. De plus tout logiciel s'accompagne d'une documentation seule à même de permettre son utilisation optimale.

Remarquons qu'il est fréquent que certains logiciels soient livrés avec la machine permettant ainsi des économies qui peuvent s'avérer bienvenues. Dans le choix du matériel, c'est un élément qui doit être également considéré.

Au-delà du choix d'un programme, c'est à un choix d'activités qu'on procède. Par ce choix on crée plus ou moins de possibilités pour le jeune utilisateur; c'est donc encore plus important que le choix de la machine elle-même. Il ne faut pas hésiter à demander des conseils à des personnes mieux informées, telles que des enseignants, des animateurs de clubs d'informatique, des commerçants. Pour ces derniers il est toutefois rare qu'on ait affaire à des personnes très versées en éducation.

Quel type d'activités?

Les prix des logiciels semblant plus stables que ceux du matériel, l'aspect économique de ce choix est moins crucial que le fait de savoir à quelles utilisations on veut donner la priorité. Plusieurs facteurs peuvent entrer en ligne de compte. Veut-on privilégier les activités de loisirs ou permettre des apprentissages? Vise-t-on avant tout une initiation à des logiciels utilisés dans la pratique professionnelle?

Il est certainement préférable de choisir une gamme de logiciels appartenant aux diverses catégories que nous avons présentées dans les chapitres précédents. Ne s'en tenir qu'à quelques jeux serait se priver de nombreuses possibilités offertes par un ordinateur moderne.

Il nous semble indispensable, tant à la maison que dans le cas d'une école, de disposer des principaux utilitaires tels que traitement de texte, tableur, programme de dessin (éventuellement par l'entremise d'un programme intégré). A la maison on y ajoutera, selon l'âge des enfants concernés et selon ses priorités, des programmes éducatifs (lecture-écriture, calcul, histoire, apprentissage de langues étrangères, etc.) et des logiciels de jeux (en évitant de ne s'en tenir qu'à la catégorie des jeux d'action, *cf.* chapitre 5). L'achat de dictionnaires ou d'encyclopédies sur CD-Rom concernera en priorité les écoles, mais peuvent aussi être envisagé dans le cas de la maison si les moyens à disposition le permettent. Les écoles devraient étudier de près la possibilité d'avoir accès au réseau pour bénéficier des immenses possibilités des banques de données existantes et pour permettre aux élèves d'effectuer des recherches de renseignements divers. Dans l'établissement du budget à présenter aux autorités responsables, il ne faut donc pas oublier de mentionner le matériel et les logiciels supplémentaires correspondants.

Durée de vie des logiciels

Parmi les points auxquels il semble utile de prêter attention figurent sans doute la durée pendant laquelle un logiciel est intéressant et susceptible d'être utilisé. Un jeu qui ne retiendrait l'attention du jeune utilisateur que pendant quelques semaines mérite sans doute un investissement moindre qu'un programme de traitement de texte qui pourra être utilisé immédiatement mais aussi durant de nombreuses années par la suite. Le problème se pose différemment lorsqu'on a plusieurs enfants qui vont pouvoir en profiter à tour de rôle, ou pour une école.

En cas de budget limité on évitera l'achat d'un logiciel conçu pour l'apprentissage d'une notion que l'enfant maîtrisera de toute façon sous peu, même sans lui.

Quelques critères utiles

Pour guider le choix des logiciels, il est conseillé de définir des objectifs et de se donner des critères. Les magazines spécialisés décrivent les logiciels et tentent d'en évaluer les apports respectifs. Ils ont alors parfois recours à une liste d'éléments qui sont examinés indépendamment afin de faire ressortir les forces et les faiblesses du programme. C'est dans le même esprit que Brown (1995) a jugé de la valeur des 100 logiciels éducatifs les plus valables selon lui. Parmi les aspects qu'il évalue figurent la facilité d'installation, la qualité de l'interface, des graphiques, de l'animation, des aspects auditifs, des extraits vidéo ; il mentionne également la profondeur du contenu qui cherche à mesurer la variété des activités permises par un logiciel ; enfin il examine la valeur éducative du programme en signalant qu'il s'agit d'un critère difficile à définir de manière opérationnelle, tant cette valeur dépend des situations dans lesquelles le programme sera utilisé et surtout des conceptions éducatives qu'on adopte. Pour Brown cela revient à tenter de déterminer quelle(s) capacité(s) l'enfant peut acquérir par l'usage du logiciel examiné ; il pense aussi qu'un programme permettant une exploration par l'enfant à son propre rythme, qui lui permet de manifester de la créativité et d'exercer sa capacité à résoudre des problèmes est supérieur pour ce critère de valeur éducative à un programme de drill ou de mémorisation par cœur.

Giacquinta et ses collègues présentent une liste de 34 questions que des parents peuvent se poser au sujet d'un logiciel (Giacquinta, Bauer & Levin, 1993, p. 217-218). Le tableau 8.1 présente un échantillon de celles qui nous ont semblé les plus importantes :

Tableau 8.1
**Liste de questions qu'on peut se poser
pour évaluer l'intérêt d'un programme**
(D'après Giacquinta, Bauer & Levin, 1993, p. 217-218)

2   Quel est le thème principal, le sujet du programme?
3   Quand a-t-il été créé?
6   Quel est l'âge des utilisateurs prévus?
8   Quel est le mode de présentation : jeu, drill, tutoriel, simulation, réflexion?
9   Quel matériel et quels périphériques sont nécessaires ou souhaitables pour utiliser le programme?
12 Comment puis-je me préparer pour utiliser le programme avec mon enfant?
14 La documentation est-elle précise et facile à lire?
19 Peut-on modifier le rythme du programme?
23 Des écrans d'aide sont-ils disponibles?
24 Peut-on quitter le programme quand on le désire?
25 Le programme comprend-il des facilités de sauvegarde des données?
29 Les feedbacks et les messages sont-ils appropriés?
31 Y a-t-il des options permettant l'utilisation du programme de façon non linéaire?
32 Le programme peut-il s'adapter à différents styles d'apprentissage individuels, niveaux d'âge, ou effectifs de groupes (p. ex. utilisation individuelle, parent-enfant, etc.)?

Cette liste, même raccourcie, est sans doute trop longue pour être facilement utilisable et, de plus, elle suppose de pouvoir tester le programme, ce qui n'est pas forcément réaliste compte tenu des habitudes actuelles du commerce; mais elle a le mérite de montrer à nouveau la complexité d'un tel choix. Au cas où on ne peut pas procéder à de telles vérifications, le mieux est sans doute de trouver une ou plusieurs personnes de confiance pouvant donner de bons conseils dans le choix des logiciels les plus intéressants.

QUELLES ACTIVITÉS?

La palette des activités possibles est très large et de nombreuses considérations peuvent entrer en ligne de compte. L'organisation et la préparation seront très différentes selon qu'on souhaite privilégier des activités individuelles ou des activités de groupe, selon qu'on souhaite que les enfants ou adolescents puissent apprendre par eux-mêmes de manière totalement autonome ou qu'un adulte est disponible pour interagir avec l'enfant durant les activités informatiques.

S'il s'agit de prendre des décisions concernant l'équipement d'une école, d'une classe, les questions de coût passent sans doute après celles ayant trait au type d'activités envisagées. Le type d'activités sera lui-même fonction de la préparation des utilisateurs, aussi bien enfants qu'adultes. En effet si certains logiciels peuvent être utilisés par l'enfant sans que l'adulte n'effectue aucune préparation, d'autres nécessitent de la part de l'enseignant ou des parents une certaine, voire une bonne, connaissance préalable; c'est ainsi que l'utilisation individuelle de jeux ou de tutoriels demande à l'évidence moins de préparation que des activités plus complexes comme l'usage de progiciels, celui du courrier électronique ou la consultation d'une base de données.

Dans le cas où les parents ou les enseignants concernés n'ont qu'une connaissance préalable limitée, ce seront surtout des logiciels simples à utiliser tels que les drills, les tutoriels, les jeux, ou encore des encyclopédies qui pourront constituer une première entrée dans le monde de l'informatique.

L'utilisation d'un traitement de texte, d'un tableur ou d'un logiciel de dessin est un peu plus exigeante, mais les versions récentes sont de plus en plus conviviales et transparentes; de plus des menus d'aide sont là pour dépanner l'utilisateur en cas de doute ou de difficulté. Vu l'utilité de ces programmes pour résoudre différents problèmes de la vie quotidienne (correspondance, comptabilité du ménage), tout possesseur d'un ordinateur ne devrait pas hésiter à en faire l'acquisition; une maîtrise minimale sera suffisante pour pouvoir aider un enfant à l'utiliser avec profit. Si ce même logiciel est utilisé à l'école, il se pourrait que ce soit l'enfant qui initie ses parents.

L'usage d'un logiciel de programmation, comme on l'a vu au chapitre 3, est difficile sans l'aide d'un adulte ou d'un camarade expérimenté. Mais si un tel logiciel est utilisé à l'école, et si l'enfant est engagé dans un projet d'une relative complexité, ce peut être une bonne idée que de posséder à la maison une version du même programme pour lui permettre de prolonger les activités proposées dans le cadre scolaire.

Enfin parmi les activités les plus intéressantes figurent sans doute les expériences de conception de logiciels, préconisées par différents groupes de chercheurs (*cf.* chapitre 6). Ces activités nécessitent toutefois, elles, une réelle expertise de la part des animateurs de l'activité non seulement en informatique, mais aussi en psychologie et en pédagogie, ainsi que dans le domaine qu'on souhaite traiter (mathématiques, urbanisme, etc.). En outre l'organisation d'un tel projet suppose une planification sur une période relativement longue, une bonne coordination de plusieurs groupes et un encadrement important.

UTILISATION DE LA MACHINE

Les ordinateurs modernes sont des machines très puissantes, permettant une grande variété d'activités. En conséquence l'acheteur doit choisir parmi les différentes options de fonctionnement celles qui correspondent à ses besoins propres. Des petits programmes qu'on peut ajouter au système permettent de personnaliser son ordinateur. Par exemple il est conseillé de se protéger contre les virus, de prévoir des sauvegardes automatiques, d'empêcher les effacements involontaires, etc. Les manuels d'utilisation des machines fournissent les indications voulues à cet effet.

Aspects ergonomiques

Il ne suffit pas de faire l'acquisition du matériel et des logiciels adéquats pour que tout se déroule sans problème. En effet il convient aussi de prendre garde à la manière d'utiliser ces nouveaux produits, en particulier pour éviter certains effets néfastes.

Les constructeurs indiquent dans la documentation qui accompagne les machines quelles sont les principales règles à observer pour la prévention de divers problèmes potentiels en cas d'usage intensif et prolongé de la machine. Cela concerne donc avant tout les personnes qui utilisent un ordinateur dans un cadre professionnel. Pour ce qui est des enfants et des adolescents, une telle utilisation prolongée est relativement peu fréquente, sauf en cas de passion pour un jeu; ces précautions semblent donc moins cruciales, mais il est tout de même bon de connaître les points les plus importants à observer.

On peut éviter certaines douleurs musculaires et articulaires ou une fatigue visuelle en aménageant de manière adéquate l'espace et en veillant à ce que les conditions d'éclairage soient satisfaisantes.

Certaines personnes sont plus sujettes à ce type d'affection en raison de leurs caractéristiques personnelles (état de santé, physiologie, etc.).

D'une manière générale on peut dire qu'il est meilleur d'éviter toute posture inconfortable, de changer souvent de position et de faire des pauses fréquentes.

Un siège réglable en fonction de la taille des utilisateurs serait la meilleure solution. Il serait en effet préférable de pouvoir veiller à ce que les cuisses reposent à l'horizontale et que les pieds soient posés à plat sur le sol.

Après un effort continu et intensif, certains utilisateurs ressentent des douleurs dans les mains, les poignets et les bras. Pour prévenir ces douleurs il faut faire en sorte que les épaules, les mains et les doigts soient détendus durant l'utilisation de l'ordinateur.

En ce qui concerne l'éclairage, il faut aussi veiller à réduire le plus possible les reflets de l'éclairage électrique et de la lumière du jour sur l'écran. Cela peut se faire en modifiant l'orientation du moniteur ou de l'écran. Le réglage de la luminosité et du contraste de l'écran lorsque les conditions d'éclairage changent peut aussi aider à prévenir la fatigue oculaire. La distance entre les yeux et l'écran devrait se situer entre 45 cm et 70 cm. Les muscles des yeux sont davantage sollicités lorsque le regard se concentre sur des objets proches. Il convient alors de fixer périodiquement un objet au loin et de cligner fréquemment des yeux. Un nettoyage régulier de l'écran permet aussi de réduire les reflets.

Discipline d'utilisation

On sera bien inspiré de consacrer un minimum de temps à l'organisation des différents supports d'information (disque dur, disquettes, etc.) et des documents qu'ils contiennent. Un regroupement logique des fichiers dans des dossiers et le choix de noms suffisamment explicites pour désigner les documents permettront d'éviter de longues recherches ou la perte quasi définitive de fichiers pourtant sans doute toujours présents, mais impossibles à retrouver.

L'application d'une discipline rigoureuse s'impose surtout en cas d'utilisation de la machine par plusieurs personnes. On veillera notamment à organiser le disque dur de telle sorte que chacun retrouve ses programmes favoris sans difficulté. Il est aussi possible d'effectuer une partition du disque dur pour mieux protéger les différents espaces alloués à chacun.

Des précautions sont à prendre pour éviter d'effacer par inadvertance ou maladresse des fichiers importants. Dans ce but, on peut verrouiller un fichier, un dossier. Des copies de sécurité sont aussi conseillées pour éviter d'avoir à recommencer un travail déjà effectué.

Chapitre 9
Conclusions

Après avoir passé en revue les domaines les plus importants à nos yeux et souligné, pour chacun d'eux, les résultats les plus significatifs des recherches publiées comme des tentatives en cours d'expérimentation, le moment est venu d'essayer de dégager les pistes qui semblent les plus prometteuses, ainsi que de donner des réponses à quelques-unes des questions que nous posions dans l'introduction.

LES GRANDES ÉVOLUTIONS

Depuis le milieu de ce siècle, l'ordinateur a pénétré lentement mais sûrement de nombreux domaines, modifiant insensiblement des pratiques, rendant obsolètes certaines activités; le cadre professionnel (Mandl, Gruber & Renkl, 1994), le secteur des loisirs (Gates, 1995), les télécommunications ou les transports sont parmi les domaines les plus directement atteints, mais d'autres le seront aussi immanquablement (Toffler, 1980). On peut même affirmer qu'ils le seront bientôt car il ne fait aucun doute qu'on assiste aujourd'hui à une accélération remarquable des changements induits par l'usage de l'informatique. Où nous mène l'informatique ? se demandait Simon Nora il y a plus de dix ans (Nora, 1983). Il faut bien reconnaître que ce type de question est toujours d'actualité et qu'il est encore bien difficile d'y répondre aujourd'hui avec précision.

A travers le brouillard que crée la multitude d'expériences de toutes sortes et dont nous n'avons pu présenter dans ce livre qu'un échantillon, il nous semble apercevoir dans cette évolution quatre tendances qui toutes vont certainement encore se prolonger. Les voici brièvement présentées.

Une nouvelle fonction pour l'ordinateur

La première évolution concerne la fonction même de l'ordinateur. Conçu à l'origine comme une machine à calculer, puis à traiter des données alphanumériques, l'ordinateur moderne se présente de plus en plus comme une machine à fournir de l'information. Les disques durs, les CD-ROM et maintenant les réseaux élargissent chaque jour le champ des données auxquelles l'ordinateur donne accès. De plus en plus de pourvoyeurs de services l'ont compris qui, à l'heure actuelle déjà, offrent une version informatisée de leurs catalogues, horaires, listes d'abonnés ou autres « spécialités ». Consulter son ordinateur sera bientôt aussi naturel qu'ouvrir un dictionnaire ou compulser un annuaire et assurément plus facile et efficace qu'obtenir un renseignement par téléphone, comme le montre le succès rencontré en France par l'expérience du Minitel.

La qualité des écrans graphiques, l'incroyable puissance de calcul des processeurs et les nombreuses facilités de stockage de l'information qu'offrent les ordinateurs modernes augmentent encore la pertinence de les utiliser comme source d'information. Grâce à eux, l'usager peut bien souvent recevoir l'information recherchée sous la forme qu'il préfère, texte, explication sonore ou même animation vidéo; d'une simple touche ou d'un mouvement de la souris, il pourra, s'il le souhaite, transférer l'information obtenue dans un de ses fichiers ouvert à cet effet ou la coucher sur le papier qui sortira de son imprimante, sans même avoir à la retranscrire. Tous ces développements permettent d'affirmer, sans risque de se tromper, que l'ordinateur est en passe de devenir, pour de nombreuses personnes, la source d'information la plus utilisée, bien avant le livre, le journal, la télévision, la radio ou le téléphone.

Vers une intégration des technologies

Une seconde évolution que l'on peut percevoir aujourd'hui semble être l'interconnexion de plus en plus étroite des technologies de l'information et de la communication, avec comme le disait déjà Toffler (1986), dilution de la frontière entre information et communication. L'ordinateur, la télévision, les journaux, le téléphone, le fax sont de plus en plus étroitement associés, non seulement technologiquement, mais aussi fonctionnellement, grâce à la numérisation croissante des signaux. Ainsi on peut maintenant, par exemple, lire la presse écrite ou regarder la télévision sur son ordinateur, envoyer des lettres ou infléchir le cours d'une émission télévisée par le téléphone. En conséquence, l'ordinateur personnel devient un moyen d'émettre et de recevoir des messages, d'entrer en communication et d'échanger avec d'autres individus à des distances de plus en plus grandes, d'interagir avec d'autres médias.

Des logiciels plurifonctionnels

L'intégration croissante des logiciels constitue un troisième axe d'évolution. Alors que les genres étaient au début bien séparés, qu'on distinguait relativement facilement entre didacticiel, jeu ou ordinateur-outil, les logiciels récents proposent volontiers plusieurs usages en parallèle. On parle ainsi de logiciels intégrés mais aussi d'environnements d'apprentissage enrichis, dans lesquels l'utilisateur peut, lorsqu'il le souhaite, s'informer sur un objet, recevoir une explication, programmer une expérience, analyser des données ou communiquer le résultat de sa réflexion à autrui.

L'explosion de la télématique

La quatrième direction de développement réside dans un accent toujours plus marqué vers la communication entre les individus, l'échange, le partage. Ces tendances sont fortement encouragées par les progrès technologiques qui permettent la communication à travers les réseaux et l'échange d'informations toujours plus riches, plus vivantes. Relayant l'échange épistolaire, l'ordinateur est de plus en plus utilisé pour mettre en contact des individus ou des classes des quatre coins de la planète, par-delà même les frontières linguistiques bien souvent. De nombreux récits témoignent de véritables amitiés nées à l'occasion de tels échanges et qui se confirment ensuite lorsque, souvent bien plus tard, un voyage permet enfin de mettre un visage derrière le nom déjà familier d'un correspondant.

DE NOUVELLES HABILETÉS À ACQUÉRIR

Les évolutions que l'on voit ainsi se dessiner sont importantes et ne seront pas sans conséquences sur la nature des compétences qu'il faudra acquérir pour les maîtriser. Certes lire, écrire et compter resteront bien sûr des acquisitions incontournables, mais d'autres capacités, qui jusqu'ici étaient demeurées un peu au second plan dans les programmes scolaires, vont assurément devoir être renforcées.

Apprendre à faire des choix

Il suffit de se brancher une fois sur Internet, par exemple, pour réaliser qu'on ne peut déjà plus lire tout ce qu'on y trouve; face à l'immense masse d'informations disponibles sur simple demande, l'utilisateur sera bien vite submergé. Comment procéder pour parvenir rapidement à l'information recherchée? Comment savoir reconnaître rapidement si l'information désirée risque de se trouver dans l'espace exploré ou si elle n'a que très peu de chance d'y figurer? Que faire enfin des informations intéressantes recueillies lors d'une recherche si elles ne sont pas directement en rapport avec l'information désirée? Voilà quelques unes des capacités que les utilisateurs de l'ordinateur, jeunes et moins jeunes, doivent acquérir rapidement pour ne pas se noyer dans l'océan d'informations auxquelles l'ordinateur moderne leur donne accès. Enseignants, éducateurs et parents veilleront alors à aider l'enfant à s'orienter, à sélectionner, à faire des choix, bref à acquérir la discipline nécessaire pour que le produit de ses recherches n'apparaisse pas dérisoire en regard du temps et de l'effort qu'il y aura consacrés.

Apprendre à évaluer la qualité des informations obtenues devient également une nécessité incontournable dans un tel contexte; tout ce qui est accessible par le réseau n'a en effet pas le même intérêt ni la même qualité. Sur quelle base et en vertu de quels critères va-t-on privilégier telle ou telle information? Pourquoi faudrait-il accorder du crédit à telle source d'information et pas à telle autre, voilà également des apprentissages importants qu'il convient de faire faire aux enfants de l'âge de l'ordinateur. Développer chez l'enfant l'esprit critique, un objectif presque aussi ancien que l'enseignement lui-même, reprend ici une importance assurément fondamentale.

En résumé, on peut affirmer qu'avec l'ordinateur moderne et la multitude d'informations auxquelles il donne accès, la responsabilité ultime du traitement de l'information, qu'on avait eu tendance à attribuer à l'ordinateur lui-même, est en passe d'être rendue à son utilisateur. Encore faut-il que celui-ci soit prêt à accepter et à exercer cette nouvelle charge.

Apprendre à communiquer

L'ordinateur actuel devient également de plus en plus un moyen de communication et d'échange entre les individus. Dans bien des cas cependant, cette communication est assez particulière; elle s'opère en effet généralement entre gens qui ne se voient pas, qui souvent ne se connaissent pas, et qui parfois même ignorent qu'ils sont entrés en communication. A la différence de ce qui se passe dans la communication verbale notamment, celui qui émet le message ne peut plus ici s'appuyer sur les connaissances que pourrait avoir de son objet celui qui le reçoit; s'il désire être compris de n'importe qui, l'émetteur d'un message par ordinateur, qu'il utilise le traitement de texte et le papier ou qu'il émette directement à travers un réseau, doit accorder une attention toute particulière à l'intelligibilité de son message. Or, dans la vie quotidienne, l'immense majorité des échanges que pratiquent les enfants s'opèrent généralement avec des camarades ou des adultes qui les connaissent bien, qui bien souvent partagent un haut degré de connaissances communes, et qui donc comprennent pour ainsi dire à demi-mot les messages qui leur sont adressés. Plusieurs auteurs ont montré combien les jeunes enfants peuvent éprouver de difficultés à se décentrer de leurs connaissances propres lorsqu'ils entrent en communication avec d'autres (Beaudichon, Verba & Winnykamen, 1988), mais combien aussi, très tôt, ils savent adapter le niveau de leur message aux compétences de la personne à laquelle ils s'adressent. Apprendre à utiliser l'ordinateur pour communiquer efficacement avec autrui implique nécessairement alors que l'enfant apprenne à connaître les règles qui rendent la communication claire et agréable et qui donnent envie à celui qui reçoit un tel message d'y répondre rapidement.

Apprendre à collaborer

On l'a vu, en classe comme à la maison, le travail à l'ordinateur s'effectue rarement seul; savoir tirer parti de ces situations de collaboration n'est cependant pas toujours chose facile pour un élève habitué à la compétition et incité depuis toujours à essayer de tirer son épingle du jeu. Les travaux consacrés à l'étude des collaborations qui s'installent entre enfants réunis autour d'un même ordinateur montrent clairement que tous les enfants ne savent pas d'emblée se distribuer les tâches de manière efficace (Hoyles, Healy & Pozzi, 1992). Apprendre à collaborer implique de savoir négocier, de faire des compromis, d'accepter de faire passer parfois l'intérêt du groupe avant son intérêt propre. Le travail à l'ordinateur, comme le montre les travaux récents, peut contribuer de manière sensible à développer ces capacités (Crook, 1994). De telles aptitudes, une fois apprises, ne seront pas utiles que dans la situation informatique; c'est l'ensemble des modes de travail qui très bientôt exigeront de l'individu qu'il sache s'intégrer dans un groupe, un bureau ou une équipe.

On peut également faire l'hypothèse que le développement de la communication et des réseaux débouchera, selon le mot de Pierre Lévy

(1995), sur la « constitution délibérée de formes nouvelles d'intelligence collective, plus souples, plus démocratiques, fondées sur la réciprocité et le respect des singularités » (p. 94). Partager des informations, ce n'est en effet pas seulement s'informer mutuellement, c'est aussi participer ensemble à une réflexion commune, construire ensemble une solution à un problème partagé. Mais l'abolition des distances que permet le réseau ne supprime pas pour autant les différences culturelles ou sociales ; les collaborations auxquelles on va devoir s'habituer ne se limiteront plus à des individus d'une même culture et d'un niveau de formation assez homogène. Collaborer par-delà les frontières implique donc de savoir s'adapter à des perspectives et des références parfois fort différentes.

Apprendre à maîtriser la maîtrise

Apprendre à maîtriser un domaine ou une technique pourrait bien ne pas être la difficulté majeure que devront surmonter les individus de demain. Comme le fait remarquer Michel Serres (1993), le plus grand défi pourrait bien être celui d'apprendre à maîtriser notre propre maîtrise, c'est-à-dire de savoir respecter les limites du faisable et du non-faisable, lorsqu'aucune barrière pratique ne s'opposera plus à nos actions. A mesure que les problèmes techniques s'effacent, que tout devient possible, les problèmes éthiques, déontologiques et juridiques voient en effet leur importance s'accroître ; si un jour, pour prendre un exemple caricatural, apparaissait sur le marché un logiciel donnant l'accès à tous les comptes de n'importe quelle banque de par le monde, qu'est-ce qui empêchera encore un usager malhonnête d'aller se servir chez les plus riches clients de la banque la mieux achalandée ? C'est assurément dès ses premières expériences avec l'informatique que l'enfant doit être sensibilisé à ce type de réflexion, et les efforts de l'école, des parents et de toute la communauté éducative seront nécessaire pour y parvenir, car l'enjeu ici, on s'en rend compte, est assurément de taille.

DE NOUVEAUX SITES POUR APPRENDRE

Assurer à chaque enfant une instruction qu'il ne pouvait recevoir dans son milieu familial est, parmi toutes les raisons qui ont présidé à la création de l'école, la plus communément reconnue. Par assimilation abusive, on a alors considéré parfois que l'instruction ne pouvait avoir qu'un seul théâtre : l'école. Aujourd'hui pourtant on observe qu'elle déborde à nouveau de ce cadre strict en bien des cas et bien des endroits. Dans le temps tout d'abord ; rares sont ceux qui estiment encore que l'on est en quelque sorte dispensé d'apprendre dès qu'on a terminé son école obligatoire ; la formation continue, la formation permanente même sont devenues réalité. Les vacances scolaires sont également, pour de nombreux écoliers, l'occasion de rafraîchir leurs connaissances ou même de se préparer à entrer dans une nouvelle classe, grâce aux multiples cahiers, livrets ou autres matériels parascolaires qu'on remplira à la mer, à la montagne ou chez soi et dont le développement et l'usage connaissent depuis quelques années une progression remarquable. Dans les lieux ensuite ; diverses institutions, anciennes ou toutes récentes, offrent régulièrement au public, et aux jeunes en particulier, des espaces et des occasions d'approcher de manière plus concrète, les connaissances et les thématiques proposées à l'école. Ainsi les bibliothèques municipales, les musées, les centres de la découverte, les cybercafés proposent tous de telles opportunités d'apprentissage.

Le domicile également tend à devenir plus que jamais un lieu d'apprentissage. Certaines universités offrent des programmes d'enseignement à distance, permettant ainsi à leurs étudiants de suivre les cours et d'effectuer les travaux chez eux, à l'heure qui leur convient. Quelques chaînes de télévision, nationales voire transnationales tentent de raviver l'espoir que le téléviseur domestique puisse un jour contribuer intelligemment à l'instruction des enfants et des adultes. La rapide expansion du nombre des ordinateurs domestiques accentue encore ce phénomène de délocalisation des apprentissages scolaires. L'éducation des enfants est d'ailleurs souvent l'argument décisif invoqué par les familles pour acquérir un ordinateur (Grevet, 1995); aux yeux des parents, celui-ci est en effet en train de changer de signification : de console de jeu qu'il était il y a quelques années encore, il est de plus en plus considéré comme un support des activités d'apprentissage (Rocheleau, 1995). Mais acheter un ordinateur à son enfant et penser qu'ainsi il pourra bénéficier d'un supplément d'enseignement à la maison pourrait s'avérer être un faux calcul. Limiter l'achat des logiciels aux seuls programmes de révision ou d'entraînement des connaissances scolaires risque de conduire l'enfant à un désintérêt pour le travail à l'ordinateur et bientôt à une saturation malvenue à l'égard de tout ce qui s'apparente de près ou de loin à du travail scolaire.

DE NOUVELLES MANIÈRES D'APPRENDRE

Les changements que les développements technologiques engendrent dans le déroulement des apprentissages ne se limitent en effet pas aux habiletés à acquérir et aux sources d'apprentissage ; la façon même dont nous avions l'habitude d'apprendre va également changer. On n'apprendra plus chacun pour soi, on n'apprendra plus en écoutant, en passant lentement du simple au complexe; on apprendra ensemble dans l'échange, en créant, et en s'attaquant d'emblée à des problèmes complexes. Chacune de son côté, la famille et l'école devront apprendre à accompagner ces changements.

Apprendre ensemble

Les logiciels éducatifs modernes sont bien plus des encyclopédies ou des laboratoires que des professeurs. On ne croît plus vraiment à la possibilité de pouvoir un jour mettre au point des programmes capables de remplacer un véritable enseignant. S'ils fournissent ou permettent d'accéder à des informations de plus en plus nombreuses et multiples, nombre de logiciels modernes se contentent bien souvent de rendre celles-ci disponibles, ne se souciant pas de leur donner une forme particulièrement adaptée aux besoins ou aux possibilités de celui qui les lui demande. En référence aux conseils qu'on donne généralement vis-à-vis de la télévision, il demeure préférable alors, dans la mesure du possible, d'accompagner les enfants dans la découverte de ses informations, dans la réalisation de ses premières expériences. Qui mieux qu'un parent ou un enseignant peut en effet connaître ce que cherche un enfant, comprendre ses besoins et l'aider à donner du sens à ce qu'il perçoit! Un sociologue français, Bernard Cathelat, montre d'ailleurs que lorsque l'ordinateur prend place dans un foyer, une majorité de parents cherche à accompagner leur(s) enfant(s) dans l'apprivoisement de celui-ci, même lorsqu'ils ne disposent d'aucune formation ou connaissance préalable en la matière (Grevet, 1995). L'expérience montre que l'on assiste volontiers alors à une réciprocité d'assistance, la facilité avec laquelle les enfants apprennent à manipuler ordinateurs et programmes servant souvent de monnaie d'échange à l'avantage dont bénéficient les parents en termes de connaissance des matières travaillées.

Apprendre en créant

La plupart des logiciels dont l'objectif déclaré est de servir de support au travail scolaire, drills, didacticiels ou jeux de consolidation en particulier, limitent les activités qu'ils proposent à des situations d'application des connaissances acquises et d'exercice des savoir-faire à maîtriser. Si la pratique de telles activités peut s'avérer bénéfique, à titre de consolidation ou de rafraîchissement des connaissances, force est de reconnaître que l'inventivité, la recherche de solutions originales n'y sont que trop peu stimulées. Or tout le développement de la technologie informatique est marqué du seau de la créativité ; pas un mois sans qu'apparaissent de nouveaux produits, ne se développent de nouvelles solutions, ne s'ouvrent de nouvelles possibilités. Parents et enseignants ne devraient-il pas savoir aussi répondre à la créativité des concepteurs de ces technologies par de la créativité pédagogique et pousser les enfants vers des activités de conception, de recherche et de découverte ? Stimuler la créativité de l'enfant, ce n'est pas seulement solliciter un pan quelque peu négligé de son activité intellectuelle. La création, comme le relève si finement Jacquard (1984), n'est-elle pas après tout la tâche fondamentale à laquelle doit apprendre à s'atteler tout individu car, « chaque homme n'est pas un acteur chargé de jouer, une nouvelle fois, un rôle depuis longtemps écrit et déjà joué par mille autres ; il est auteur, il a à écrire le rôle qu'il jouera. » (Jacquard, 1984, p. 168) Ou encore, comme le dit Nora (1983, p. 51) : « Le défi ultime, en fin de compte, le défi de l'informatique, est donc celui porté à l'intelligence et à la créativité, à ce qui donne du sens dans une société. »

Apprendre par les problèmes complexes

Par l'exemple de ses célèbres machines à enseigner, Skinner a joué un rôle crucial dans le développement des programmes d'enseignement assisté par ordinateur. Pendant longtemps on s'est efforcé alors de découper la matière à enseigner en unités aussi petites que possible et de la faire apprendre aux élèves de façon séquentielle. Les ordinateurs de la première époque n'ayant qu'une capacité limitée de traitement de l'information, une telle approche était peut-être même la seule qu'on pouvait réellement emprunter. Depuis, la puissance des ordinateurs a considérablement augmenté (on considère qu'elle double environ chaque année), et divers modèles d'apprentissage non séquentiel ont fleuri à côté des approches linéaires d'inspiration behavioriste.

Confrontant les situations d'apprentissage proposées aux élèves à l'école et celles auxquelles sont confrontés les apprentis dans le cadre de leur formation professionnelle, Collins, Brown et Newman (1989) remettent en question la nécessité de sursimplification des situations qu'on impose traditionnellement aux élèves. Sur un chantier ou dans un atelier, le jeune novice ne se verra pas confier d'emblée les tâches les plus complexes, mais dès les premiers jours, il participera, dans la mesure de ses moyens, à la réalisation de l'ouvrage important auquel son équipe s'est attelée.

La technologie moderne permet de présenter à l'écran des situations très complexes, qui, quoique virtuelles, contiennent pour ainsi dire l'ensemble des paramètres d'une situation réelle. D'un seul et même poste de travail, le graphiste qui conçoit, réalise (texte et illustration) et diffuse à des milliers de kilomètres à la ronde une plaquette d'information, aura à résoudre des opérations qui jusqu'ici nécessitait les savoir-faire d'un éditeur, d'un photographe, d'un imprimeur et d'un fonctionnaire postal. Les jeux de découverte ou les simulations sont également capables de plonger leur utilisateur dans un environnement de très haute complexité. Les habitudes prises ainsi à travailler sur des situations complexes faciliteront assurément le transfert des capacités de résolution aux problèmes de la vie courante. Permettre aux élèves de travailler sur des problèmes complexes, beaucoup plus proches de ceux qu'ils rencontreront dans la vie, leur offrir le temps et l'espace pour les travailler globalement et complètement, tel pourrait être le bénéfice majeur que l'école pourrait tirer du développement de ces nouveaux outils d'apprentissage.

Nombre de recherches citées dans les chapitres précédents montrent qu'une telle approche est non seulement possible mais de plus fructueuse. Les thèmes écologiques font partie de ces problèmes complexes auxquels les enfants s'intéressent et qu'ils peuvent traiter soit par la simulation (avec des jeux comme SIMCITY), soit par une méthode pédagogique proche des centres d'intérêts comme dans l'Open School de Los Angeles décrite par Kay (1991), où les enfants ont à concevoir et à négocier le futur visage de leur communauté urbaine. Les recherches de Resnick (1994) illustrent combien les problèmes tirés de la vie courante (par exemple les embouteillages sur une autoroute) sont accessibles aux enfants pour autant qu'on leur donne comme outil un langage adéquat.

DE NOUVEAUX DÉFIS

Les changements en cours sont tels qu'ils nécessiteront des adaptations, des remises en question, des prises de position. Vouloir les ignorer nous condamnerait à subir les évolutions sans possibilité d'influer sur les décisions qui nous concernent. A nos yeux, les principales questions qui se posent ou vont se poser prochainement concernent le choix des activités, la prévention des inégalités et la définition de la liberté des utilisateurs.

Bien choisir les activités

Nombre de craintes fréquemment émises à propos de l'ordinateur (concernant la santé, les relations sociales, les apprentissages) ne sont pas réellement fondées, si bien qu'on peut rassurer les parents, les enseignants et les éducateurs. De plus certains bénéfices ont même clairement été mis en évidence par la recherche, en matière de consolidation des connaissances, de développement de la créativité ou d'apprentissage de la collaboration.

Cependant il faut souligner que ces différents apports ne découlent pas automatiquement de n'importe quelle activité à l'ordinateur. Des choix sont nécessaires, des conditions sont à remplir. Selon qu'on valorise plutôt la consolidation de connaissances, la préparation à une future activité professionnelle ou l'expression de la créativité des enfants et des adolescents on sera amené à favoriser, à encourager, à promouvoir différents types d'activités.

Ces décisions importantes, seuls des adultes suffisamment informés sont à même de les prendre en vue d'assurer que l'enfant ou l'adolescent pourra tirer le meilleur parti de l'utilisation de la machine. La lecture de revues ou d'ouvrages spécialisés peuvent fournir d'utiles indications à cet égard. Nous espérons y avoir aussi un peu contribué par cet ouvrage.

Prévenir les inégalités

L'informatisation croissante de la société et des activités humaines pourrait avoir, à plus long terme, des conséquences qui ne doivent pas être minimisées sur le plan social. L'égalité des chances est menacée de diverses manières. En premier lieu, on peut craindre que s'installe entre ceux qui maîtriseront l'outil informatique et les autres une véritable relation de pouvoir (de La Baume & Bertolus, 1995), reléguant une partie de la population dans une dépendance à l'égard de ceux qui possèdent les clés de la nouvelle technologie. A l'échelle du globe, ce fossé existe déjà entre pays du Nord et pays du Sud. A terme il pourrait être à l'origine de frustrations et de troubles. Deuxièmement, le danger existe aussi qu'un autre fossé, culturel celui-là, se constitue entre ceux qui ont accès à une utilisation éclairée de l'informatique et ceux qui n'y ont pas accès. La vitesse avec laquelle évolue actuellement la technologie tend à rendre les intérêts, les valeurs et même le langage des passionnés d'informatique totalement impénétrables à ceux qui ne sont que des utilisateurs occasionnels de l'ordinateur. Enfin, on ne peut pas exclure qu'une part non négligeable de la population, en raison précisément des connotations d'asservissement qui sont parfois associées à l'ordinateur, ou pour préserver des valeurs qui lui semblent supérieures, se tiennent délibérément à l'écart de toutes les activités dans lesquelles son utilisation devient incontournable. Une part de plus en plus grande des professions ou des secteurs de l'économie se fermerait ainsi à des individus qui, hors de l'ordinateur, posséderaient pourtant toutes les qualités requises pour les occuper avec profit.

Préserver la liberté, tout en jugulant ses excès

Les risques de dérapages liés aux réseaux ne doivent pas être sous-estimés. A l'origine, les concepteurs d'Internet ont voulu sa décentralisation, garante de la survie des communications même en cas de destruction partielle du réseau. La conséquence positive de cette mesure de sécurité est le développement d'un espace de liberté sans précédent dans l'histoire des médias; le revers de la médaille réside dans les débordements anarchiques ou la diffusion de matériel douteux. Les informations accessibles par le réseau ne sont pas seulement infinies, elles sont également nettement moins contrôlées que le contenu des livres ou des films auxquels peuvent accéder les enfants. N'importe qui pouvant lancer sur le réseau n'importe quelle information, son authenticité ou sa véracité n'est plus toujours garantie.

Prétextant les dangers de la diffusion de matériel indécent ou pornographique, les législateurs se sont emparés du dossier; c'est ainsi que le Telecommunication Act, récemment adopté par le Congrès américain, tente de mettre un peu d'ordre dans ce développement anarchique de l'information. Certains voient déjà dans la nouvelle loi américaine une forme de censure, la reprise en main de ce nouveau média par les grands groupes capitalistes, la fin de cet espace de liberté. Cette nouvelle loi a déjà été attaquée comme contraire à la Constitution américaine dont le premier amendement garantit précisément la liberté d'expression. On peut d'ailleurs douter que légiférer suffise à garantir la qualité des informations ainsi accessibles.

D'autres pays sont en passe de suivre ce mouvement. La Chine, par exemple, a annoncé une réglementation d'Internet, selon laquelle les serveurs d'information doivent avoir reçu l'agrément du ministère des postes et télécommunications.

En France, c'est l'usage des logiciels de cryptage des informations qui est réglementé, puisqu'il est soumis à une autorisation préalable, au nom de la sécurité de l'Etat. Ces programmes ont pour but de garantir la confidentialité des communications par les réseaux, en utilisant un codage qui les rend illisibles pour tout utilisateur ne possédant pas le programme de décodage adéquat. Les autorités craignent que certaines informations puissent ainsi circuler sans qu'elles soient à même d'en contrôler le contenu, même a posteriori.

Un débat est donc en train de se développer sur le thème de la liberté et de ses limites. Nul doute qu'on en reparlera durant les prochaines années.

ASSUMER SES RESPONSABILITÉS

Pour de nombreux analystes, le changement auquel on assiste dans le domaine de l'informatique est si radical qu'ils n'hésitent pas à le qualifier de véritable révolution. C'est ainsi que Kay (1991) se demande à propos des réseaux s'il s'agit d'une nouvelle «révolution culturelle», l'utilisateur pouvant et devant avoir une attitude plus critique envers les informations disponibles, alors que Gates (1995) emploie l'expression de «révolution pédagogique», l'éducation tout entière constituant à ses yeux la dimension qui en fin de compte se révélera être la principale bénéficiaire de la révolution informatique.

Peut-être le terme de révolution est-il usurpé, mais il est hautement probable que nombre d'activités seront encore bouleversées dans les années qui viennent. L'émergence du multimédia, la création des autoroutes de l'information, le développement de la réalité virtuelle, conduisent certains à soutenir que c'est toute notre relation à la connaissance qui en sera profondément modifiée (Negroponte, 1995).

Certes l'enfant n'est pas le seul concerné par ces transformations, mais il le sera plus durablement, puisqu'il aura à vivre la plus grande partie de son existence dans un monde où seront actualisées de nombreuses possibilités nouvelles, qu'on ne peut qu'entrevoir actuellement. Mais c'est assurément aux adultes d'aujourd'hui qu'incombe le devoir d'influencer la manière dont l'informatique transformera ce monde et la nature des relations que l'homme y entretiendra avec l'ordinateur; ceux qui, par leur activité professionnelle, de concepteurs de programmes, informaticiens, chercheurs, etc., inventent ou infléchissent quotidiennement le futur, bien sûr, mais aussi ceux qui, en tant que parents, enseignants ou éducateurs, ont la responsabilité de l'éducation de l'homme de demain, doivent peser de tout leur poids pour que, si révolution il doit y avoir, celle-ci débouche sur un monde meilleur et non sur un cauchemar pour toute ou partie de l'humanité. C'est donc en fin de compte notre responsabilité à tous de veiller à ce que nos enfants apprennent dès maintenant à reconnaître les écueils potentiels et à tirer parti des aspects les plus prometteurs que l'ordinateur sera à même de leur offrir au tournant du prochain millénaire.

Références

Anderson, J.R., Boyle, C.F. & Yost, G. (1986). The geometry tutor. *Journal of Mathematical Behavior, 5,* 5-19.

Armanet, F., Armanet, M. & Chiquelin, J.-J. (1995, 9-15 novembre). L'heure du multimédia. *Nouvel Observateur,* III.

Aschinger, G. (1995). *Börsenkrach und Spekulation. Eine ökonomische Analyse.* München : Franz Vahlen.

Bamberger, J. (1974). *What's in a tune* (Logo Memo #13). Cambridge, MA : MIT.

Bangert-Drowns, R.L. (1993). The word processor as an instructional tool : a meta-analysis of word processing in writing instruction. *Review of Educational Research, 63,* 69-93.

Barbieri, M.S. & Light, P.H. (1992). Interaction, gender, and performance on a computer-based problem solving task. *Learning and Instruction, 2,* 199-213.

Beaudichon, J., Verba, M. & Winnykamen, F. (1988). Interactions sociales et acquisition de connaissances chez l'enfant : une approche pluridimensionnelle. *Revue Internationale de Psychologie Sociale, 1,* 129-141.

Becker, H.J. (1991). How computers are used in the United States school : basic data from the 1989 I.E.A. Computers in Education survey. *Journal of Educational Computing Research, 7,* 385-406.

Becker, H.J. & Sterling, C.W. (1987). Equity in school computer use : national data and neglected considerations. *Journal of Educational Computing Research, 3,* 289-311.

Behrens, M. (1996). *La télématique à l'école. Ou de l'obligation de repenser l'enseignement.* Neuchâtel, Lausanne : IRDP, LEP.

Behrmann, M. (1984). *Handbook of microcomputers in special education.* San Diego, CA : College-Hill Press.

Belyaeva, A.V. & Cole, M. (1989). Computer-mediated joint activity in the service of human development : An overview. *Quarterly Newsletter of the Laboratory of Comparation Human Cognition, 11* (3), 45-57.

Belyaeva, A.V. & Cole, M. (1992). *The introduction of E-mail among Russian social sciences : the embryogenesis of virtual communities in difficult circumstances.* Paper presented at the 91st Meeting of AAA, San Francisco, Dec. 2.

Berliner, H. (1980). Computer backgammon. *Scientific American, 242*, 64-72.

Bork, A. (1985). *Personal computers for education.* New York : Harper and Row.

Boruta, M. (1983). Computers in schools. Stratifier or equalizer? *The Quarterly Newsletter of the Laboratory of Comparative Human Cognition, 5*, 51-55.

Brown, A.L., Ellery, S. & Campione, J.C. (in press). Creating zones of proximal development electronically. In J.G. Greeno & S. Goldman (Eds), *Thinking practices : a symposium in mathematics and science education.* Hillsdale, NJ : Erlbaum.

Brown, E. (1995). *That's edutainment.* Osborne : McGraw Hill.

Bruner, J. (1961). The act of discovery. *Harvard Educational Review, 31*, 21-32.

Büchel, F.P. (1992, June). *Development of a computer-assisted inductive reasoning training program.* Paper presented at the European Conference on Educational Research, Univ. of Twente, Netherlands.

Calvert, S.L. & Tan, S.L. (1994). Impact of virtual reality on young adults' physiological arousal and aggressive thoughts : interaction versus observation. *Journal of Applied Developmental Psychology, 15*, 125-139.

Chabay, R.W. & Sherwood, B.A. (1988). *A practical guide for the creation of educational software* (Technical Report N° 88-35). Pittsburgh, PA : Carnegie-Mellon University, Center for the Design of Educational Computing.

Clements, D.H. (1986). Effects of Logo and CAI environments on cognition and creativity. *Journal of Educational Psychology, 78*, 309-318.

Clements, D.H. (1991). Enhancement of creativity in computer environments. *American Educational Research Journal, 28*, 173-187.

Clements, D.H. & Merriman, S. (1988). Componential developments in Logo progrmming environments. In R.E. Mayer (Ed.), *Teaching and learning computer programming. Multiple research perspectives*, (p. 13-54). Hillsdale, NJ : Erlbaum.

CNA (1992). *Travail à l'écran et visualisation* (Brochure N° 44034.f). Caisse Nationale Suisse d'Assurance en cas d'Accidents (SUVA).

Cochran-Smith, M. (1991). Word processing and writing in elementary classrooms : a critical review of related literature. *Review of Educational Research, 61*, 107-155.

Cohen, R. (1987). *Les jeunes enfants, la découverte de l'écrit et l'ordinateur.* Paris : PUF.

Cohen, R. (1995). *La communication télématique internationale.* Paris : Retz.

Collins, A., Brown, J.S. & Newman, S.E. (1989). Cognitive apprenticeship : teaching the crafts of reading, writing, and mathematics. In L.B. Resnick (Ed.), *Knowing, learning, and instruction*, (p. 453-494). Hillsdale, NJ : LEA.

Collis, B., Ollila, L. & Ollila, K. (1990). Writing to read : An evaluation of a canadian installation of a computer-supported initial language environement. *Journal of Educational Computing Research, 6*, 411-427.

Crook, C. (1994). *Computers and the collaborative experience of learning.* London : Routledge.

De Corte, E. (1993). *Toward embedding enriched LOGO-based learning environments in the school curriculum : retrospect and prospect.* Paper presented at the Fourth European Logo Conference, University of Athens, Greece.

de La Baume, R. & Bertolus, J.-J. (1995). *Les nouveaux maîtres du monde.* Paris : Belfond.

Delclos, V.R., Littlefield, J. & Bransford, J.D. (1985). Teaching thinking through LOGO : the importance of method. *Roeper Review, 7*, 153-156.

Dias, B. & Studer, F. (1995). Un programme informatisé dans l'évaluation et l'entraînement de stratégies cognitives. *Education et recherche, 17,* 61-69.

Dittler, U. (1993). *Software statt Teddybär.* Munich : Reinhardt.

Dittler, U. & Mandl, H. (1994). Computerspiele aus pädagogisch-psychologischer Perspektive. In J. Petersen & G.-B. Reinert (Eds), *Lehren und Lernen im Umfeld neuer Technologien. Reflexionen vor Ort,* (p. 95-122). Frankfurt : Lang.

Dreyfus, H.L. & Dreyfus, S.E. (1984). Putting computers in their proper place : analysis versus intuition in the classroom. *Teachers College Record, 85,* 578-601.

Dufour, A. (1995). *Internet.* Paris : PUF.

Dufoyer, J.-P. (1988). *Informatique, éducation et psychologie de l'enfant.* Paris : PUF.

Dutton, W.H., Rogers, E.M. & Jun, S. (1987). Diffusion and social impacts of personal computers. *Communications Research, 14,* 219-250.

Ellsworth, J.H. (1994). *Education on the Internet.* Indianapolis, IN : Sams.

Fritz, J. (1985). *Im Sog der Videospiele. Was Eltern wissen sollten.* München : Kösel.

Gardner, H. (1985). *Histoire de la révolution cognitive. La nouvelle science de l'esprit.* Paris : Payot.

Gates, B. (1995). *La route du futur.* Paris : Laffont.

Giacquinta, J.B., Bauer, J.A. & Levin, J.E. (1993). *Beyond technology's promise. An examination of children's educational computing at home.* Cambridge : Cambridge Univ. Press.

Goldenberg, E.P. & Feuerzeig, W. (1987). *Exploring language with LOGO.* Cambridge, MA : MIT Press.

Greenfield, P.M. (1984). *Mind and media. The effects of television, video games, and computers.* Cambridge, MA : Harvard Univ. Press.

Grevet, J.-P. (1995). Les sept familles de la micro. *Icônes, 54,* 32-39.

Gurtner, J.-L. & Retschitzki, J. (1991). *Logo et apprentissages.* Neuchâtel, Paris : Delachaux & Niestlé.

Haider, G. (1994). *Schule und Computer. Informationstechnische Grundbildung in Osterreich.* Innsbruck : Osterreichischer StudienVerlag.

Harasim, L.M. (1994). Computer networking for education. In T. Husén & T.N. Postlethwaite (Eds), *International encyclopedia of education,* (Vol. 2, p. 977-982). Oxford : Elsevier.

Harel, I. & Papert, S. (1990). Software design as a learning environment. In *Interaction Learning Environments, 1,* 1-32.

Hativa, N. (1988). Computer-based drill and practice in arithmetic : Widening the gap between high- and low-achieving students. *American Educational Research Journal, 25,* 366-397.

Havelock, E.A. (1976). *Origins of western literacy.* Toronto : Ontario Institute for Studies in Education.

Hay, K.E., Guzdial, M., Jackson, S., Boyle, R. A. & Soloway, E. (1994). Students as multimedia composers. *Computers Education, 23* (4), 301-317.

Herrelier, J.-M. (1994). *Petit dictionnaire illustré du multimédia.* Paris : Sybex.

Hess, R.D. & McGarvey, L.J. (1987). School-relevant effects of educational uses of microcomputers in kindergarten classrooms and homes. *Journal of Educational Computing Research, 3,* 269-287.

Hiltz, S.R. (1994). *The virtual classroom. Learning without limits via computer networks.* Norwood : Ablex.

Hoyles, C., Healy, L. & Pozzi, S. (1992). Interdependence and autonomy : aspects of groupwork with computers. *Learning and Instruction, 2,* 239-257.

Inhelder, B. & Piaget, J. (1955). *De la logique de l'enfant à la logique de l'adolescent.* Paris : P.U.F.

Jacquard, A. (1984). *Inventer l'homme.* Bruxelles : Editions Complexes.

Johnson, R., Johnson, D. & Stanne, M. (1986). Effects of cooperative, competitive and individualistic goal structures on computer-assisted instruction. *Journal of Educational Psychology, 77,* 668-677.

Jolivalt, B. (1994). *Les jeux vidéo.* Paris : PUF.

Kafai, Y.B. (1995). *Minds in play. Computer game design as a context for children's learning.* Hillsdale, NJ : Erlbaum.

Kay, A. (1991). L'enseignement assisté par les ordinateurs en réseaux. *Pour la Science, 169,* 104-112.

Keitel, C. & Ruthven, K. (1993). *Learning from computers. Mathematics education and technology.* Berlin : Springer.

King, J. & Alloway, N. (1992). Preschooler's use of microcomputers and input devices. *Journal of Educational Computing Research, 8,* 451-468.

Kinzie, M.B., Sullivan, H.J. & Berdel, R.L. (1988). Learner control and achievement in science computer-assisted instruction. *Journal of Educational Psychology, 80,* 299-303.

Kulik, J.A. (1994). Meta-analytic studies of findings on computer-based instruction. In E.L. Baker & H.F. O'Neil (Eds), *Technology assessment in education and training,* (p. 9-33). Hillsdale, NJ : Erlbaum.

Kulik, J.A., Bangert, R.L. & Williams, G.W. (1983). Effects of computer-based teaching on secondary school students. *Journal of Educational Psychology, 75,* 19-26.

Kulik, J.A., Kulik, C.C. & Bangert-Drowns, R.L. (1985). Effectiveness of computer-based education in elementary schools. *Computers in Human Behavior, 1,* 59-74.

Kuntz, P.S. (1995). Swahili-1 : The Internet promotes literacy. *Computers & Education, 24* (3), 177-181.

Lajoie, S.P. & Derry, S.J. (1993). *Computer as cognitive tools.* Hillsdale : Erlbaum.

Lefcourt, H.M. (1976). *Locus of control.* Hillsdale, NJ : Erlbaum.

Lehrer, R. (1986). LOGO as a strategy for developing thinking. *Educational Psychologist, 21,* 121-137.

Lehrer, R., Guckenberg, T. & Sancilio, L. (1988). Influences of LOGO on children's intellectual development. In R.E. Mayer (Ed.), *Teaching and learning computer programming. Multiple research perspectives,* (p. 75-110). Hillsdale, NJ : Erlbaum.

Lehrer, R., Levin, B., De Hart, P. & Comeaux, M. (1987). Voice-feedback as a scaffold for writing : a comparative study. *Journal of Educational Computing Research, 3,* 335-353.

Lepper, M.R. (1985). Microcomputers in education. Motivational and social issues. *American Psychologist, 40,* 1-18.

Lepper, M.R. & Gurtner, J.-L. (1989). Children and computers. Approaching the twenty-first century. *American Psychologist, 44,* 170-178.

Levin, J.A., Riel, M., Miyake, N. & Cohen, M. (1987). Education in the electronic frontier : teleapprentices in globally distributed educational contexts. *Contemporary Educational Psychology, 12,* 254-260.

Lévy, P. (1995). *Qu'est-ce le virtuel?* Paris : Ed. La Découverte.

Liao, Y.-K.C. & Bright, G.W. (1991). Effects of computer programming on cognitive outcomes : a meta-analysis. *Journal of Educational Computing Research, 7,* 251-268.

Lipinski, J.M., Nida, R.E., Shade, D.D. & Watson, J.A. (1986). The effect of microcomputers on young children : an examination of free-play choices, sex differences, and social interactions. *Journal of Educational Computing Research, 2*, 147-168.

Littleton, K. & Light, P. (1995, July). *Gender and software interactions in children's computer-based problem solving*. Paper presented at the Paper presented at the 6th Conference Earli, Nijmegen.

Malone, T.W. (1981). Toward a theory of intrinsically motivating instruction. *Cognitive Science, 5*, 333-369.

Mandinach, E.B. & Corno, L. (1985). Cognitive engagement variations among students of different ability level and sex in a computer problem solving game. *Sex Roles, 13*, 241-251.

Mandl, H., Gruber, H. & Renkl, A. (1994). Lernen und lehren mit dem Computer. In F.E. Weinert & H. Mandl (Eds), *Psychologie der Erwachsenbildung, D/I/4 Enzyklopädie der Psychologie*. Göttingen : Hogrefe Verlag für Psychologie.

Mandl, H. & Lesgold, A. (Eds) (1988). *Learning issues for intelligent tutoring systems*. New York : Springer.

Mevarech, Z.R. & Kramarski, B. (1992). How and how much can cooperative LOGO environments enhance creativity and social relationships? *Learning and Instruction, 2*, 259-274.

Mevarech, Z.R. & Light, P.H. (1992). Cooperative learning with computers. *Learning and Instruction, 2*, 155-285.

Mevarech, Z.R., Silber, O. & Fine, D. (1991). Learning with computers in small groups : cognitive and affective outcomes. *Journal of Educational Computing Research, 7*, 233-243.

Moreno, J.L. (1934). *Who shall survive?* Beacon, NY : Beacon House.

Negroponte, N. (1995). *L'homme numérique*. Paris : Laffont.

Nelson, D. & Braun, J. (in press). Building cities as a learning tools. *Communications of the Association of Computing Technology*.

Nelson, T.H. (1987). *Literacy machines*. San Antonio, TX : Project Xanadu.

Newman, D., Griffith, P. & Cole, M. (1989). *The construction zone*. Cambridge : Cambridge University Press.

Nichols, L.M. (1992). The influence of student computer-ownership and in-home use on achievement in an elementary school computer programming curriculum. *Journal of Educational Computing Research, 8* (4), 407-421.

Nicolopoulou, A. & Cole, M. (1993). Generation and transmission of shared knowledge in the culture of collaborative learning : the Fifth Dimension, its play-world, and its institutional contexts. In E.A. Forman, N. Minick & C.A. Stone (Eds), *Contexts for learning. Sociocultural dynamics in children's development*, (283-314). New York : Oxford University Press.

Niederer, R. & Frey, K. (1992, June). *What factors influence the rate of use of computers in secondary education?* Paper presented at the European Conference for Educational Research, Enschede.

Niegemann, H.M. (1995). *Computergestützte Instruktion in Schule, Aus- und Weiterbildung. Theoretische Grundlagen, empirische Befunde und Probleme der Entwicklung von Lehrprogrammen*. Frankfurt : Lang.

Niemiec, R., Samson, G., Weinstein, T. & Walberg, H.J. (1987). The effects of computer based instruction in elementary schools : a quantitative synthesis. *Journal of Research on Computing in Education, 20*, 85-103.

Nora, S. (1983). Où nous mène l'informatique? *Le Débat, 25*, 45-51.

Norton, P. & Resta, V. (1986). Investigating the impact of computer instruction on elementary students' reading achievement. *Educational Technology, 26* (3), 35-41.

Papert, S. (1981). *Jaillissement de l'esprit. Ordinateurs et apprentissage.* Paris : Flammarion.

Papert, S. (1994). *L'enfant et la machine à connaître. Repenser l'école à l'ère de l'ordinateur.* Paris : Dunod.

Pasquier, J. & Monnard, J. (1995). *Livres électroniques. De l'utopie à la réalisation.* Lausanne : Presses polytechniques et universitaires romandes.

Pea, R.D. (1991). Learning through multimedia. *IEEE Computer Graphics & Applications, 11* (4), 58-66.

Pea, R.D. & Kurland, D.M. (1984). On the cognitive effects of learning computer programming. *New Ideas in Psychology, 2,* 137-168.

Pelgrum, W.J. & Plomp, T. (1993). *The IEA study of computers in education. Implementation of an innovation in 21 education systems.* Oxford : Pergamon Press.

Perkins, D.N. (1985). The fingertip effect : how information-processing technology shapes thinking. *Educational Researcher, 14,* 11-17.

Piot, O. (1995, 12 décembre). L'enseignement à distance à l'ère de l'interactivité. *Le Monde.*

Pochon, L.-O. (1993). *Hypertextes pour apprendre* (Rapport 93.104). Neuchâtel : IRDP.

Rada, R. (1995). *Interactive media.* New York : Springer.

Resnick, M. (1994). *Turtles, termites, and traffic jams.* Cambridge, MA : MIT Press.

Riel, M. (1985). The computer chronicle newswire : a functional learning environment for acquiring literacy skills. *Journal of Educational Computing Research, 1,* 317-337.

Robertson, S.I., Calder, J., Fung, P., Jones, A. & O'Shea, T. (1995). Computer attitudes in an english secondary school. *Computers & Education, 24,* 73-81.

Robinson-Staveley, K. & Cooper, J. (1990). The use of computers for writing : effects of an english composition class. *Journal of Educational Computing Research, 6,* 41-48.

Rocheleau, B. (1995). Computer use by school-age children : trends, patterns, and predictors. *Journal of Educational Computing Research, 12,* 1-17.

Rostron, A. & Sewell, D. (1983). *Microtechnology in special education.* Baltimore : John Hopkins University Press.

Salomon, G. (1988). AI in reverse : computers tools that turn cognitive. *Journal of Educational Computing Research, 4,* 123-134.

Salomon, G. (1992). New information technologies in education. In M.C. Alkin (Ed.), *Encyclopedia of educational research,* (p. 892-903). New York : Macmillan.

Salomon, G., Globerson, T. & Guterman, E. (1989). The computer as a zone of proximal development : internalizing reading-related metacognitions from a reading partner. *Journal of Educational Psychology, 81,* 620-627.

Samson, G., Niemiec, R., Weinstein, T. & Walberg, H.J. (1986). Effects of computer based instruction on secondary school achievement : a quantitative synthesis. *Ass. for Educational Data Systems Journal, 19,* 312-326.

Samuel, A. (1959). Some studies in machine learning using the game of checkers. *IBM Journal Research Development, 3,* 211-229.

Schmidt, M., Weinstein, T., Niemiec, R. & Walberg, H.J. (1985, April). *Computer-assisted instruction with exceptional children : a meta-analysis of research findings.* Paper presented at the annual meeting of the American Educational Research Association, Chicago.

Schofield, J.W., Eurich-Fulcer, R. & Britt, C.L. (1994). Teachers, computer tutors, and teaching : the artificially intelligent tutor as an agent for classroom change. *American Educational Research Journal, 31*, 579-607.

Schofield, J.W., Evans-Rhodes, D. & Huber, B.R. (1990). Artificial intelligence in the classroom : the impact of a computer-based tutor on teachers and students. *Social Science Computer Review, 8*, 24-41.

Serres, M. (1993). *La légende des anges*. Paris : Flammarion.

Sheff, D. (1993). *Génération Nintendo*. Paris : Addison-Wesley.

Shute, V.J. (1991). Who is likely to acquire programming skills? *Journal of Educational Computing Research, 7*, 1-24.

Silvern, S.B. & Williamson, P.A. (1987). The effects of video game on young children's aggression, fantasy and prosocial behavior. *Journal of Applied Developmental Psychology, 8*, 453-462.

Skinner, B.F. (1969). *La révolution scientifique de l'enseignement*. Liège : Mardaga.

Spiro, J.R. & Jehng, J.C. (1990). Cognitive flexibility and hypertext : theory and technology for the nonlinear and multidimensional traversal of complex subject matter. In D. Nix & J.R. Spiro (Eds), *Cognition, education and multimedia : exploring ideas in high technology*, (p. 163-205). Hillsdale, NJ : Erlbaum.

Stahl, G., Sumner, T. & Owen, R. (1995). Share globally, adapt locally : software assistance to locate and tailor curriculum posted to the Internet. *Computers & Education, 24* (3), 237-246.

Stiel, N. (1995). Multimédia : La nouvelle frontière. In *Universalia*, (p. 144-149). Paris : Encyclopedia Universalis.

Subrahmanyam, K. & Greenfield, P.M. (1994). Effect of video game practice on spatial skills in girls and boys. *Journal of Applied Developmental Psychology, 15*, 13-32.

Suppes, P. (1966). The uses of computers in education. *Scientific American, 215*, 206-221.

Sutton, R.E. (1991). Equity and computers in the schools : a decade of research. *Review of Educational Research, 61*, 475-503.

Thorndike, E.L. (1922). *The psychology of arithmetic*. New York : Macmillan.

Toffler, A. (1980). *La troisième vague*. Paris : Denoël.

Toffler, A. (1986). *S'adapter ou périr*. Paris : Denoël.

Toffler, A. & Toffler, H. (1994). *Créer une nouvelle civilisation : la politique de la troisième vague*. Paris : Fayard.

Turkle, S. (1986). *Les enfants de l'ordinateur*. Paris : Denoël.

Turkle, S. (1995). *Life on the screen : identity in the age of the Internet*. New York : Simon and Shuster.

Walter, J. (1984). *Lernen mit Computern*. Düsseldorf : Schwann.

Walter, J., Johannsen, K. & Meyer-Göllner, M. (1995). *Computerunterstützte Leseförderung unter lesetechnischen, motivationale und schulorganisatorischen Gesichtspunkten : Ergebnisse einer empirischen Untersuchung* (Bericht Nr. 2). Christian-Albrechts Universität, Institut für Heilpädagogik, Abteilung Lernbehinderten- und Förderpädagogik.

Webb, M.E. (1994). Beginning computer-based modelling in primary schools. *Computers & Education, 22*, 129-144.

Wenger, E. (1987). *Artificial intelligence and tutoring systems. Computational and cognitive approaches to the communication of knowledge*. Los Altos : Kaufmann.

Willett, J.B., Yamashita, J.M. & Anderson, R.D. (1983). A meta-analysis of instructional systems applied in science teaching. *Journal of Research in Science Teaching, 20*, 405-417.

Wilson, K.S. (1991). The Palenque project. *Golem, 3*, 9-13.

Wilson, K.S. & Tally, W. (1990). The Palenque project : formative evaluation in the design and development of an optical disk prototype. In B. Flagg (Ed.), *Formative evaluation for educational technologies*, (p. 83-98). Hillsdale, NJ : Erlbaum.

Yerushalmy, M. (1991a). Effects of computerized feedback on performing and debugging algebraic transformations. *Journal of Educational Computing Research, 7*, 309-330.

Yerushalmy, M. (1991b). Enhancing acquisition of basic geometrical concepts with the use of the geometric supposer. *Journal of Educational Computing Research, 7*, 407-420.

Zecchini, L. (1995, 16 novembre). Le père d'Internet fier de son rejeton. *Le Monde*.

Glossaire

Algorithme Description complète, détaillée et précise de la suite des opérations nécessaires permettant la résolution d'une classe de problèmes.

ASCII (Code) Abréviation de «American Standard Code for Information Interchange». Norme internationale de codage des caractères alphabétiques et numériques et des signes de ponctuation.

Autoroutes de l'information Projet de liaison entre ordinateurs permettant un échange rapide de différentes informations (textes, sons, images fixes et animées, films, etc.).

Back up *Cf.* sauvegarde.

Banque de données Ensemble d'informations disponibles dans un serveur sur un sujet donné ou un ensemble de sujets.

Base de données Ensemble structuré d'informations disponibles en ligne par l'intermédiaire d'un réseau. Un système de base de données comprend également un logiciel permettant de stocker, gérer, classer, interroger les informations.

BASIC Abréviation de «Beginner's All Purpose Symbolic Instruction Code». Langage de programmation relativement facile à apprendre, mais peu structuré. A été conçu pour initier les débutants à la programmation. Etait largement utilisé dans les écoles.

Baud *Cf.* Bps.

BBS Abréviation de «Bulletin Board Services». *Cf.* Bulletin d'information électronique.

Bit Abréviation de «Binary Digit». Chiffre en base 2 (0 ou 1) qui compose l'information élémentaire d'un système numérique. La plus petite unité d'information possible. Est à la base des calculs des capacités de mémoire (*Cf.* octet, K, Mo).

Bps Abréviation de «Bits par seconde». Unité indiquant la vitesse de transmission d'un appareil tel qu'un fax-modem.

Bug (ou Bogue) Textuellement : punaise, vermine. Erreur ou anomalie dans un programme, entraînant soit des erreurs dans les résultats, soit l'interruption du programme. *Cf.* aussi «Debugging».

Bulletin d'information électronique Serveurs accessibles par le réseau permettant l'échange d'informations et de fichiers. Généralement, ils prennent la forme d'un forum : les messages peuvent être lus par tous ; les lecteurs ont la possibilité de répondre, de poser une question, de proposer des prolongements à la discussion. Ils offrent aussi souvent un certain nombre de « conférences » sur des sujets variés.

Bureautique Applications de l'informatique dans le domaine du travail de bureau (traitement de texte, courrier électronique, comptabilité, télécopie, téléconférence, visioconférence, archivage, mailing, etc.).

Byte *Cf.* octet.

CAI Abréviation de « Computer-Assisted Instruction ». *Cf.* EAO.

CD-I Abréviation de « Compact Disk-Interactive ». Disque compact interactif. Il se consulte soit sur un poste de télévision, soit sur un micro-ordinateur. La qualité des images est meilleure avec la télévision que celle obtenue avec un CD-Rom sur ordinateur.

CD-ROM (Compact Disk-ROM) Abréviation de « Compact Disc-Read Only Memory ». Disque optique dérivé du disque compact, de 12 cm de diamètre et d'une capacité de 500 Mo, utilisable en lecture seulement. C'est devenu le support incontournable pour les jeux, les logiciels, les encyclopédies informatisées, etc.

Chip Puce. *Cf.* Circuit intégré.

Circuit intégré Composant électronique, communément appelé « puce », fait de plusieurs éléments de circuits fabriqués d'une seule pièce sur un petit carré de silicium.

Cliquer Presser et relâcher rapidement le bouton de la souris après avoir pointé un élément déterminé. Cette action permet de choisir une option dans un menu, d'activer une commande ou de sélectionner un objet.

Compatibilité Caractéristique de deux équipements ou de deux dispositifs qui peuvent travailler dans les mêmes conditions d'emploi. Les problèmes de compatibilité se rencontrent soit lors du passage d'une marque d'ordinateur à une autre, soit lors du changement de modèle d'ordinateur.

Computer literacy Littéralement : Degré d'instruction informatique. Capacité d'une personne à utiliser un ordinateur.

Configuration Ensemble de matériels et de logiciels fonctionnant conjointement. Les éditeurs de logiciels conseillent souvent une configuration matérielle minimale (espace disque, quantité de mémoire vive, type et vitesse du processeur...) pour une bonne utilisation de leur programme.

Courrier électronique Echange de messages au moyen d'un ordinateur relié à un réseau. A la réception un message peut être simplement lu, mais aussi imprimé et sauvegardé. On peut envoyer un même message à plusieurs destinataires, faire suivre un message reçu à d'autres personnes, etc.

CPU Abréviation de « Central processing unit ». *Cf.* Unité centrale.

Debugging Activité consistant à éliminer les « bugs ». *Cf.* Bug. En français Déboguer, peu usité.

Didacticiel Logiciel destiné à l'enseignement d'un contenu déterminé.

Disque dur Support de mémoire de grande capacité (plusieurs centaines de millions de caractères). Il peut stocker aussi bien le système d'exploitation, que les logiciels d'application et les documents créés par l'utilisateur. Sa capacité se mesure en mégaoctets (Mo), ou, en anglais, megabytes (Mb).

Disquette Support externe de mémoire. Les disquettes de 3,5 pouces sont les plus fréquentes. Leur capacité actuelle est généralement de 1,44 Mo, soit plus d'un million et demi de caractères. Cette capacité est suffisante pour copier le contenu entier du texte de ce livre.

Documentation La documentation qui accompagne le logiciel doit permettre à l'utilisateur de connaître la nature du programme, ses buts et doit comprendre une description des commandes. De plus en plus la documentation écrite est complétée, voire remplacée par des aides en ligne accessibles depuis le logiciel.

DOS Abréviation de « Disk operating system ». Le DOS (ou MS DOS) est un système d'exploitation alphanumérique employé sur les PC et compatibles. Le DOS est toujours présent derrière les interfaces graphiques comme WINDOWS.

Drill and practice Type d'exercice classique en classe et qui caractérise certains logiciels éducatifs.

Driver Logiciel qui donne des instructions à un appareil spécifique : imprimante, disquette, lecteur de CD-Rom, etc., et rend possible son utilisation.

EAO Abréviation de « Enseignement Assisté par Ordinateur ». Au sens large désigne l'ensemble des applications éducatives de l'ordinateur. Au sens strict désigne une catégorie de logiciels didactiques.

Enseignement à distance Enseignement dispensé par l'entremise de divers médias (courrier, radio, télévision, réseaux informatiques). Les développements technologiques (visio-conférence, WWW, CD-I, etc.) ouvrent de nouvelles perspectives aux systèmes d'enseignement à distance.

Fichier Terme général désignant un ensemble structuré d'informations enregistré sur un support de mémoire. On distingue divers type de fichiers, selon leur fonction : programme, données, texte, etc.

Formater Préparer une disquette vierge ou un disque dur pour qu'ils soient utilisables par l'ordinateur. Lorsque de la première utilisation d'une disquette, il faut lui donner un format (pistes et secteurs), pour la rendre utilisable. On trouve maintenant dans le commerce des disquettes déjà formatées pour telle ou telle famille d'ordinateurs.

FORTRAN Langage de programmation créé en 1956 et destiné aux applications scientifiques. Ce fut le premier langage de haut niveau accessible à de nombreux utilisateurs.

Hacker Jeune utilisateur passionné par l'informatique qui éprouve du plaisir à explorer les limites des systèmes informatiques et des réseaux. Ces activités sont parfois illicites, voire délictueuses.

Hardware Littéralement : quincaillerie. Partie matérielle d'un ordinateur, par opposition au « software » (logiciel).

Hypermédia Ensemble de données (textes, sons, images, animations, séquences vidéo) qu'on peut parcourir sans ordre préétabli.

Hypertexte Texte dont la structure n'est pas linéaire. Les encyclopédies électroniques en sont un bon exemple. A partir d'une définition, il suffit de sélectionner un mot, pour avoir plus de détails, ou une autre définition.

Icône Image symbolisant, dans un interface graphique, un objet ou une fonction informatique. Les icônes sont utilisées pour représenter des fichiers, des disquettes, des applications, etc.

Imprimante Appareil permettant de reproduire sur papier les informations traitées par l'ordinateur (textes, graphiques, dessins, etc.).

Intelligence artificielle Simulation des processus de raisonnement par des programmes qui s'adaptent à des situations complexes, et se comportent de manière apparemment intelligente, dans des situations diverses : jouer aux échecs, résoudre un problème de mathématiques, comprendre le langage naturel. Certains programmes peuvent aussi acquérir de nouvelles connaissances.
Les études sur l'intelligence artificielle trouvent leur application dans les domaines suivants : Systèmes experts, interfaces de systèmes en langage naturel, reconnaissance de formes, reconnaissance vocale.

Interface Système matériel et/ou logiciel qui permet la communication entre l'utilisateur et l'ordinateur : les images (interface graphique) ou les textes (interface texte) affichés à l'écran, par exemple. Egalement système qui permet la communication entre deux appareils, par exemple entre un magnétoscope et un lecteur de vidéodisque, ou entre un ordinateur et un modem.

Internet Réseau de réseaux reliant aujourd'hui environ 30 millions d'utilisateurs, dans 125 pays. Sert à échanger des messages, consulter des banques de données, des bulletins d'information, etc. *Cf.* aussi World Wibe Web.

Joystick Manette de jeu permettant de déplacer un curseur sur l'écran; remplit des fonctions similaires à celles d'une souris.

K (ou Ko) Kilo-octet. Unité de mesure de la quantité d'information. En informatique, le kilo ne vaut pas 1000, mais $2^{10} = 1024$. Un fichier de texte d'une page A4 occupe environ 2-3K.

Langage auteur Logiciel permettant à des non spécialistes de créer leurs applications. Les langages auteurs ont surtout été créés pour permettre aux enseignants de construire des didacticiels.

Langage de programmation Ensemble des moyens (symboles, mots, conventions) utilisés pour décrire sous la forme d'un programme les opérations demandées à un ordinateur. Tout langage se caractérise par sa sémantique (étude des mots considérés dans leur signification) et par sa syntaxe (étude de la fonction et de la disposition des mots dans la phrase).
Il existe de nombreux langages de programmation que l'on peut classer en plusieurs catégories ou niveaux, selon leur méthode de composition.

Langage évolué Langage de programmation utilisant des codes proches du langage scientifique ou commercial et plus facile à utiliser que le langage machine. Les principaux langages évolués actuellement disponibles et utilisés sont : FORTRAN, PASCAL, COBOL, BASIC, LISP, LOGO.

Langage machine Codage dans lequel les instructions sont écrites en mémoire pour être exécutées directement par le processeur de l'ordinateur.

Liens hypertextes Boutons qui permettent dans un hypertexte le passage d'une page à une autre, d'un document à un autre.

Logiciel Le logiciel est la partie non matérielle de l'ordinateur. Synonyme de programme, il est indispensable au fonctionnement de l'ordinateur. Il existe différentes catégories de logiciels : système d'exploitation, programmes d'application, jeu, etc. En anglais «Software».

LOGO Langage de programmation de haut niveau conçu par Seymour Papert pour être utilisable par les enfants. L'aspect le plus connu de LOGO est le micro-monde de la Tortue, permettant à l'utilisateur de créer des graphiques en pilotant un robot représenté symboliquement sur l'écran.

Mac/Macintosh Micro-ordinateur d'Apple créé en 1984 et caractérisé notamment par un certain nombre de concepts originaux lors de sa création : menus déroulants, icônes, fenêtres, souris, couper/coller, etc.

Mail/E-mail Courrier (ou messagerie) électronique.

Mb Abréviation de «Megabyte». *Cf.* Méga-octet.

Méga-octet Unité de mesure de la capacité d'un support d'information. On exprime en méga-octets la capacité des mémoires de masse, comme le disque dur. 1 méga-octet représente un peu plus d'un million d'octets (1024 x 1024 = 1048576). Les disques durs de 500 méga-octets sont aujourd'hui courants.

Megabyte *Cf.* Méga-octet.

Mémoire Tout dispositif susceptible de conserver l'information. Une mémoire s'emploie pour : a) Ecrire ou enregistrer une information. b) Conserver de l'information. c) Lire ou restituer une information enregistrée.
Désigne aussi par extension la capacité de stockage d'un ordinateur ou d'un support d'information périphérique (disquette, disque dur, CD-Rom, etc.). Cette capacité est exprimée en unités K ou Mo.

Mémoire morte/ROM Mémoire de l'ordinateur dont le contenu peut seulement être lu, mais dans laquelle on ne peut pas enregistrer d'informations nouvelles. L'information est écrite une seule fois dans la mémoire morte, à la fabrication. Elle y reste en permanence, même si l'ordinateur est mis hors tension.

Mémoire vive/RAM Mémoire à accès aléatoire, à très court temps d'accès (quelques centaines de nanosecondes), dans laquelle on peut lire ou écrire des informations. Pour fonctionner les logiciels ont besoin d'une certaine capacité de mémoire vive. Le contenu de cette mémoire est effacé lorsque l'ordinateur est éteint. C'est pourquoi il faut sauvegarder les informations utiles sur une disquette ou un disque dur.

Menu Liste des fonctions exécutables par le logiciel d'un ordinateur ou les programmes d'application dont il est muni. Ensemble d'options qui apparaissent à l'écran et parmi lesquelles l'utilisateur d'un logiciel peut choisir celle qui lui convient. Les menus sont très utilisés dans les logiciels de micro-ordinateurs, où la facilité d'emploi est recherchée. Si l'ordinateur dispose d'une souris, on positionne le curseur sur la ligne de menu désirée à l'aide de la souris.

Microprocesseur Circuit intégré, ou groupe de circuits intégrés remplissant les fonctions de processeur dans un micro-ordinateur. Ses caractéristiques déterminent pour l'essentiel la puissance de la machine. Plus il est puissant, plus la machine est rapide.
Les classes de microprocesseurs sont caractérisées par le nombre de bits traités en parallèle : 8 bits, 16 bits, 32 bits.

Mo Abréviation de «Méga-octet». *Cf.* Méga-octet.

MODEM MOdulateur-DEModulateur. Appareil qui transforme les signaux analogiques (lignes téléphoniques) en signaux numériques compréhensibles par les ordinateurs, et vice versa. Permet de connecter deux ordinateurs par le biais des lignes téléphoniques.

Multimédia Intégration sur un même support de sons, de texte et d'images fixes ou animées. Les applications multimédias sont caractérisées par l'interactivité entre l'utilisateur et le programme.

Numériser Convertir au moyen de l'ordinateur des images, des sons ou des séquences vidéo en code binaire (0 ou 1). La numérisation permet le traitement de ces données par l'ordinateur, leur transmission, etc.

Octet Groupe de 8 positions binaires (bits) permettant d'enregistrer ou de transmettre un caractère alphanumérique. Unité de mesure de l'espace mémoire sur un support, disquette, disque dur. (En anglais, Byte). *Cf.* aussi K, Mo.

On line En ligne. Désigne les informations disponibles via un réseau informatique. Par opposition à celles qu'on consulte hors ligne (off line) comme les informations stockées sur des supports connectés à l'ordinateur (disquette, CD-Rom, etc.).

PASCAL Langage de programmation de haut niveau développé depuis 1970 et conçu pour faciliter l'écriture de programmes structurés. PASCAL est orienté vers les applications scientifiques.

PC Abréviation de «Personal Computer». Standard de micro-ordinateurs développé par IBM, puis repris par les autres constructeurs, sauf Apple. Type de micro-ordinateur le plus répandu sur le marché.

Périphériques Appareils extérieurs à l'unité centrale de l'ordinateur et permettant le traitement ou le stockage d'informations : imprimantes, modems, scanner, lecteur de CD-Rom, disque dur externe, bandes magnétiques, manettes de jeu, etc.

Pixel Abréviation de «picture element». Surface élémentaire occupée par un point d'information sur l'écran d'un ordinateur ou d'un téléviseur. La capacité d'un écran est égale au nombre maximum de pixels discernables simultanément.

Processeur Partie de l'ordinateur où s'exécutent les traitements, et qui contient des organes de commande et des organes de calcul arithmétique et logique. Dans les ordinateurs de dimensions petites et moyennes, représente la partie traitement de l'unité centrale. *Cf.* micro-processeur.

Progiciel Synonyme de programme d'application. Logiciel conçu pour une catégorie donnée d'utilisateurs (en principe professionnels). Ex : progiciel de comptabilité, de gestion administrative, de dessin technique, etc.

Programmation Activité consistant à écrire des instructions dans un langage de programmation en vue de résoudre un problème ou une classe de problèmes. Le produit de cette activité est un programme.

Programme Ensemble structuré d'instructions qui permettent à l'ordinateur d'effectuer une tâche particulière.

RAM Abréviation de «Random access memory». Mémoire à accès aléatoire. *Cf.* Mémoire vive.

Réalité virtuelle Technologie qui place l'utilisateur dans un environnement virtuel en trois dimensions. L'utilisateur peut interagir avec cet environnement au moyen d'outils spéciaux : gants, casque de visualisation...

Réseau Connexion de plusieurs ordinateurs par des lignes téléphoniques (à longue distance) ou par des câbles (réseaux locaux), de telle sorte que les utilisateurs peuvent échanger des informations, consulter des bases de données, etc.

Robotique Applications de l'informatique destinées à la commande automatique des machines. Terme également appliqué à des applications éducatives telles que LEGO-LOGO.

ROM Abréviation de «Read only memory». Mémoire fixe ou mémoire morte. *Cf.* mémoire morte.

Sauvegarde Copie des informations du disque dur sur un autre support d'information (disquette, cartouche, disque magnéto-optique, etc.). Utile notamment pour prévenir une éventuelle perte des données, des programmes en cas de panne de courant ou d'effacement involontaire ou accidentel du disque dur.

Serveur Ordinateur servant de distributeur d'informations, de logiciels, de données. Il est consulté à distance par d'autres ordinateurs ou par des terminaux (Minitel, par exemple).

Silicium Matière première utilisée dans la fabrication des microprocesseurs. En anglais «silicon» qui a donné son nom à la «Silicon Valley», région de la baie de San Francisco où les micro-ordinateurs ont été conçus.

Simulation Processus par lequel l'ordinateur reproduit une situation en fonction de différents paramètres choisis par l'utilisateur. Existe aussi dans le domaine éducatif avec des logiciels comme SIMCITY.

Software *Cf.* Logiciel.

Souris Dispositif commandant le déplacement d'un curseur sur l'écran et permettant de procéder à des choix (menus, fenêtres, etc.) ou de dessiner sur l'écran.

Système d'exploitation Ensemble des programmes supervisant et coordonnant le fonctionnement d'un ordinateur et de ses périphériques.

Système expert Logiciel issu des travaux en intelligence artificielle, comportant les connaissances d'experts d'un domaine donné, et pouvant apporter une aide dans le domaine professionnel (aide au diagnostic médical, recherche minière, gestion financière, etc.).

Tableur Programme utilisé sur les micro-ordinateurs pour résoudre les problèmes simples de gestion. Le tableur présente à l'utilisateur une matrice de cases disposées en lignes et en colonnes numérotées. Chaque case peut être remplie avec un texte, un nombre, une expression à calculer, une fonction usuelle. EXCEL, MULTIPLAN sont des exemples de tableurs.

Tactile (Ecran) Ecran sensible au contact du doigt de l'utilisateur qui peut ainsi choisir entre diverses options en posant simplement le doigt à l'emplacement voulu.

Téléconférence (ou conférence électronique) Forme particulière de courrier électronique grâce à laquelle un groupe de personnes ont la possibilité de lire les messages les unes des autres et de contribuer à la discussion commune.

Télématique Ensemble des techniques de communication appliquées à la transmission de données, mais aussi d'images, de données vocales (supposées numérisées), de séquences vidéo. Communications à distance entre ordinateurs au moyen du téléphone ou des réseaux informatiques. Exemples d'applications : banque à domicile, annuaire électronique, courrier électronique, téléconférence, télécopie.

Tortue Symbole graphique, utilisé dans le langage LOGO, représentant un robot que l'on déplace sur l'écran au moyen de diverses instructions et qui peut laisser une trace, permettant de réaliser des dessins.

Traitement de texte Logiciel permettant de rédiger, modifier, déplacer, mettre en page et imprimer du texte.

Unité centrale Partie de l'ordinateur où se trouvent le microprocesseur et les mémoires ROM et RAM et où s'exécutent les traitements. Par opposition aux périphériques (lecteur de disquettes, disque dur externe, lecteur de CD-Rom, clavier, écran, etc.).
Sous sa forme la plus traditionnelle, l'unité centrale comprend 4 parties :
– la mémoire centrale, définie par sa capacité et son temps de cycle,
– les organes de commande, qui décodent les codes d'opération et engendrent les signaux de commande des opérations,
– les organes de traitement qui exécutent les opérations (opérations arithmétiques ou logiques),
– les organes de contrôle et d'échange avec les éléments d'entrée/sortie.

Virus Programme destructeur qui peut contaminer les disquettes et le disque dur. Pour s'en protéger, il est conseillé d'éviter les copies pirates de logiciels de provenance douteuse.

Visioconférence Méthode permettant à un groupe de personnes de tenir une conférence avec un autre groupe installé dans un lieu éloigné, en échangeant des images de documents et en visualisant l'orateur.

World Wide Web (WWW, Web, W3) Littéralement «Toile d'araignée mondiale». Interface communément utilisée sur Internet, le WWW regroupe au niveau mondial des serveurs multimédias reliés entre eux par des liens hypertextes. Interactive et très facile à utiliser.

WYSIWYG Abréviation de «What You See Is What Yout Get» (Ce que vous voyez — sur l'écran — correspond à ce que vous obtenez). Visualisation fidèle, sur l'écran d'un terminal ou d'un micro-ordinateur, de la représentation imprimée ultérieure.

Index des auteurs

Alkin, M.C., *184*
Alloway, N., 148, 158, *182*
Anderson, J.R., 38, *179*
Anderson, R.D., 142, *186*
Armanet, F., 116, *179*
Armanet, M., 116, *179*
Aschinger, G., 52, *179*

Baker, E.L., *182*
Bamberger, J., 56, *179*
Bangert, R.L., 142, *182*
Bangert-Drowns, R.L., 68, 143, *179*, *182*
Barbieri, M.S., 139, *179*
Bauer, J.A., 82, 97, 102, 160, 161, *181*
Beaudichon, J., 169, *179*
Becker, H.J., 67, 135, 137, 148, 149, 151, *179*
Behrens, M., 123, *179*
Behrmann, M., 151, *179*
Belyaeva, A.V., 122, *179*, *180*
Berdel, R.L., 35, *182*
Berliner, H., 83, *180*
Bertolus, J.-J., 175, *180*
Bonnafont, G., 97, 102
Bork, A., 54, *180*
Boruta, M., 149, *180*
Boyle, C.F., 38, *179*
Boyle, R.A., 115, *181*
Bransford, J.D., 47, *180*
Braun, J., 125, *183*
Bright, G.W., 146, *182*

Britt, C.L., 38, 138, *185*
Brown, A.L., 125, *180*
Brown, E., 154, 160, *180*
Brown, J.S., 173, *180*
Bruner, J., 26, 39, *180*
Büchel, F.P., 151, *180*
Bushnell, N., 83

Calder, J., 50, *184*
Calvert, S.L., 100, *180*
Campione, J.C., 125, *180*
Cathelat, B., 172
Cerf, V., 126
Chabay, R.W., 34, *180*
Chiquelin, J.-J., 116, *179*
Clements, D.H., 146, *180*
CNA, 132, *180*
Cochran-Smith, M., 68, *180*
Cohen, M., 121, 122, *182*
Cohen, R., 56, 123, 144, *180*
Cole, M., 121, 122, 124, *179*, *180*, *183*
Collins, A., 173, *180*
Collis, B., 143, *180*
Comeaux, M., 143, *182*
Cooper, J., 143, *184*
Corno, L., 150, *183*
Crook, C., 169, *180*

De Corte, E., 58, 146, *180*
De Hart, P., 143, *182*
de La Baume, R., 175, *180*

Delclos, V.R., 47, *180*
Derry, S.J., 47, *182*
Dias, B., 151, *181*
Dittler, U., 96, 107, *181*
Dreyfus, H.L., 136, *181*
Dreyfus, S.E., 136, *181*
Dufour, A., 119, *181*
Dutton, W.H., 134, *181*

Ellery, S., 125, *180*
Ellsworth, J.H., 126, *181*
Eurich-Fulcer, R., 38, 138, *185*
Evans-Rhodes, D., 135, *185*

Feuerstein, R., 47
Feuerzeig, W., 56, *181*
Fine, D., 138, *183*
Flagg, B., *186*
Forman, E.A., *183*
Frey, K., 135, 138, 151, *183*
Fritz, J., 96, *181*
Fung, P., 50, *184*

Gardner, H., 18, *181*
Gates, B., 165, 177, *181*
Giacquinta, J.B., 82, 97, 102, 160, 161, *181*
Globerson, T., 145, *184*
Goldenberg, E.P., 56, *181*
Goldman, S., *180*
Greenfield, P.M., 14, 21, 103, 104, 105, 113, 114, *181*, *185*
Greeno, J.G., *180*
Grevet, J.-P., 171, 172, *181*
Griffith, J., 121, *183*
Gruber, H., 165, *183*
Guckenberg, T., 143, 147, *182*
Gurtner, J.-L., 55, 131, *181*, *182*
Guterman, E., 145, *184*
Guzdial, M., 115, *181*

Haider, G., 148, 150, *181*
Harasim, L.M., 121, 122, 127, *181*
Harel, I., 147, *181*
Hativa, N., 150, *181*
Havelock, E.A., 145, *181*
Hay, K.E., 115, *181*
Healy, L., 138, 169, *181*
Herrelier, J.-M., 112, *181*
Hess, R.D., 144, *181*
Hiltz, S.R., 121, *181*
Hoyles, C., 138, 169, *181*
Huber, B.R., 135, *185*
Husén, T., *181*

Inhelder, B., 104, *182*

Jackson, S., 115, *181*
Jacquard, A., 173, *182*

Jehng, J.C., 118, *185*
Jobs, S., 83
Johannsen, K., 145, *185*
Johnson, D., 138, *182*
Johnson, R., 138, *182*
Jolivalt, B., 19, 81, 84, 89, 97, 100, 102, *182*
Jones, A., 50, *184*
Jun, S., 134, *181*

Kafai, Y.B., 107, *182*
Kay, A., 125, 127, 128, 129, 174, 177, *182*
Keitel, C., 142, *182*
King, J., 148, 158, *182*
Kinzie, M.B., 35, *182*
Kramarski, B., 139, 146, *183*
Kulik, C.C., *182*
Kulik, J.A., 141, 142, *182*
Kuntz, P.S., 123, *182*
Kurland, D.M., 146, *184*

Lajoie, S.P., 47, *182*
Lefcourt, H.M., 35, *182*
Lehrer, R., 143, 146, 147, *182*
Lepper, M.R., 131, 137, *182*
Lesgold, A., 36, *183*
Levin, B., 143, *182*
Levin, J.A., 121, 122, *182*
Levin, J.E., 82, 97, 102, 160, 161, *181*
Lévy, P., 169, *182*
Liao, Y.-K.C., 146, *182*
Light, P., 148, *183*
Light, P.H., 20, 139, *179*, *183*
Lipinski, J.M., 134, 138, *183*
Littlefield, J., 47, *180*
Littleton, K., 148, *183*

Malone, T.W., 31, 99, *183*
Mandinach, E.B., 150, *183*
Mandl, H., 36, 107, 165, *181*, *183*
Mayer, R.E., *180*, *182*
McGarvey, L.J., 144, *181*
Merriman, S., 146, *180*
Mevarech, Z.R., 20, 138, 139, 146, *183*
Meyer-Göllner, M., 145, *185*
Minick, N., *183*
Miyake, N., 121, 122, *182*
Monnard, J., 117, *184*
Moreno, J.L., 139, 152, *183*

Negroponte, N., 120, 127, 177, *183*
Nelson, D., 125, *183*
Nelson, T.H., 116, *183*
Newman, D., 121, *183*
Newman, S.E., 173, *180*
Nichols, L.M., 149, *183*
Nicolopoulou, A., 124, *183*

Nida, R.E., 134, 138, *183*
Niederer, R., 135, 138, 151, *183*
Niegemann, H.M., 35, *183*
Niemiec, R., 137, 142, 151, *183*, *184*
Nix, D., *185*
Nora, S., 165, 173, *183*
Norton, P., 145, *184*

O'Neil, H.F., *182*
O'Shea, T., 50, *184*
Ollila, K., 143, *180*
Ollila, L., 143, *180*
Owen, R., 123, *185*

Papert, S., 18, 21, 39, 53, 147, *181*, *184*
Pasquier, J., 117, *184*
Pea, R.D., 115, 116, 146, *184*
Pelgrum, W.J., 136, *184*
Perkins, D.N., 143, *184*
Petersen, J., *181*
Piaget, J., 53, 104, *182*
Piot, O., 130, *184*
Plomp, T., 136, *184*
Pochon, L.-O., 118, *184*
Postlethwaite, T.N., *181*
Pozzi, S., 138, 169, *181*
Pressey, S.L., 12

Rada, R., 120, *184*
Reinert, G.-B., *181*
Renkl, A., 165, *183*
Resnick, L.B., *180*
Resnick, M., 63, 174, *184*
Resta, V., 145, *184*
Retschitzki, J., 55, *181*
Riel, M., 121, 122, *182*, *184*
Robertson, S.I., 50, 148, *184*
Robinson-Staveley, K., 143, *184*
Rocheleau, B., 133, 149, 171, *184*
Rogers, E.M., 134, *181*
Rostron, A., 151, *184*
Ruthven, K., 142, *182*

Salomon, G., 118, 121, 127, 145, *184*
Samson, G., 137, *183*, *184*
Samuel, A., 82, *184*
Sancilio, L., 143, 147, *182*
Schmidt, M., 151, *184*
Schofield, J.W., 38, 135, 138, 140, 141, *185*
Serres, M., 170, *185*
Sewell, D., 151, *184*
Shade, D.D., 134, 138, *183*
Sheff, D., 86, 88, *185*

Sherwood, B.A., 34, *180*
Shute, V.J., 150, *185*
Silber, O., 138, *183*
Silvern, S.B., 100, *185*
Skinner, B.F., 13, 33, 173, *185*
Soloway, E., 115, *181*
Spiro, J.R., 118, *185*
Stahl, G., 123, *185*
Stanne, M., 138, *182*
Sterling, C.W., 148, 149, *179*
Stiel, N., 129, *185*
Stone, C.A., *183*
Studer, F., 151, *181*
Subrahmanyam, K., 105, *185*
Sullivan, H.J., 35, *182*
Sumner, T., 123, *185*
Suppes, P., 137, *185*
Sutton, R.E., 148, *185*

Tally, W., 114, *186*
Tan, S.L., 100, *180*
Thorndike, E.L., 27, *185*
Toffler, A., 165, 166, *185*
Toffler, H., *185*
Tolkien, J.R.R., 90
Turkle, S., 10, 21, 82, 98, 101, 104, 106, 121, *185*

Verba, M., 169, *179*
Vygotsky, L., 127, 147

Walberg, H.J., 137, 151, *183*, *184*
Walter, J., 145, 151, *185*
Watson, J.A., 134, 138, *183*
Webb, M.E., 136, *185*
Weinert, F.E., *183*
Weinstein, T., 137, 151, *183*, *184*
Wenger, E., 37, *185*
Willett, J.B., 142, *186*
Williams, G.W., 142, *182*
Williamson, P.A., 100, *185*
Wilson, K.S., 114, *186*
Winnykamen, F., 169, *179*
Wozniak, S., 83

Yamashita, J.M., 142, *186*
Yerushalmy, M., 142, *186*
Yost, G., 38, *179*

Zecchini, L., 126, *186*

Index des matières

accompagnement, 58
activités, 11
  de réflexion, 17
  préférentielles, 148
    choix des, 144
adolescents, 39
âge préscolaire, 39
aide, 15, 38, 68, 72
alphabétisation, 18
alternative à la marginalisation, 102
analyse des données, 79
animation, 41, 60
anxiété, 147
apprendre, 16
  à collaborer, 169
  à communiquer, 168
  à faire des choix, 168
  à maîtriser la maîtrise, 170
  à penser, 145
  par les problèmes complexes, 173
apprentissage
  activités d', 23
    support d', 171
  autonome, 26
  conception associationiste de l', 27
  coopératif, 20
  de concepts physiques, 20
  de la lecture, 143
  de la programmation, 53-65, 146
  des langues, 123, 159
  environnements d', 44, 121, 167

individualisation, 13, 22
  par la découverte, 26, 32, 39
  par participation, 127, 137, 147
  rythmes d', 140
  styles d', 140, 161
  théories de l', 26
apprentissages de base, 131, 136, 137.
  Voir aussi calcul, mathématiques, lecture, écriture.
argumentation, 73
arithmétique élémentaire, 17, 27, 67, 78, 136, 142, 159
assistance, 39
  à la rédaction, 68, 72
AUTHORWARE, 36
auto-évaluation, 30
automatisation de la réponse, 27
automatismes, 32, 142
autoroutes de l'information, 85, 121, 177
banques
  d'images, 77
  de dessins, 51, 77
  de données, 159
bases de données, 14, 67, 113, 162
BASIC, 13, 54
bénéfices cognitifs, 141-146
BIO-WORLD, 47
BLOCKS, 43
BREAKOUT, 83
C, 54

CABRI-GEOMETRE, 43
calculatrice, 78, 136
calculs statistiques, 78
capacités spatiales, 106
caractère ludique, 27
CASTLE WOLFENSTEIN, 105
CD-Rom, 112, 157, 166
classes virtuelles, 129
coach, 47
collaboration, 139, 175. *Voir aussi coopération.*
commandes, 55, 66
communauté des apprenants, 125
communication, 14, 19, 68, 168
  à distance. *Voir télécommunication.*
compatibilité, 79
compétition, 138, 169
complexité, 46
comportements de l'enseignant, 140
compréhensibilité, 70
compréhension, 144
compter, 167
conception
  d'environnements, 64
  de textes, 72
CONJECTURE, 106
connaissances, 142
  consolidation des, 13, 31, 125, 175
  de l'ordinateur, 50, 51-52
  diffusion des, 18
  effets de l'ordinateur sur les, 141-145
  scolaires, 141, 171. *Voir aussi écriture, géométrie, lecture, mathématique, orthographe, physique, sciences.*
  transfert de, 47, 118, 127
  transmission des, 12, 15, 130
consoles de jeux, 15, 81
construction, 56
contrôle actif, 98
convivialité, 15, 50, 162
coopération, 19, 126, 138, 146, 169
courrier électronique, 119-129, 162
craintes, 18, 132
créativité, 17, 146, 173, 175
CRICKET GRAPH, 79
curiosité, 39, 41, 50
curriculum, 135
cybercafés, 120
DARK CASTLE, 86
décisions, 47
  prise de, 89, 114
découverte, 42, 173
  guidée, 46
degré primaire, 141
degré secondaire, 141
dessin, 17. *Voir aussi logiciels de dessin ou banques de dessin.*

avec la tortue LOGO, 55
technique, 67
développement
  de l'enfant, 18, 23
  de la personnalité, 19
  intellectuel, 21, 53
  social, 19
devoirs scolaires, 134
diagnostic, 96
dialogues, 34
dictionnaires
  de synonymes, 72
  informatisés, 71
didacticiels, 16, 26, 33-36, 92, 154. *Voir aussi tutoriels, EAO.*
didactique, 43
différences
  d'aptitudes, 150-151
  filles-garçons, 22, 100, 147-148, 150
  socio-économiques, 127, 149-150
difficultés scolaires, 20
dimension sociale, 102
disciplines scolaires *Voir aussi mathématiques, sciences, langues*
  littéraires-scientifiques, 135
disque laser, 39
documents vidéo, 14
DOGS OF WAR, 100
drills, 13, 16, 27-30, 137, 142, 162
DUNGEONS AND DRAGONS, 90
EAO, 12, 25, 33, 142
échanges épistolaires entre classes, 74
école élémentaire, 148
écrans tactiles, 153
écriture, 12, 56, 68, 69, 121, 126, 136, 159, 167
  qualité des textes produits, 71
édition de textes, 70
éducation à l'ordinateur, 52
effets culturels, 10
égalité des chances, 147-152, 175
élèves faibles, 108, 142, 147, 149, 150
encyclopédies informatisées, 39-41, 162, 172
enseignement
  à distance, 129-130, 171
  assisté par ordinateur, 12, 25, 33
  des sciences, 125
  différencié, 140
  individualisé, 35, 140
  spécialisé, 22, 151, 152
environnements, 64
  conceptions d', 64
  d'apprentissage, 44, 121, 167
équations, 78
erreurs, 29, 39, 45
  grammaticales, 71
espace, 59

esprit critique, 168
estime de soi, 151
évolutions technologiques, 10
EXCEL, 79
exercices, 68 *Voir aussi drills*
   de concentration, 106
expérimentation, 46
EXPERT BUILDER, 136
explication, 95
exploration, 16, 41, 46, 51, 90, 114
expression écrite, 68-74, 143
   qualité des textes produits, 143
FARMER, 44
fascination, 133
fatigue, 133
fonctions, 78
formation continue, 171
GEOMETRIC SUPPOSER, 142
géométrie, 38, 42, 56, 142
   LOGO, 58
gestion, 67
   de fichiers, 67
GPTutor, 47, 138
grammaire, 56
grapheurs, 67, 79
guide, 37
handicap, 20, 22 *Voir aussi enseignement spécialisé*
HYPERCARD, 36, 64, 66, 117
hypermédia, 116-119
HYPERTALK, 54, 64
hypertextes, 14, 64, 116-119
   souplesse d'utilisation, 118
icônes, 55, 76
imprimé, 18
improvisation, 104
ingénierie, 78
intelligence
   artificielle, 33, 37, 59, 82
   humaine, 9
interaction entre élèves, 121, 139
   qualité de l', 139
   types d', 137
   maître-élèves, 139
   sociales, 137
interactivité, 15, 40, 114, 127, 129
interface, 62
INTERNET, 74, 112, 119, 121, 126, 130, 168, 176
isolement, 101
jeu, 17, 81
jeux, 159, 162, 81-109
   aspects positifs des, 103-107
   d'action, 86-89
   d'aventure, 89-90
   d'habileté, 88
   de combat, 86
   de plate-forme, 86

   de réflection, 93-96
   de rôle, 90
   de simulation, 91-93
   de sport, 88
   de stratégies, 93
   de tir, 86
   éducatifs de consolidation, 30-32
   et dépendance, 101
   problème de la violence des, 99-101
   raisons de l'attrait des, 98-99
   vidéo, 15, 17, 18, 81, 154
KID PIX, 76
KLIK & PLAY, 107
langage-auteur, 64
langue écrite, 35 *Voir aussi orthographe, écriture, lecture*
langues, 27, 123, 142, 159
lecture, 14, 126, 136, 143, 159, 167
   activités de perfectionnement en, 145
   apprentissage de la, 56, 143
   attitudes envers la, 145
   capacités de, 121, 145
      effets sur les, 143-145
   d'hypertextes, 118
   difficultés en, 145, 151
   préparation à la, 70, 144
   rapide, 143
LEGO-LOGO, 60-62, 124
lexique, 72
liberté, 81
   d'expression, 128, 176
livre électronique, 117
LODE RUNNER, 86
LOGI-TEXTE, 72
logiciels
   d'analyse de données, 78-80
   d'apprentissage par la découverte, 39
   d'assistance à la rédaction, 72-74
   d'écriture, 69-74
   d'illustration, 77
   de comptabilité, 79
   de dessin, 67, 75-77, 162
   de répétition ou de consolidation, 27-33
   de télécommunication, 74
   de traitement de texte, 70-72
   intégrés, 79, 167
LOGO, 13, 39, 43, 54, 64, 107, 138, 142, 143, 146
LOGOWRITER, 60, 63
loisirs, 23, 165
machines à enseigner, 33
MARBLE MADNESS, 88, 105
Massachusetts Institute of Technology, 63
MATHEMATICA, 78
mathématiques, 41, 56, 136, 142
   opérations complexes, 78

matières scolaires *Voir écriture, géométrie, lecture, mathématique, orthographe, physique, sciences*
MEDIATEXT, 115
menus, 15
messagerie électronique, 14, 20, 69, 119-129
méta-analyses, 141
micro-mondes, 41-44, 55
MICROWORLDS PROJECT BUILDER, 63
Minitel, 120, 166
mode procédural, 55, 61
modèle de l'élève, 36
motivation, 20, 29, 41, 151
moyen d'enseignement, 16, 22-47
multimédias, 14, 16, 90, 112-116, 130, 154, 157, 177
musique, 14, 56
Nintendo, 88
niveau de difficulté, 29
observation scientifique, 79
online education, 129
opération numérique ou symbolique, 78
ordinateur familial, 149, 153-164
orthographe, 13, 70, 72, 136
outils, 75, 79, 67-80
  de production, 17
PAC-MAN, 84, 103, 104, 105
PALENQUE, 114
PASCAL, 13, 54, 150
pédagogie
  de la découverte, 26, 43
  du projet, 57
PEPITO, 70
personnalité, 20
physique, 41
pilotage, 55, 61
place de l'école, 130
plaisir, 81
PONG, 83
possibilités graphiques, 14
préadolescents, 39, 102
préparation
  à la lecture et à l'écriture, 68
  professionnelle, 16, 175
problèmes éthiques, 170
processus
  de formation, 30
  de pensée
    réflexion sur son, 125
productions écrites, 143 *Voir aussi écriture*
progiciels, 67-80, 162
programmation, 11, 13, 145
  apprentissage de la, 53-65, 146
programmes
  de dessin, 75
  scolaires, 136
  -outils, 67-80

projet, 44, 163
  pédagogie du, 56
propriétés
  de l'espace, 56
  des figures géométriques, 59
punitions, 87
qualité des informations, 168
raisonnement, 53
  logique, 145
réalisation d'une expérience, 46
réalité virtuelle, 85, 177
récolte de données, 79
récompenses, 87
  intrinsèques-extrinsèques, 31
récursivité, 58
réflexes, 17, 86, 104
relation parents-enfants, 102, 150
réponses
  automatisées, 27
  justes-fausses, 29
représentation graphique, 78, 79
réseaux, 14, 74, 85, 119-129, 166, 169, 176
résolution de problèmes, 20, 58, 114, 138, 145, 146
responsabilité des éducateurs, 108, 178
ROADRUNNER, 100
robotique, 124
rôle des enseignants, 22, 140
rythme propre, 36
santé, 132
savoirs de base *Voir apprentissages de base*
science cognitive, 37
sciences, 78, 142 *Voir aussi physique*
secrétariat, 67
services, 14
SIM ANTS, 92
SIM LIFE, 92
SIMCITY, 39, 44, 46, 91, 107, 136, 174
simulations, 44-47, 174
source d'information, 166, 168
soutien familial, 150
SPACE INVADERS, 84, 100
STAR LOGO, 63
STELLA, 136
style, 70
SUPER MARIO, 86, 87, 88, 97
tables de multiplication, 13
tableurs, 17, 67, 79, 162
téléapprentissage, 123
télécommunication, 68, 74, 112, 146, 165
télématique, 146, 167
télévision, 18, 104, 172
  émissions de, 112, 114
  interactive, 15
TETRIS, 88, 89, 97, 107

Tortue LOGO, 42, 55-56
   de sol, 59
tradition orale, 18
traitement
   de l'information, 14, 168, 173
   de texte, 12, 17, 67, 70-72, 136, 143, 160, 162
   en parallèle, 63
TRANQUILITY BASE, 105
travail collectif, 73
très jeunes enfants, 14, 143, 144
trigonométrie, 78

tutoriels, 16, 26, 142, 162
   intelligents, 16, 36-38
variables, 56
VIDEO KID, 88
vidéodisque, 114
vocabulaire, 27, 71, 73
wargames, 92
WIZARDRY, 106
World Wide Web (WWW), 112, 120, 121, 124
ZERO GRAVITY, 88

Tables des matières

AVANT-PROPOS 5

Chapitre 1
INTRODUCTION 9
Une discipline et des techniques en évolution rapide 10
Difficulté de prévoir l'évolution............................. 10
Omniprésence de l'informatique 11
Des applications précoces à l'éducation...................... 12
De nouvelles possibilités 14
Des frontières qui tendent à disparaître 14
Une convivialité croissante 15

Usages possibles de l'ordinateur pour l'enfant............... 16
Diversité des applications destinées à apprendre............. 16
L'ordinateur comme compagnon de jeu 17

L'ordinateur et l'enfant : questions éducatives 17
Aspects psycho-sociaux 19
Aspects affectifs 20
Aspects cognitifs... 21

Aspects pédagogiques 22
Aspects sociologiques.................................... 22

Questions pratiques 23

Notre propos 23

Chapitre 2
L'ORDINATEUR COMME MOYEN D'ENSEIGNEMENT .. 25

Trois types d'utilisation de l'ordinateur comme moyen d'enseignement 26

Les logiciels de répétition et de consolidation 27
Les drills.. 27
Les jeux éducatifs de consolidation 30

Les logiciels d'enseignement proprement dits ou didacticiels .. 33
Les didacticiels... 33
Les tutoriels intelligents................................... 36

Les logiciels d'apprentissage par la découverte.............. 39
L'apprentissage par la découverte 39
Les encyclopédies informatisées 39
Les micro-mondes... 41
Les simulations... 44

Chapitre 3
L'ORDINATEUR COMME OBJET D'ÉTUDE ET L'APPRENTISSAGE DE LA PROGRAMMATION 49

La connaissance de l'ordinateur 50

La programmation....................................... 53

Quel langage de programmation apprendre aux enfants?..... 54

La famille LOGO.. 60
LOGOWRITER.. 60
LEGO-LOGO 60
MICROWORLDS PROJECT BUILDER...................... 63

La conception d'environnements 64
HYPERCARD 64

Chapitre 4
L'ORDINATEUR COMME OUTIL DE TRAVAIL
ET D'APPRENTISSAGE 67

Pour faciliter et développer l'expression écrite 68
Les logiciels de préparation à l'écriture et au langage écrit 69
Le traitement de texte.................................. 70
Les logiciels d'assistance à la rédaction................... 72
Les logiciels de télécommunication........................ 74

Pour aider à la réalisation de dessins précis 75
Les programmes de dessin................................ 75
Les logiciels d'illustration 77

Pour faciliter le calcul et l'analyse de données 78

Chapitre 5
JOUER AVEC L'ORDINATEUR....................... 81

Bref historique 82

Différents types de jeux................................. 85
Jeux d'action... 86
Jeux d'aventure... 89
Jeux de simulation 91
Jeux de réflexion.. 93

Popularité des différents types de jeux 96

Les raisons d'un attrait incontestable 97

Inconvénients des jeux vidéo............................ 99
Le problème de la violence 100
Autres préoccupations 101

Aspects positifs des jeux 103

Que peuvent faire les parents, les éducateurs? 108

Chapitre 6
ÉVOLUTIONS, TENDANCES, PERSPECTIVES D'AVENIR 111

Multimédia.. 112
Exemples d'applications................................. 114

Avantages et limites 115
Hypertexte / hypermédia.. 116
Avantages 118
Limites.. 118

Télématique, messagerie, réseaux 119
Diverses applications avec les enfants 121
Quelques exemples d'expériences 122
Avantages 126
Limites.. 128

Enseignement à distance 129

Chapitre 7
**DES EFFETS DE L'UTILISATION
DE L'ORDINATEUR PAR LES ENFANTS** 131

Des craintes des uns... 132
*L'usage de l'ordinateur présente-t-il un danger
pour la santé des enfants?*.. 132
L'ordinateur est-il une drogue?................................. 133
L'ordinateur modifie-t-il les intérêts des enfants? 134
L'ordinateur exerce-t-il une pression sur le curriculum? 135
L'ordinateur met-il en péril les apprentissages de base? 136
*Diminution des interactions sociales et déshumanisation
de la classe?*... 137
L'ordinateur menace-t-il la fonction d'enseignant? 139

... Aux espoirs des autres................................... 141
*L'utilisation régulière de l'ordinateur entraîne-t-elle des progrès
dans les connaissances des enfants?*............................. 141
Effets sur les connaissances mathématiques 142
Effets sur l'expression écrite 143
Effets sur l'apprentissage de la lecture........................ 144
L'ordinateur, un moyen pour apprendre à penser? 145
*L'ordinateur comme instrument de rapprochement
et de coopération entre les élèves*................................ 146
L'ordinateur comme égaliseur ou exacerbeur des différences? .. 147
Différences d'aptitudes intellectuelles 150
Education spéciale.. 151

Chapitre 8
QUESTIONS PRATIQUES.............................. 153

À quel âge commencer?............................. 153

Choix du matériel................................. 155
Faut-il acheter? 155
Faut-il acheter neuf ou d'occasion? 156
Faut-il améliorer mon équipement? 156
Quelle marque? PC ou Mac? 156
Quelle configuration?............................... 157
Comparer, étudier le marché 158

Choix du logiciel................................. 158
Quel type d'activités?.............................. 159
Durée de vie des logiciels 160
Quelques critères utiles 160

Quelles activités?................................ 161

Utilisation de la machine......................... 163
Aspects ergonomiques 163
Discipline d'utilisation 164

Chapitre 9
CONCLUSIONS...................................... 165

Les grandes évolutions............................ 165
Une nouvelle fonction pour l'ordinateur............. 166
Vers une intégration des technologies............... 166
Des logiciels plurifonctionnels..................... 167
L'explosion de la télématique 167

De nouvelles habiletés à acquérir................. 167
Apprendre à faire des choix......................... 168
Apprendre à communiquer............................. 168
Apprendre à collaborer 169
Apprendre à maîtriser la maîtrise................... 170

De nouveaux sites pour apprendre 170

De nouvelles manières d'apprendre................. 171
Apprendre ensemble.................................. 172

Apprendre en créant.. 172
Apprendre par les problèmes complexes..................... 173

De nouveaux défis 174
Bien choisir les activités 175
Prévenir les inégalités 175
Préserver la liberté, tout en jugulant ses excès............ 176

Assumer ses responsabilités 177

RÉFÉRENCES 179

GLOSSAIRE 187

INDEX DES AUTEURS 195

INDEX DES MATIÈRES 199